Metanoia Lab
Lições sobre competências humanas na era digital

Metanoia Lab
Lições sobre competências humanas na era digital

2021

Andrea Iorio

METANOIA LAB
LIÇÕES SOBRE COMPETÊNCIAS HUMANAS NA ERA DIGITAL
© Almedina, 2021
AUTOR: Andrea Iorio

DIRETOR ALMEDINA BRASIL: Rodrigo Mentz
EDITOR DE CIÊNCIAS SOCIAIS E HUMANAS: Marco Pace
ASSISTENTES EDITORIAIS: Isabela Leite e Larissa Nogueira

REVISÃO: André P. De Souza
DIAGRAMAÇÃO: Almedina
DESIGN DE CAPA: Roberta Bassanetto

ISBN: 9786587019192
Setembro, 2021

Dados Internacionais de Catalogação na Publicação (CIP)
(Câmara Brasileira do Livro, SP, Brasil)

Iorio, Andrea
Metanoia Lab : lições sobre competências humanas na era digital / Andrea Iorio. --
São Paulo : Actual, 2021.

ISBN 978-65-87019-19-2

1. Ciências sociais 2. Administração 3. Competências humanas 4. Desenvolvimento profissional 5. Inteligência artificial 6. Pessoas - Gestão 7. Recursos humanos
I. Título.

21-71451   CDD-658.3

Índices para catálogo sistemático:

1. Competências humanas : Administração 658.3

Maria Alice Ferreira - Bibliotecária - CRB-8/7964

Este livro segue as regras do novo Acordo Ortográfico da Língua Portuguesa (1990).

Todos os direitos reservados. Nenhuma parte deste livro, protegido por copyright, pode ser reproduzida, armazenada ou transmitida de alguma forma ou por algum meio, seja eletrônico ou mecânico, inclusive fotocópia, gravação ou qualquer sistema de armazenagem de informações, sem a permissão expressa e por escrito da editora.

EDITORA: Almedina Brasil
Rua José Maria Lisboa, 860, Conj.131 e 132, Jardim Paulista | 01423-001 São Paulo | Brasil
editora@almedina.com.br
www.almedina.com.br

"*Nel mezzo del cammin di nostra vita*
mi ritrovai per una selva oscura,
ché la diritta via era smarrita.
Ahi quanto a dir qual era è cosa dura
esta selva selvaggia e aspra e forte
che nel pensier rinova la paura!
Tant' è amara che poco è più morte;
ma per trattar del ben ch'i' vi trovai,
dirò de l'altre cose ch'i' v'ho scorte" —
(Dante Alighieri, abertura da obra *A Divina Comédia*)

"No meio do caminho desta vida
me vi numa selva escura,
onde me perdi da verdadeira via.
Ah, mas como é duro falar
desta selva selvagem,
que, só de relembrá-la, traz-me de volta o pavor que lá senti.
Tão amarga era que só à morte se compara.
Mas para tratar do bem que lá vi,
direi de outras coisas que lá encontrei."
(Dante Alighieri, *A Divina Comédia*.
Tradução de Eugênio Vinci de Moraes)

Sumário

Introdução 11

CAPÍTULO 1. Nem Hard, nem Soft: as Competências Humanas da Era Digital 17
1.1 "O mundo da Inteligência Artificial" com Kevin Kelly 18
1.2 "Emoções no trabalho" com Esther Perel 20
1.3 "A importância das habilidades comportamentais" com Ben Horowitz 23
1.4 "O futuro do trabalho" com Yuval Noah Harari 28

CAPÍTULO 2. Clareza de Objetivos através do Autoconhecimento 31
2.1 "Senso de responsabilidade" com Esther Perel 34
2.2 "GPS Emocional" com Oprah 37
2.3 "Micro objetivos" com Barack Obama 39
2.4 "Motivação" com Dan Ariely 42
2.5 "Métricas de sucesso" com Arianna Huffington 46

CAPÍTULO 3. Confiança para Colaborar em um Cenário Remoto 51
3.1 "Mentoria" com Bob Iger 57

3.2 "Empatia vs. Simpatia" com Brené Brown 60
3.3 "Vulnerabilidade" com Brené Brown 63
3.4 "Histórias que conectam" com Michelle Obama 67
3.5 "Reciprocidade" com Adam Grant 71
3.6 "Círculo de Segurança" com Simon Sinek 75

CAPÍTULO 4. Comunicação Assertiva no Mundo Digital 79
4.1 "Honestidade" com Reed Hastings 82
4.2 "Detectar mentiras" com Malcolm Gladwell 84
4.3 "Transparência radical" com Ray Dalio 86
4.4 "Poses de poder" com Amy Cuddy 90
4.5 "Comunicação assertiva" com Joe Rogan 94

CAPÍTULO 5. Criatividade para Diferenciar da Inteligência
Artificial 99
5.1 "A jornada criativa" com Lady Gaga 104
5.2 "Originais" com Adam Grant 108
5.3 "Maldição do Da Vinci" com Malcolm Gladwell 112
5.4 "Especialistas vs. Generalistas" com Tim Ferris 115
5.5 "Impor limites" com Elon Musk 119

CAPÍTULO 6. Intuição e *Big Data*: os dois Lados da Tomada
de Decisão 123
6.1 "Intuição" com Tim Cook 127
6.2 "Radar do futuro" com Bill Gates 131
6.3 "Incerteza vs. risco" com Amy Webb 135
6.4 "Custo de oportunidade" com Tim Ferris 138
6.5 "Meritocracia de ideias" com Ray Dalio 143

CAPÍTULO 7. Pensamento Crítico para Inovar e se Reinventar 145
7.1 "Experimentos mentais" com Tony Hsieh 149
7.2 "O poder das perguntas" com Ed Catmull 151
7.3 "Quebrando crenças" com Bjarke Ingels 153
7.4 "Julgamento" com Jeff Bezos 156
7.5 "Inovar porque deve" com Jack Ma 158
7.6 "Reinvenção" com Simon Sinek 162

CAPÍTULO 8. Atitude *Maker* para Agilidade na Execução 167
8.1 "Dilema do inovador" com Clayton Christensen 172
8.2 "CEOs de guerra" com Ben Horowitz 176
8.3 "Processos vs. autonomia" com Reed Hastings 179
8.4 "Treinar sob condições diferentes" com Laszlo Bock 183
8.5 "Marchas de 20 Milhas" com Jim Collins 187

CAPÍTULO 9. Antifragilidade por meio dos Erros Inteligentes 191
9.1 "Resiliência" com Sheryl Sandberg 194
9.2 "Antifragilidade" com Nassim Nicholas Taleb 197
9.3 "Códigos mentais" com Michelle Obama 200
9.4 "Zona de desconforto" com Joe Rogan 202
9.5 "Dependência da trajetória" com Lady Gaga 205
9.6 "A nova interpretação do erro" com Jeff Bezos 207

Conclusão 213

Referências 223
Agradecimentos 229

Introdução

No fim de 2019, tomei uma decisão radical: deixar o cargo estável em uma multinacional para me dedicar 100% ao meu negócio de palestras. Eu já vinha há um tempo me sentindo meio perdido, na carreira e na vida. Saí da L'Oréal apenas um ano depois de deixar o Tinder, onde fiquei por 5 anos - e ainda estava me adaptando ao mundo corporativo. Seja na vida profissional e pessoal, vivi uma série de mudanças e tomei decisões inesperadas que me deixaram sem saber direito para onde ir.

Após juntar coragem e sair da L'Oréal para me dedicar às palestras, livre para rodar o Brasil como e quando precisasse, eu tinha a absoluta convicção de que me sentiria aliviado, feliz e preenchido, como se eu tivesse encontrado o meu caminho, finalmente.

Só que não.

Me lembro de acordar, no meu primeiro dia como empreendedor e palestrante, sem ter que ir ao escritório, sem reunião marcada na agenda, com uma sensação de angústia profunda. Olhei para meu calendário e vi que a primeira palestra agendada era apenas em cinco dias e me perguntei, olhando no espelho: "O que raios vou fazer nos próximos quatro dias"?

Não fazia ideia de como preencher o vazio de agenda, a falta de colegas e de como lidar com a incerteza da minha escolha. A sensação que tive foi de desperdiçar minha vida ao ser ineficiente, ao não otimizar o meu tempo, ao não ter uma lista de *To-Dos* cheia de tarefas, e tudo isso me deixou ainda mais perdido do que anteriormente.

Como já fiz em outros momentos da minha vida, a primeira coisa que fiz para tentar reverter a situação foi me dedicar aos estudos e às leituras - e foi assim que me deparei com uma entrevista de Kevin Kelly, cofundador da revista Wired e um dos maiores experts de tecnologia do mundo, em que ele dizia:

> Eficiência é para os robôs. Eu acho que as pessoas têm que ser ineficientes de propósito, testando, experimentando coisas novas, fazendo coisas divertidas... isso é de onde as novas ideias surgem. Se você ler as biografias de pessoas que foram extremamente bem-sucedidas, vai perceber como elas também tiveram períodos na vida onde se sentiram perdidas — e por isso devemos abraçar essa sensação.

Vi nesta fala uma luz no meio de tanta escuridão. Fiquei pensando, então, que o sofrimento que vem junto a essa sensação talvez não fosse tão ruim; talvez fosse, justamente, o que eu precisava sentir. Afinal, o ser humano que sofre, que se sente perdido, incompleto e insatisfeito, é o que tem maior propensão a se mexer, a buscar soluções e, consequentemente, inovar, mudar e evoluir.

Pegue como exemplo 2020 e a terrível crise da Covid-19: nem precisa me dizer que você sentiu o trem passar enquanto você perdia a viagem. Todo mundo ficou mais ou menos desse jeito. Eu também. Mas resgate todas aquelas vezes que você se sentiu assim, olhe para trás e se pergunte: o quanto você mudou depois dessas fases - e o quanto foi para melhor?

A verdade é que, sim, a maioria de nós muda para melhor após crises, derrotas e dificuldades — ou vai me dizer que você mudou mais após episódios de sucesso do que de fracassos? Sejamos honestos: não funciona dessa forma, não.

Por isso, momentos de incerteza não devem ser combatidos, mas, simplesmente, vividos. São fundamentais em nossas vidas e em nossas carreiras.

O grande escritor Henry David Thoreau disse: "É até nos sentirmos perdidos que começamos a entender sobre nós mesmos". Olhe a conexão entre o sentimento de desorientação e autoconhecimento: é quando nos sentimos mais perdidos que olhamos mais para dentro, justamente por não termos em mãos as referências de fora!

Introdução

Ao olhar para mim, no fim de 2019, recém-saído da L'Oréal, entendi que por dentro havia uma grande vontade de inspirar pessoas sobre os benefícios de abraçar a transformação digital, e não de combatê-la. Sobre como precisamos mudar nossa forma de pensar a respeito dos negócios, e até da vida, em resposta às novas características do mundo digital: um mundo interconectado e com fortes efeitos de rede, exponencial, onde tudo acontece com enorme rapidez e em *real-time*, um mundo de *Big Data* e da inexorável Inteligência Artificial. Essas características já mudaram as regras do jogo a respeito de um mundo analógico do qual herdamos as práticas de negócio e o estilo de liderança.

Foi nesta autoexploração profunda que encontrei o meu propósito: desmistificar a crença de que a transformação digital seja apenas um assunto de tecnologia e propor a tese de que se trata, principalmente, de um assunto humano.

A bandeira que levanto é a da necessidade de uma transformação humana que gere a capacidade de reagir às novas características do mundo digital. Armado desse propósito, comecei a mergulhar no meu negócio de palestras: se os primeiros intervalos entre palestras eram mesmo de 4 dias, eles começaram a se encurtar; como consequência, as viagens aumentaram: nunca tive uma agenda tão cheia quanto entre o fim de 2019 e começo de 2020, e o otimismo era grande. Tinha certeza de que eu tinha achado o meu caminho - finalmente!

Até que, em março de 2020, a pandemia global trouxe consigo uma crise de saúde e econômica sem precedentes, assim como, para a minha realidade profissional, a impossibilidade de participar de eventos presenciais. Em abril de 2020, meu faturamento caiu 100%, já que estava com 0 eventos. Me pareceu uma volta no tempo: "O que raios vou fazer agora?" foi a pergunta que retornou para me atormentar, quando me olhava no espelho ao acordar no meio do *lockdown*.

Se por um lado fiquei frustrado com a impossibilidade de me comunicar presencialmente através de palestras, por outro me armei de uma profundidade e clareza de pensamentos que nunca tinha vivenciado (ainda estou na dúvida se foram questionamentos existenciais que a pandemia trouxe à tona, ou se eu apenas tive mais tempo à disposição para pensar nesses assuntos), e no meio de tudo me fiz uma pergunta simples: "Como eu vou agora conseguir impactar o máximo de pessoas com minhas reflexões?".

Eu já vinha me comunicando há anos no LinkedIn, onde conto com mais de 60 mil seguidores, mas queria mudar de formato. Como ouço muito podcast, cogitei lançar o meu. Junto ao Rodrigo Lima, meu braço direito, e o time do Podcast Lab, me rendi aos encantos do mundo do áudio e me tornei um *podcaster*. Foi assim que nasceu o Metanoia Lab.

Este é o momento em que você se pergunta o que é essa tal de Metanoia. Bom, vamos lá: em grego, a palavra *metanoia* significa "mudar radicalmente a sua forma de pensar", e é um termo que carrego comigo desde que me deparei com ele pela primeira vez, ainda no colégio. Desde sempre acho que ele define quem eu sou, assim como define meu trabalho — e define a abordagem que devemos praticar diante de um mundo em rápida transformação. Uma necessidade de pensar diferente.

Hoje o mercado de palestras está novamente a todo vapor, com eventos on-line organizados com maior rapidez, eficiência e custos baixos — o que aponta para um "novo normal" híbrido, com on-line e off-line se misturando de forma simbiótica (como já acontece em praticamente todas as áreas de nossas vidas). Isso fez com que, até a primeira metade de 2021, eu já tenha participado de mais de setenta eventos, no que promete ser o ano com a agenda mais cheia que já tive.

Ao mesmo tempo, contabilizando mais de 100 mil *plays* e 5000 *followers*, e com a segunda temporada patrocinada pela Oi Soluções em andamento, o Metanoia Lab se posiciona como um programa profundo e reflexivo, que definitivamente não é para todos, mas é para quem busca refletir sobre o mundo — na interseção de negócios, tecnologia, filosofia e neurociência, acompanhado por minha voz com forte sotaque italiano. Com este livro, a partir de agora você poderá ser acompanhado por minha escrita também.

Antes de mergulhar na leitura, quero dar algumas dicas para que você aproveite ao máximo a obra.

Vamos começar deixando claro que, se você me conhece ou já me acompanha, sabe que eu não sou nada convencional — e, pela propriedade transitiva, este livro também não é. Assim como o podcast está estruturado de forma única (um monólogo que discorre as teorias de grandes pensadores, trazendo 3 frases originais a cada episódio), este livro tem um formato original que intercala frases de alguns dos pensadores que protagonizam o Metanoia Lab seguidas por minhas transcrições originais do podcast (revisadas, para uma melhor leitura).

Introdução

Ao focar no macro tema das competências humanas, ou seja, as habilidades humanas que nos diferenciam da tecnologia e nos tornam mais competitivos no mundo atual (logo menos você irá entender por que não as chamo de *soft skills*), a divisão em capítulos reflete algumas das habilidades que surgiram com mais frequência nos textos e pensamentos dos líderes estudados por mim ao longo do programa. Em suma, *voilà* as habilidades fundamentais para o contexto da transformação digital, de acordo com alguns dos cérebros mais brilhantes do mundo.

Cada capítulo contém várias frases de pensadores (com a minutagem exata da frase original, no episódio correspondente do meu podcast) seguidas por minhas reflexões — e, mesmo que elas sigam uma lógica sequencial, podem ser lidas de forma isolada. Ou seja, se em um dia qualquer você busca algum estímulo para reflexão, é só abrir o livro de forma aleatória, escolher uma frase e, em meu comentário, você terá começo, meio e fim. Ou seja, um raciocínio completo.

Ah, e sobre as frases dos pensadores: elas são extraídas de palestras, entrevistas e outros podcasts, entre outros materiais — que eu mesmo traduzi de forma livre, tomando algumas liberdades. Me perdoem se não fui 100% fiel ao original, mas o fiz para fins de melhor experiência de leitura.

Por último, quero especificar: este não é um livro acadêmico e não se propõe a ser uma enciclopédia completa das competências humanas. É apenas um conjunto de reflexões minhas, que visam provocar ainda mais reflexões em você. Este livro não tenta prever o futuro, mas te preparar para construí-lo. Este livro não traz respostas, mas fomenta perguntas: se você terminar a leitura com mais perguntas do que tinha quando a começou, terei cumprido (em parte) meu propósito.

A verdade é que ele apenas será alcançado quando você internalizar os comportamentos que refletem as competências humanas listadas neste livro e os coloca em prática, para se tornar o profissional que o mundo digital pede — e que você, sem dúvida, já tem o pleno potencial para ser.

CAPÍTULO 1
Nem Hard, nem Soft: as Competências Humanas da Era Digital

Durante a era de ouro das ferrovias, uma lenda americana provou a força do homem em comparação às máquinas.

John Henry era um homem de costas largas e braços poderosos, que se orgulhava de ser o melhor naquilo que fazia: furar grandes rochas com golpes de marreta para que fossem inseridas dinamites – um processo necessário na criação de túneis ferroviários.

Quando certo dia um agente engravatado de uma empresa trouxe uma "furadeira a vapor" para vender aos gestores da obra, John não pensou duas vezes: desafiou a máquina para uma disputa. Ganharia quem furasse mais durante um dia inteiro de trabalho. Certo da vitória, o agente aceitou.

A máquina trabalhava de forma feroz. Seu pistão subia e descia sem parar na montanha, abrindo buracos metodicamente. O que John não possuía de precisão era compensado com força e vigor. Em cada marretada, o peso de uma vida inteira de trabalho era depositado na cabeça da broca, ferindo a montanha e inflando o orgulho machucado de seus companheiros de trabalho. A disputa durou horas e horas e, no fim, a máquina acabou quebrando, tamanho o desgaste do trabalho. John seguiu fazendo mais furos, até se certificar de que tinha conquistado a vitória. Mas seu corpo não suportou a batalha: ali, no pé da montanha, ele morreu de pé, ainda com seu martelo nas mãos.

Esta é uma das várias versões da lenda do John Henry, um herói folclórico americano. Apesar de detalhes diferentes, todas as versões trazem o que pode parecer uma história gloriosa e trágica de superação de um homem que se recusou a aceitar ser trocado por uma máquina e lutou pela crença de que a humanidade sempre estaria à frente, mas aqui cabe um exercício de imaginação: e se John Henry tivesse sobrevivido? O que teria acontecido?

Provavelmente, dois meses depois da disputa, o agente chegaria com uma nova máquina, talvez com *redesign* da broca ou mesmo uma mudança nas batidas do pistão inspirada na forma como John Henry manejava sua marreta. John seria desafiado de novo e talvez venceria! Mas e mais dois meses depois? E quatro? E seis? Até quando John, com toda a sua força, seria capaz de frear o avanço da máquina? E, depois de perceber essa curva evolutiva, será que John Henry continuaria aceitando arriscar sua vida nessa luta ou penduraria a marreta na parede em sinal de desistência?

Essa história diz muito sobre a nossa relação com a tecnologia desde sempre, e ainda mais hoje em dia, no meio da transformação digital — onde as novas tecnologias evoluem cada vez mais rapidamente, graças à exponencialidade das leis do digital. Como, então, se manter engajados, criativos e produtivos em um ambiente profissional que parece crescentemente dominado por máquinas, e diante da ameaça da tecnologia e da Inteligência Artificial substituir muitas de nossas capacidades cognitivas — e, afinal, empregos?

A moral dessa história aponta ao fato que talvez nossa maior arma para evoluir em um mundo cada vez mais digital não é nem combater a tecnologia nem emulá-la, mas escolher outro caminho: sermos cada vez mais humanos, em um mundo onde a Inteligência Artificial já promete ser a "nova eletricidade" — como argumenta Kevin Kelly neste próximo trecho.

1.1 "O mundo da Inteligência Artificial" com Kevin Kelly

> Pensar diferente: esse é o valor da Inteligência Artificial (IA). Não é que seja apenas mais inteligente do que os seres humanos, mas é que pode ser muito mais inteligente e também pensar de forma diferente que os seres humanos. O outro aspecto da IA é que de forma geral, ela vai se tornar um serviço: será gerada em uma "planta de geração"

> longe de você, enviada através de cabos, até onde você quiser, tipo eletricidade (...) Eletricidade é uma commodity. Isso vai acontecer em breve com a IA: você não terá que gerar a sua, mas poderá comprar o quanto de Inteligência você quiser, e ela irá fluir na mesma direção que a eletricidade flui: da rede até onde você quiser, e com isso se torna uma commodity. (Ep. 36 — Kevin Kelly, min. 3.03 — 4.21)

Em 1968, o alto escalão do exército americano se viu com um desafio sério: havia uma categoria de fatores que influenciavam diretamente no sucesso de algumas unidades militares, mas que não faziam parte do plano de treinamento, desenvolvimento ou aferição de resultados em qualquer esfera das forças armadas. Em outras palavras, havia algo "intangível" dentro da estrutura dos batalhões que tornava os soldados mais dedicados por um lado, ou aumentava a chance de conflitos internos por outro, ou até confundia severamente o fluxo de informação entre unidades — enfim, algo que influenciava diretamente na vida de cada oficial e no sucesso de cada missão, mas que não era medido, quantificado, treinado ou desenvolvido de maneira clara. Era algo que estava lá, crescia e se instalava organicamente, como uma árvore no quintal, que pode dar sombra e bons frutos, ou, em igual proporção, quebrar muros e destruir as fundações da casa com raízes poderosas e invisíveis.

Na falta de melhor termo, um grande esforço acadêmico liderado pelas mentes mais brilhantes do exército englobou essas habilidades complexas e amorfas sob o nome de *soft skills*, contrapondo esses elementos de todas as outras habilidades fáceis de medir e quantificar, como a capacidade de "dirigir um carro", "operar uma metralhadora" ou "montar um relatório logístico". Estas outras eram chamadas de *hard skills*.

Apesar de reconhecer a importância inegável de *soft skills* como "capacidade de inspirar", "criar relações de confiança" ou "ter flexibilidade cognitiva", o esforço mental do time de estudiosos do exército não foi capaz de desenvolver ferramentas robustas para discutir, quantificar e desenvolver as *soft skills*. A impressão geral é que, desde a década de 1970, congelamos na mesma etapa da discussão.

Sim, no ano de 2021 há centenas de livros que falam da importância das *soft skills*, assim como foi postulado pelo documento do exército americano em 1968, mas, da mesma maneira, boa parte das teorias seguem falando da importância dessa "dimensão de habilidades" sem entregar a resposta que foi buscada pelo esforço dos militares: como medir e treinar *soft skills* da mesma maneira que fazemos com as *hard skills*?

Como essa resposta nunca se concretizou, boa parte das empresas e instituições apenas deu de ombros e decidiu não pensar mais nisso. Só que seus resultados continuavam a ser sensivelmente afetados pelas tais *soft skills*. Mais ainda, podemos dizer, pela falta de priorização delas: olhar para o problema se tornou algo como evitar uma visita ao dermatologista para não descobrir que aquela mancha estranha nas costas pode ser algo mais sério.

Será que não é a hora de pensarmos em um novo paradigma e incluirmos essas habilidades comportamentais entre os fatores fundamentais na performance de negócios?

Esther Perel, psicoterapeuta, palestrante e escritora *best-seller*, nos responde que, sim, precisamos urgentemente deste novo paradigma: ela nos explica sua visão no próximo trecho.

1.2 "Emoções no trabalho" com Esther Perel

> Você já deve ter me ouvido dizer que a qualidade de nossas relações determina nossa qualidade de vida. Mas é exatamente igual no trabalho, onde a qualidade de nossas relações no trabalho determina a qualidade de nosso trabalho, e nossa habilidade de ter sucesso. Mas, diferente de performance, as relações são mais difíceis de se medir, mais difíceis de se sustentar, e mais difíceis de se consertar. Por isso, eu digo que hoje nossas vidas profissionais requerem um leque de competências e habilidades emocionais totalmente diferentes — e por inteligência relacional eu quero dizer nossa habilidade de se conectar com os outros, de como estabelecemos confiança e superamos traição, e de como engajamos em conflitos, ou como os evitamos. São essas histórias internas que determinam a forma como nos comunicamos, que fomentam curiosidade e colaboração. Alguns anos atrás, o foco de uma conferência de negócios seria em produtividade, eficiência, processos, performance, afinal resultado. As relações seriam consideradas *soft skills* e, como você sabe, *soft skills* são competências

> femininas, e as pessoas adoram idealizá-las na teoria, mas deixá-las de lado na prática. Hoje, as relações se tornaram a nova métrica de resultado, a nova *bottom line*. (Ep. 39. — Esther Perel. Min. 3.03 — 4.49)

Imagine-se na seguinte situação: sua gestora chega até você durante uma sessão de *feedback* de fim de ano e estabelece alguns objetivos para o ano que está por vir.

Após colocar uma meta de crescimento de vendas da sua unidade de negócios de 15% no primeiro trimestre, ela encerra a reunião tocando brevemente em metas comportamentais. Estas, normalmente, ficam para o final. Em particular, ela te diz: "Sua meta esse ano é ser mais colaborativo". Você não diz nada, agradece, e ela vai embora para a próxima sessão de *feedbacks*, te deixando em dúvida sobre o que significa "Ser mais colaborativo".

Algo parecido aconteceu comigo alguns anos atrás, quando meu gestor no Tinder me pediu para ser mais "proativo". Ele, vice-presidente de operações internacionais, ficava em Los Angeles, e eu no Brasil, e obviamente ele esperava que eu tomasse mais a iniciativa e reportasse para ele com frequência as novidades. Mas, aos meus olhos, parecia que nunca era suficiente — pois esse *feedback* se repetia a cada trimestre.

Em situações assim a gente sai da sala atordoado, com muitas dúvidas. É normal. Na cabeça ressoam perguntas como, por exemplo, "Como vou conseguir demonstrar ser mais colaborativo? Como consigo medir o quão colaborativo sou agora? Em quanto preciso aumentar esse nível?". São todas perguntas muito apropriadas, e a verdade é que é muito difícil medir nossa evolução neste sentido — bem diferente de um pedido de gestor como "Até o fim do ano você tem que alcançar um faturamento de R$ 7 milhões na sua região". Bem mais objetivo e mensurável, não é?

Mesmo que desafiadoras, paradoxalmente preferimos essas metas objetivas por serem mais claras e não deixarem margem para dúvidas, como acontece no caso das metas comportamentais.

Voltemos para o exemplo anterior: após um tempo desse *feedback* abstrato, você está otimista. Acredita ter demonstrado ser mais colaborativo na empresa, ajudando um colega em um projeto, ficando até mais tarde participando de um encontro de jovens aprendizes, e se prontificou a estar disponível em diversas situações. Contudo, ao falar novamente com sua gestora, você descobre que ela não concorda: você precisa melhorar ainda mais. "Mais quanto? Até qual nível? Quando ela ficará satisfeita?", você se pergunta, e não sem razão.

Esther Perel, uma das maiores *experts* em relacionamentos do mundo e cuja palestra me marcou muito durante o South by Southwest 2018, nos aponta justamente para essa grande desvantagem que as habilidades comportamentais carregam: por serem tão difíceis de medir, as *soft skills* não são prioridades no ambiente de trabalho — enquanto costumamos focar em medirmos eficiência, produtividade e resultado.

Para desenvolver *soft skills,* precisamos primeiramente compreender o que são essas habilidades comportamentais — já que muito se fala sobre elas, mas pouco se entende desse termo com clareza.

Vamos começar com o que são *skills* ou, em português, habilidades: segundo o livro *"Fundamentals of Human Resources Management"* (NOE, HOLLENBECK & GERHART, 2015), "as habilidades se referem ao nível de desempenho de um indivíduo em uma tarefa específica, ou à capacidade de realizar bem um trabalho que pode ser dividido em elementos técnicos e elementos comportamentais". Fica claro que os dois grandes grupos de habilidades descritos na definição já refletem a divisão entre *hard skills* e *soft skills*. Tudo bem até aqui.

Mais importantes ainda do que a definição, porém, são as características específicas das *soft skills* a respeito das habilidades técnicas, e as diferenças entre as duas. Em particular, separei três características das *soft skills* que as tornam mais desafiadoras do que *hard skills* — ao mesmo tempo que fundamentais:

1. **Amplas** (vs. as *hard skills,* que são específicas): enquanto as *hard skills* são focadas para o cumprimento de tarefas específicas, as *soft skills* são aplicáveis em qualquer situação de negócios (e de vida!).
2. **Difíceis de transferir** (vs. as *hard skills,* que são fáceis de transferir e de ensinar): enquanto alguém com uma habilidade técnica consegue transmitir esse conhecimento para ajudar outra pessoa no desenvolvimento da mesma *hard skill,* isso não ocorre na *soft skill* com tanta facilidade. O desenvolvimento de cada uma delas é um processo muito mais interno e pessoal, do que externo e ensinado.

Nem Hard, nem Soft: as Competências Humanas da Era Digital

3. **Difíceis de medir** (vs. as *hard skills*, que são fáceis de medir): voltando ao ponto que já mencionamos, enquanto é possível medir as competências técnicas de um desenvolvedor de software ou a proficiência de idioma inglês de um candidato, é muito difícil medir *soft skills* como, por exemplo, o grau de colaboração, a empatia, ou o pensamento crítico de um colaborador.

Parece óbvio então que, em um mundo analógico onde a especialização, a educação formal e a medição de Quociente de Inteligência (QI) como indicador de sucesso dominavam os ambientes de trabalho, as *soft skills* nunca foram prioridade — e essa é a herança que carregamos conosco do mundo analógico que nos precede. Ben Horowitz, cofundador do fundo de *Venture Capital* Andreessen Horowitz e escritor *best-seller*, compartilha a mesma visão no seguinte trecho.

1.3 "A importância das habilidades comportamentais" com Ben Horowitz

> No mundo do empreendedorismo, as grandes competências são as habilidades técnicas (de programação), e as habilidades comportamentais. Esses são os dois grandes blocos de competências. Eu acho que as habilidades humanas tendem a ser altamente subestimadas em termos da habilidade de gerenciar uma empresa, e assim por diante. Ao que me refiro com habilidades comportamentais é a capacidade de entender a motivação dos outros, sejam dos com que você fala e também dos que você não fala, e qual a forma de pensar deles, e de onde eles estão vindo, e de se relacionar com eles de uma forma que te leve a construir uma empresa, ou a fazer uma transação, ou qualquer um desses tipos de coisas incrivelmente valiosas, e eu diria que a maioria dos bons empreendedores acabam tendo em falta mais habilidades comportamentais mais do que habilidades técnicas. (Ep. 9 — Ben Horowitz. Min. 25.20 — 26.17)

Temos, porém, que admitir que algo está mudando em relação a visão da Esther Perel e do Ben Horowitz: nos últimos anos, começou-se a ter um consenso de que *soft skills* são tão fundamentais quanto as habilidades técnicas (se não mais), a partir da popularização do conceito de Inteligência Emocional pelo psicólogo Daniel Goleman nos anos 1990.

Inteligência emocional é a capacidade — inata ou desenvolvida — de identificar, experimentar, compreender, rotular, expressar e regular emoções humanas de maneira saudável e produtiva. Goleman demonstra que não existe uma correlação clara e proporcional entre QI e sucesso profissional após certo ponto: é, sim, preciso ter uma inteligência acima da média (QI de cerca de 115, segundo Goleman) para dominar o conhecimento técnico necessário para ser médico, advogado ou executivo de negócios, entre outras profissões. Mas, depois que esses profissionais entram no mercado de trabalho, o QI e as habilidades técnicas deles acabam sendo muito próximas uma da outra — e a Inteligência Emocional se torna um diferencial importante. Inclusive segundo a Harvard Business Review, a Inteligência Emocional é responsável por quase 90% das movimentações de carreira nas situações em que QI e habilidades técnicas são aproximadamente semelhantes entre candidatos.

O que é fundamental entendermos aqui é a relação entre as duas: a Inteligência Emocional é o terreno fértil das *soft skills*, pois sem ela as habilidades comportamentais não conseguem prosperar — assim como o QI é obviamente é o fator determinante de nossas *hard skills*.

Veja a renovada importância das habilidades comportamentais: a pesquisa Global Trends Report do LinkedIn, de 2019, aponta que 92% dos gestores de Recrutamento e Seleção acham que as *soft skills* são igualmente importantes, senão mais importantes, que as *hard skills*, e que 80% deles pensam que as habilidades sociais são cada vez mais essenciais para o sucesso de uma empresa, enquanto 89% das "contratações ruins" são atribuídas a funcionários com habilidades sociais ruins.

A revista *Human Resources Executives* publicou, também em 2019, uma pesquisa da Harris Poll que aponta que ter *soft skills* sem a experiência necessária para uma função parece ser mais desejável do que ter a experiência ou as qualificações certas, mas sem habilidades sociais — e que 75% dos americanos provavelmente contratariam um candidato que tenha habilidades sociais e não a experiência ou as qualificações certas.

As pesquisas nos mostram, também, o outro lado da moeda: embora sejam cada vez mais importantes, as habilidades comportamentais ainda permanecem bastante ambíguas, principalmente porque são difíceis de medir. Dos profissionais de RH entrevistados pelo LinkedIn, apenas 41% afirmaram que sua empresa possui um processo formal de avaliação de *soft skills*. 57% dos entrevistados disseram que tem dificuldade para avaliar com precisão as habilidades pessoais e 68% pontuam que os indicadores sociais são o principal método de avaliação no processo de entrevista. Fazer perguntas comportamentais está no topo da lista de como a empresa testa as *soft skills* durante o processo de recrutamento, mas as respostas a essas perguntas podem ser facilmente ensaiadas, ou difíceis de interpretar de forma objetiva por parte do recrutador — o que significa que não são necessariamente preditivas ou indicativas das *soft skills* do candidato. O mesmo se aplica à avaliação dos colaboradores, dentro da empresa.

Essa dificuldade de medição, e a ambiguidade em identificá-las, cria um ciclo vicioso que explica por que as *soft skills* nunca foram prioridade: uma vez que o que "enxergamos" é no que prestamos mais atenção, as *hard skills* — mais fáceis de medir — se tornam nossa realidade. Nosso foco. Elas são os fatores em que nos concentramos, e as razões são as mesmas de medirmos sucesso em termos de lucratividade, crescimento e produtividade, e não necessariamente em impacto social, propósito ou sustentabilidade.

A gente faz a mesma coisa ao medir nosso sucesso pessoal através de dinheiro e status, mesmo que eles não estejam atrelados a nossa felicidade. Por quê? Porque são mais fáceis de medir e nos permitem a comparação com os outros.

É muito mais fácil medir o dinheiro em nossa conta e concluir se somos bem-sucedidos ou não do que medir nossa felicidade: a gente não tem 100% de tangibilização disso. É muito mais fácil se apegar a cargos organizacionais e dizer "Sou mais poderoso que você, então mais bem sucedido" do que "Sou mais feliz que você, então mais bem sucedido". Eu caí na tentação de pensar nisso quando, aos 31 anos, entrei na L'Oréal com o cargo de diretor: "Eu sou um dos diretores mais novos da organização, então estou mais bem sucedido do que a média". Que erro!

A melhor forma de explicar o quão falho é esse raciocínio é através de uma história que vem da tradição budista: certa noite um homem perdeu as chaves de casa, e um amigo o encontra buscando furiosamente por elas na rua, embaixo de um poste iluminado. O amigo lhe pergunta se ele lembra onde pegou nas chaves da última vez, e o homem responde, apontando para longe: "Lá, naquele campo de arroz". Então o amigo indaga, surpreso: "Por que não está procurando lá?". O homem responde, como se fosse óbvio: "Porque a luz está melhor aqui".

Será que estamos medindo o sucesso com dinheiro e poder porque são itens mais "luminosos e fáceis de achar" ou precisamos ir até o campo de arroz achar outras fontes mais profundas, mesmo que "abstratas", de sucesso na vida?

Ou, no caso do conflito entre *hard skills* e *soft skills*, será que não estamos atrelando o sucesso profissional às habilidades técnicas porque são mais fáceis de medir? Provavelmente sim, mas é indo mais a fundo que nós achamos as verdadeiras "chaves" do sucesso.

A verdade é que até pouco tempo o ambiente de trabalho não deixava espaço para emoções. Por quê? As razões são provavelmente mais sociológicas e antropológicas do que psicológicas. Voltemos para a Revolução Industrial e para a ética de trabalho que surgiu dela — e pense em tudo o que implicou criar uma economia de manufatura e linhas de produção eficientes: um dos motores dessa eficiência é que não nos importávamos muito com emoções, ou relações, no local de trabalho. Queríamos ser o mais produtivo possível, e as emoções eram vistas apenas como uma distração.

Isso é totalmente contraproducente em muitas frentes: primeiro, é necessária uma grande quantidade de energia para suprimir suas emoções. Além de desgastar, isso cria relações menos profundas, onde você tem menos confiança e menos conexão emocional com os outros. Isso não é bom para nenhum tipo de trabalho que envolva relações interpessoais — e admitamos, todo tipo de trabalho envolve a necessidade de se relacionar com outros, em uma forma ou em outra. Ainda mais hoje em dia.

Contudo, isso está começando a mudar porque temos hoje mais economia de serviços, ou de conhecimento, do que jamais tivemos no passado. Nossos trabalhos atuais envolvem muito mais relacionamento e criatividade e, cada vez mais, estamos reconhecendo que expressar emoções é fundamental para o sucesso nos negócios. Essa correlação positiva com os resultados de negócio está começando a ser mais evidente, como demonstrado por estatísticas que comprovam o impacto positivo das *soft skills*: um estudo da Universidade de Michigan de 2017 demonstra que o treinamento de habilidades sociais aumenta a produtividade e a retenção de funcionários em 12%, e gera um retorno sobre o investimento de 256%.

"Mas Andrea, como fazer para resolver esse problema, e medir melhor as *soft skills* no trabalho?".

Foi essa a pergunta que Gabriela Prioli, advogada criminalista e apresentadora da CNN, me fez durante um debate recente organizado pela Anima Educação, cujo tema era "*Soft Skills* vs. *Hard Skills*". De um lado estava eu, representando as *soft skills*, e do outro estava a incrível Lisiane Lemos, do Google, representando as *hard skills*. Tive dificuldade em responder, admito, e talvez esse momento de titubeação tenha sido o catalisador dos meus estudos sobre o tema — e plantou a semente deste livro que, verás, desafia a convenção tradicional dessa dicotomia.

Ao mergulhar em leituras, pesquisas e infográficos, após a provocação da Prioli e a frustração de não achar uma resposta clara, me deparei com o relatório *"Meet Your New Leaders: Supportive, Creative and Employee-Focused"* (em tradução livre "Conheça seus novos líderes: cuidadores, criativos e focados no colaborador") da McKinsey, publicado em Novembro 2020, que demonstra claramente que *soft skills* são fundamentais para um mundo digital pós-crise: ao medir a mudança, em pontos percentuais, em termos dos comportamentos dos líderes mais bem sucedidos após o começo da pandemia, a pesquisa mostra um aumento de 25% em comportamentos de "apoio e cuidado", de 15% em demonstrações de "empoderamento e confiança" e 14% em "tomada de decisão rápida e sob um cenário ambíguo". Ao mesmo tempo, comportamentos de liderança herdados do mundo analógico de comando e controle caíram drasticamente, como "promover competição interna entre times" (-15%) e "exercitar liderança autoritária" (-18%).

Fica obviamente muito claro pelo estudo que os líderes mais bem sucedidos após a crise demonstraram uma forte Inteligência Emocional e um leque robusto de *soft skills*, mas um outro *insight* interessante que esse relatório me deu é que, se as habilidades comportamentais são mais difíceis de medir, comportamentos atrelados a essas habilidades já são mais fáceis de reconhecer — e é nos comportamentos que iremos focar ao longo do livro.

Pois é: ao mesmo tempo que é difícil medir o grau de colaboração de um funcionário, é mais fácil observar comportamentos que demonstrem colaboração por parte do mesmo — na medida que, obviamente, tivermos claros quais são os comportamentos atrelados a cada *soft skill*.

Reflita comigo: se nenhum especialista conseguiu encontrar uma resposta satisfatória até hoje, o problema pode bem-estar na maneira como construímos a pergunta. Talvez seja hora de pensar em um novo paradigma?

Afinal seguimos debatendo a contraposição genérica entre as habilidades técnicas e as habilidades comportamentais há tanto tempo, que quase não percebemos que desenvolvimentos tecnológicos rápidos estão tornando essa dicotomia obsoleta. Estamos ainda na infância do mundo 4.0, uma revolução digital que mal começou e já está mudando absolutamente tudo, mas onde, a cada ano, as aplicações possíveis para redes neurais, Inteligência Artificial e outras soluções tecnológicas exponenciais — fruto da inexorável Lei de Moore — estão colocando boa parte das *hard skills* em cheque.

Suba alguns parágrafos e você vai reler os exemplos: dirigir um carro, operar uma metralhadora, montar um relatório logístico. Hoje, tudo isso e muito mais pode ser feito por *softwares* e IA (Inteligência Artificial), com agilidade e precisão superior ao mais dedicado e bem treinado dos seres humanos. Avance alguns anos e a enorme maioria (senão todas) das *hard skills* serão operadas ou potencializadas por máquinas e sistemas, tornando o treinamento profundo nessas habilidades uma opção quase artesanal frente à eficiência e reprodutibilidade de resultados dos robôs.

Para muitos, é uma batalha que não pode ser vencida.

Para mim, nunca deveria ter sido uma batalha.

Se a encararmos como tal, seremos destinados inexoravelmente ao fracasso. Yuval Noah Harari, historiador e autor *best-seller* do livro "Sapiens — Uma breve história da humanidade", nos passa sua visão sobre o impacto das novas tecnologias no mercado de trabalho no próximo trecho, e já nos antecipa a pergunta que não quer calar: o que resta aos humanos, se não sermos mais humanos ainda?

1.4 "O futuro do trabalho" com Yuval Noah Harari

> A Inteligência Artificial irá tirar os seres humanos para fora do mercado de trabalho da mesma maneira que a revolução industrial do século XIX criou uma nova classe massiva: a classe trabalhadora urbana, ou seja, o proletariado. É assim que no século XXI, uma nova revolução industrial criará uma nova classe massiva: a classe inútil.

> Trabalhadores que não têm utilidade econômica porque a Inteligência Artificial os supera em quase todas as tarefas e trabalhos. Pessoas que não estão apenas desempregadas: elas não são empregáveis pois não há empregos para elas. Para começar com um exemplo simples, dez anos atrás era relativamente aceito que os computadores e a Inteligência Artificial nunca teriam sido capazes de dirigir carros e veículos melhor do que os seres humanos. Talvez em um laboratório, sob condições neutras, mas não em condições reais, ou em uma cidade como Londres. Hoje, mais e mais especialistas estão chegando à conclusão oposta: que é apenas uma questão de tempo — e não muito tempo, talvez em 10, 20, 30 anos — seres humanos não irão mais dirigir veículos, porque a Inteligência Artificial será muito melhor ao dirigir táxis, ônibus e caminhões e assim por diante, do que os seres humanos. — (Ep. 11 — Yuval Harari. Min. 24.05 — 25.38)

Esse pode parecer um discurso apocalíptico, de que à medida que perdemos muitos de nossos empregos e funções para as máquinas, estaremos relegados a uma existência secundária no planeta Terra. Há de fato alguns pensadores que acreditam nessa possibilidade. Mas não é nesse futuro que acredito — ou melhor: não é esse o futuro que me dedico a construir.

A minha crença é de que quanto mais as máquinas assumirem funções para as quais elas são ideais (que dependam de reprodutibilidade, agilidade, eficiência, precisão e leitura de grandes volumes de dados, entre outros), mais os seres humanos serão capazes (e terão o tempo e os recursos a disposição) de se reconectar com forças e características inerentes da nossa espécie.

Sim, você ainda vai poder dirigir seu carro durante um passeio com a sua família pela orla da cidade, mas também vai poder pedir à Inteligência Artificial do carro para assumir o volante enquanto você embala seu filho no colo para que ele durma tranquilo, ou roteiriza o próximo episódio do seu podcast enquanto você se desloca para o escritório no piloto automático — e ainda vai ter uma probabilidade menor de acidentes, como resultado.

Sem uma reflexão profunda sobre o que queremos fazer com o poder que virá dessa revolução tecnológica, podemos nos encontrar em um futuro terrível de se viver. Mas, como diz Yuval Harari no brilhante "21 Lições para o Século XXI", esse futuro não está determinado: ele será o resultado das decisões humanas, e não da atuação das máquinas. Afinal, toda tecnologia humana é uma extensão da visão de mundo proposta pelos seres humanos que a desenvolvem, treinam ou utilizam.

A responsabilidade é só nossa.

Por todo esse pensamento, acredito hoje que a dicotomia entre *hard skills* e *soft skills* já não faça mais sentido. Sejamos realistas: do que adianta ficarmos fissurados na comparação entre dois blocos de habilidades, técnicas ou comportamentais que sejam, como se estivessem competindo uma com a outra — enquanto já ficou claro que não temos alternativa, mas terceirizarmos uma delas (as *hard skills*) para a tecnologia e a IA, e focarmos na categoria que nos define como seres humanos (e que convenhamos, de *soft*, ou seja de fraco, não tem nada!).

Na medida que as *hard skills* estão cada vez mais suportadas por máquinas, isso nos abre a possibilidade de olhar para dentro e desenvolver as áreas que a IA e os robôs não conseguem captar: as que eu vou a partir de agora definir de competências humanas, e que estão á base deste livro.

Bora abrir juntos o laboratório da Metanoia?

CAPÍTULO 2
Clareza de Objetivos através do Autoconhecimento

> Não existe controle completo. De fato, ninguém possui controle completo em nenhuma situação. Líderes de organizações, de certa forma, possuem ainda menos controle pois, além de ter controle sobre suas funções, elas precisam persuadir todos os colaboradores sobre o que fazer. Mas se você tiver a capacidade de assumir a responsabilidade, por exemplo: "Eu não estou atrasada por causa do trânsito, mas eu estou atrasada porque não saí cedo o suficiente para compensar o fato que teria trânsito" ou, "O projeto não foi concluído não porque o meu colaborador não fez a parte dele, mas na verdade, o projeto não foi concluído porque eu não configurei uma equipe em que o meu colega pudesse ter vontade de fazer a parte dele." Assumir a responsabilidade — uma responsabilidade plena — é de fato a coisa mais poderosa que você pode fazer, e isso pode ser feito em todos os estágios. Você precisa assumir a responsabilidade caso esteja levantando um investimento como um empreendedor, você precisa fazer isso caso você esteja convencendo talentos a trabalharem com você. Você precisa fazer isso a todo momento. (Ep. 4 — Sheryl Sandberg. Min. 12.22 — 13.20)

Em 13 de janeiro de 2012, o navio Costa Concordia tinha acabado de sair de Civitavecchia, porto próximo a Roma, para alcançar Savona, cidade onde eu estudei no colégio — na última etapa do cruzeiro "Profumo d'Agrumi". No meio do trajeto, o navio começou a se aproximar demais da ilha do Giglio, na região da Toscana.

O capitão Schettino queria fazer o que no linguajar marítimo é chamado de "cumprimento", ou *saluto*, em italiano, que consiste em se aproximar da costa para ser visto por quem está em terra. Além disso, segundo as reconstruções, ele também estava na companhia de uma bela mulher, e queria impressioná-la com essa manobra arriscada.

O resultado dessa manobra foi desastroso: ao bater contra uma rocha, o navio começou a afundar, e no naufrágio morreram 32 pessoas. Além do acidente, o capitão Schettino fez algo que é totalmente inadmissível, e quebra qualquer código de conduta marítimo: ele abandonou o navio logo após o começo do naufrágio, deixando a grande maioria dos passageiros a bordo. Isso nunca se faz. Mais tarde, ele alegou que abandonar o navio não foi a intenção dele, mas que, ao tentar ajudar outras pessoas, acidentalmente "escorregou" do navio e coincidentemente caiu em um barco de resgate. Tudo, obviamente, contra sua vontade, segundo uma versão que ele contou em uma famosa ligação com o chefe da Marinha italiana, que lhe deu uma bronca histórica, e mais que merecida.

É inútil dizer que o capitão Schettino representou uma vergonha nacional para nós italianos, além do naufrágio pelo fato de ter abandonado o barco. A convenção internacional "Normas de Formação, Certificação e Vigilância" (STWC, em inglês) determina que o capitão seja sempre o último tripulante a evacuar a embarcação. Sempre. Sem exceções. Schettino teve que responder na justiça, entre outras coisas, pelo abandono do navio.

Para não tirar todo o crédito dos comandantes italianos e deixar aqui só o mau exemplo, tivemos também o caso do Gennaro Arma, capitão do *Diamond Princess*, cruzeiro que ficou parado em quarentena no porto de Yokohama, Japão, durante janeiro e fevereiro de 2020, enquanto via os casos de Covid-19 dispararem entre seus 2700 passageiros. Ele foi premiado com o mais alto título concedido pela República italiana, a Ordem de Mérito, por ter feito o que, convenhamos, não foi nada mais que sua obrigação: gerenciar a crise e ser o último a abandonar o navio. Por outro lado, nem ouso imaginar a reação do capitão Schettino se tivesse sido ele o comandante da *Diamond Princess*.

Agora, pense bem: o comandante tem controle de tudo que está acontecendo no navio?

Obviamente não. Isso seria impossível. Mas ele assume a responsabilidade por tudo o que aconteça sob sua tutela, inclusive imprevistos como uma rocha que não aparece nos mapas, ou um surto pandêmico entre os passageiros. Embora não haja controle sobre nada disso, faz parte de seu escopo lidar com questões assim: ao transmitir a confiança de que vai ser o último a deixar o navio, o comandante deixa claro que está assumindo a responsabilidade pelo que vier, independente que o possa controlar ou menos.

Neste ponto, um navio não é em nada diferente de uma empresa, com seus inúmeros mecanismos (ou, no mundo corporativo, estratégias e processos), locais (ou áreas e departamentos), tripulantes (ou funcionários), e passageiros (ou clientes).

Por isso, o mesmo raciocínio se aplica aos líderes e empreendedores, que não têm controle de tudo, mas ao mesmo tempo precisam assumir a responsabilidade por tudo o que vier a ocorrer.

O bom trabalho de líderes, empreendedores e gestores não é consequência de sua habilidade em exercer o controle (como se acredita até hoje), mas da habilidade de se assumir suas responsabilidades diante da imprevisibilidade do mundo atual, contagiando seus times a fazer o mesmo.

Generalizando, podemos medir nossas interações com pessoas e circunstâncias ao longo de dois eixos: o quanto exercemos controle por um lado, e o quanto assumimos responsabilidade por outro.

Para começar, podemos dizer que existem dois grandes tipos de situações, ou seja as que você pode controlar e as que você não pode controlar — definindo aqui controle como poder direto e completo (e isso é raro). Isso porque pode até acreditar que pode controlar certos aspectos de situações, ou influenciar pessoas ou circunstâncias, mas na maioria desses casos você realmente só tem controle sobre si mesmo: suas ações, atitudes, valores, emoções e opiniões acerca dos acontecimentos. O controle é apenas, na verdade, uma ilusão de controle.

Por outro lado, podemos também dividir nossas reações diante das circunstâncias e acontecimentos em duas categorias: uma em que nós assumimos responsabilidade, e a outra em que não fazemos isso.

"Responsável" é uma palavra composta que significa "capaz de responder". Mesmo que haja tentação em dizer que as únicas coisas às quais você pode responder são aquelas sobre as quais você tem controle legítimo, no mundo atual — tão complexo e imprevisível — é necessário evitar fugir de nossas responsabilidades diante do (pouco) que controlamos e, em particular, assumir a responsabilidade pelo que não podemos controlar.

Ainda mais diante dos fracassos.

Jim Collins, grande autor de negócios, explica como isso funciona por meio do "mecanismo da janela e do espelho", que descreve no livro *best-seller* "Empresas feitas para vencer" e que atribui aos melhores líderes (chamados por ele de líderes nível 5). Funciona da seguinte forma: os melhores líderes olham "para fora da janela" ao atribuir mérito aos times quando as coisas vão bem (e quando não tem uma pessoa para a qual podem atribuir crédito, credita-se a sorte - o que é incrível, pois é uma admissão de que sim, as coisas nem sempre estão ao controle e sorte, *timing* ou destino, como você quiser chamar, também tem um papel central nos negócios), e olham "para um espelho" quando as coisas vão mal, assumindo a responsabilidade disso, sem descontar publicamente nos outros.

Porém de forma geral, nós fazemos exatamente o oposto: nos apegamos ao controle, e em falta dele, nós "terceirizamos" a responsabilidade pelo que não podemos controlar a fatores externos.

"Ah, é culpa disso e daquilo", "Mas isso não dava para controlar", "Foi culpa da concorrência" — nós tentamos justificar.

Afinal, tentamos mudar as circunstâncias externas através do controle, mas isso é perigoso e ineficaz: assumir a responsabilidade pelo que não podemos controlar é fundamental se você quiser mudar o mundo externo e os outros, já que, primeiro, você tem que mudar a si mesmo. Esther Perel nos explica como isso funciona no seguinte trecho.

2.1 "Senso de responsabilidade" com Esther Perel

> Sou uma terapeuta de casais e não sei se vocês sabem, mas em terapia de casais, raramente as pessoas chegam até você para te dizer o que fizeram de errado, nem qual o problema com elas. É como se fosse um lugar de entrega, onde eles chegam e dizem 'Olhe,

Clareza de Objetivos através do Autoconhecimento

> eu sei tudo que tem de errado sobre meu parceiro, agora cabe a você consertá-lo'. Eu acho que, por definição, as relações que dão certo são aquelas em que os dois lados assumem responsabilidade pela própria parte, sem se sentir envergonhados por isso. Por isso é seguro assumir a sua responsabilidade, é seguro assumir suas culpas, e assim as pessoas percebem que se você quer mudar o outro, você tem que mudar você mesmo. (Ep. 39 — Esther Perel. Min. 14.25 — 15.09)

Algum tempo atrás, assisti uma entrevista incrível e reveladora de Michelle Obama concedida à Oprah. Ao se abrir a respeito das frustrações que ela teve ao longo dos anos com o marido Barack, Michelle falou: "Tive que parar de me concentrar no que ele não estava fazendo e começar a pensar em como criar a vida que eu queria para mim, com ou sem Barack. Quanto mais eu fazia isso e quanto mais eu conseguia me definir por mim mesma, melhor era minha parceria com ele".

Essa frase tão surpreendente, que explica perfeitamente como funcionam as relações felizes e saudáveis na vida pessoal e no trabalho, nos traz de volta a constatação que normalmente, fazemos exatamente o oposto. Por exemplo: quando um relacionamento termina, a culpa é sempre do outro, não é? Nós sempre fazemos tudo certo, e é o outro que é bagunçado, ciumento, fala pouco (ou fala muito), e assim por diante. Sempre somos ótimos em apontar o dedo e temos a tendência de querer "ajustar" o outro antes de "ajustar" a nós mesmos.

Alexander Solczenitskzy, escritor russo que ganhou o prêmio Nobel em 1970, disse: "Não ache que a linha que divide o bem e o mal viva na política, ou na ética; ela vive bem no meio da sua alma — e, se você quiser entender o mundo, precisa se entender primeiro. É mais fácil governar uma cidade do que governar você mesmo". Essa frase nos remete de forma óbvia ao conceito de autoconhecimento, que é um dos pilares da Inteligência Emocional.

O autoconhecimento representa o grau de clareza com que vemos nossos próprios valores, paixões, aspirações, adequação com nosso ambiente, reações (incluindo pensamentos, sentimentos, comportamentos, pontos fortes e fracos) e impacto sobre os outros. Uma pesquisa da psicóloga organizacional Tasha Eurich pela Harvard Business Review, em 2014, demonstra que as pessoas que possuem um alto grau de autoconhecimento são mais hábeis em demonstrar empatia e assumir as perspectivas dos outros. Como funciona isso?

Para exercer a empatia e me conectar de forma empática com a situação que meu parceiro, meu colaborador ou meu líder está vivendo, ou com sua forma de atuação, tenho, primeiro, que reconhecer em mim mesmo a emoção que já vivi em uma situação semelhante, e refletir nos pressupostos que criei para que a pessoa se sinta assim. Ou seja, assumir a responsabilidade — tocando novamente no ponto de Esther Perel.

Contudo, dificilmente fazemos isso. Quando nos preparamos para ter uma conversa difícil, ou para dar um *feedback*, focamos no outro, e não em pensar "O que eu fiz para que o outro se sentisse assim, ou agisse assim?". Já vivi isso como gestor. Na medida em que minhas equipes aumentavam de tamanho, aumentava também minha tendência a relativizar os problemas de cada um e achá-los cada vez mais irrelevantes.

Até hoje lembro do dia em que um colaborador em meus tempos da L'Oréal veio até mim, extremamente estressado com algo que aos meus olhos era insignificante. Depois de ter tratado a questão com superficialidade e percebido que isso frustrou ainda mais o membro do meu time, tentei relembrar situações semelhantes que já vivi, e entender mais da perspectiva dele. Foi assim que lembrei do meu estágio na Suez Cement, empresa de cimento do grupo Italcementi, durante o intercâmbio que fiz na Universidade Americana do Cairo, no Egito, onde passava metade do dia em uma fábrica no meio do deserto, após as minhas aulas no campus da Universidade, para trabalhar em planilhas na área financeira.

Fui encarregado de completar um novo relatório para apresentar para o meu gestor, um expatriado italiano que fumava constantemente. As aulas demandavam muito do meu tempo, eu estava atrasado na planilha e cada dia mais nervoso com o esgotamento do prazo. Esse estresse tirava meu sono, até o ponto em que, certo dia, com o coração a milhão, fui até meu gestor e lhe contei meu desespero — cheguei até a pensar que a falta da planilha pudesse quebrar a companhia.

"Qual planilha?", me respondeu sem entender. Fiquei pasmo ao ver que ele tinha até esquecido, mas depois com um sorriso falou que nada disso era tão urgente e me agradeceu pela preocupação e esforço, e voltou a se preocupar com as prioridades dele.

Após resgatar essa lembrança, percebi que o que parecia sem importância para mim podia ser algo enorme para o meu colaborador, que lhe tirasse o sono e fosse fonte de enormes frustrações. Ao me reconectar com a sensação de que eu tinha vivido no passado, consegui ter uma conversa muito mais empática — que, junto a uma reflexão sobre quais são os pressupostos que nós criamos para que as pessoas atuem de certa forma, nos permite se responsabilizar durante conversas difíceis ou relações importantes.

Afinal, o senso de responsabilidade que nasce do autoconhecimento é o meio para a construção de metas claras, objetivos e visão. Sem isso, não conseguimos ter a coragem de assumirmos nosso papel de protagonismo ao definir para onde queremos ir, no meio de um cenário tão imprevisível e incontrolável.

"Autoconhecimento é a base para entender qual pode ser sua contribuição para o mundo", já disse Oprah, jornalista e apresentadora do show de maior audiência da história da TV americana, o "Oprah Winfrey Show". Fundamentalmente, o que ela está dizendo é que é impossível criar objetivos claros sem se conhecer a fundo. Talvez por isso sejamos tão ruins em criar objetivos? Oprah nos explica essa relação no próximo trecho.

2.2 "GPS Emocional" com Oprah

> Existem líderes autorrealizados e que entendem qual pode ser a sua contribuição para mudar o mundo. Você só pode fazer isso se você conhecer a si mesmo. Você não pode conseguir isso a menos que reserve um tempo para realmente saber quem você é, e por que está aqui. Tem um momento supremo, inato de destino para todos, e você não pode alcançá-lo a menos que tenha um nível de autoconsciência para se conectar ao que, no caso, seria a voz interior, ou o instinto. Eu chamo isso de seu G.P.S. emocional, um sistema que permite que você tome as melhores decisões por si mesmo. Toda decisão que me beneficiou na vida veio de mim ouvindo a voz interior primeiro, e toda vez que me coloquei em problemas, é porque não a ouvi. (Ep. 10 — Oprah. Min. 2.24 — 3.22)

Dizer que nossa relação com metas e objetivos nunca foi das melhores, é dizer pouco.

Nem estou falando do fato que não gostamos de ser cobrados por metas (que, pelo contrário, para muitos é fator de motivação), mas de que não sabemos — ou, ousaria dizer, não gostamos de — ser específicos e claros a respeito delas. Pense nas resoluções clássicas do ano novo: nós sempre queremos "ficar ricos", "sermos promovidos", "emagrecer" e até "desencalhar", para os solteiros e solteiras de plantão.

Tudo bem: mas ficar mais rico quanto? Sermos promovidos para que posição? Emagrecer para qual peso? Desencalhar mesmo que não seja com o amor da nossa vida, mas apenas para nos sentirmos menos sozinhos?

A verdade é que a clareza em responder tais dúvidas representa o divisor de águas entre os que estão preparados para se responsabilizar por seus sucessos (ou fracassos) e os que preferem terceirizar a responsabilidade para fatores externos, apontando dedos e (se) contando historinhas, na medida em que não atingirem seus objetivos.

O grande fator diferencial aqui é o quão claros são seus objetivos. O grau de clareza de seus objetivos e metas é indicador do seu grau de motivação e coragem em alcançá-los.

Funciona mais ou menos assim: quanto mais vagos e mal definidos eles são, menos coragem e determinação temos de torná-los realidade.

Jordan Peterson, controverso psicólogo e professor na Universidade de Toronto, costuma dizer que a maioria das pessoas deixa propositalmente seus objetivos e suas metas bem amplas, pouco claras e indefinidas porque, ao definir claramente suas metas, elas também especificam seus fracassos. Se as metas estiverem pouco claras você tem menor certeza de quando — e porque — fracassou, e por isso pode se contar aquela história de "Ah, eu não fracassei não", ou "foi culpa disso e daquilo". Não é isso que falamos anteriormente?

Por outro lado, quando você cria seus objetivos, suas metas ou até sua visão de forma clara e específica, primeiramente tem mais certeza sobre para onde está indo, e também mais facilidade em guiar suas ações em torno desses objetivos. Imagine-se trabalhando sem propósito todos os dias, falando com os outros sem motivo, malhando só porque parece certo, sem ter aspirações para você ou para as pessoas ao seu redor. O que você sentiria?

Tenho certeza de que a resposta é uma sensação de vazio, e zero motivação para tomar iniciativa — até porque sem objetivo, não temos claro o que precisamos fazer. "Vamos levando", podemos dizer.

Para nos conectarmos ao nosso "GPS emocional" — resgatando a metáfora utilizada pela Oprah — precisamos ir a fundo para os catalisadores do autoconhecimento, em particular um que Daniel Goleman, idealizador da teoria da Inteligência Emocional, chama de *achievement orientation* (ou orientação a conquistas). Este termo define o nosso foco em perseguir objetivos claros que colocamos para nós mesmos, e se refere à capacidade de definirmos metas ambiciosas e assumir riscos, aceitar desafios e permanecer consistentes em nossos esforços para alcançá-las.

Mas será que apenas esclarecer metas de longo prazo e objetivos ambiciosos é o suficiente para trabalhar de forma mais engajada, focada e eficaz? No próximo trecho o Barack Obama, advogado e 44º Presidente dos Estados Unidos, nos conta, por meio de sua própria história pessoal, que é preciso mais do que isso.

2.3 "Micro objetivos" com Barack Obama

> Nós olhamos para todo um leque de problemas, quando começamos nosso mandato, e nos perguntamos: onde podemos fazer a bola avançar no gramado, a cada vez, em toda frente? Não fazíamos *touchdown* o tempo todo, mas nós passamos a bola para frente. (Ep. 50 — Barack Obama. Min. 5.05 — 5.24)

O estudo "Goals Research" conduzido, em 2015, pela Dra. Gail Matthews na Dominican University buscou comprovar a tese de que metas bem planejadas e planos bem específicos impactam positivamente o desempenho dos colaboradores no trabalho. Neste estudo, 267 participantes foram recrutados de diversas empresas e divididos em cinco grupos:

— O primeiro grupo não definiu metas, e não tinha planos concretos;
— O segundo grupo estabeleceu metas, mas não preparou um plano para executá-las;

— O terceiro grupo preparou metas e planos de ação bem definidos para alcançá-las;
— O quarto grupo preparou metas e planos de ação bem definidos, e depois enviaram o material a um amigo que o apoiava;
— O quinto grupo preparou metas e planos de ação bem definidos e, em seguida, os enviou a um amigo que o apoiava, junto com relatórios de progresso semanais.

Os resultados revelaram que o quinto grupo, que teve seus objetivos escritos com planos de ação concretos e contava com o apoio de um amigo para responsabilizá-los diante de seus progressos semanais, realizou significativamente mais do que todos os outros grupos. Este estudo foi fundamental para demonstrar os benefícios de desenhar metas e planos de ação claros, bem como os benefícios do compromisso público e da responsabilidade como impulsionadores da realização do sucesso na vida.

Fica claro assim que não é apenas questão de ter o objetivo claro, mas ter claro o plano de ação também. Contudo, é aqui é onde mais nós falhamos: uma vez que entendemos que a clareza dos objetivos é o combustível da motivação, temos a tentação de pensar de forma macro e ambiciosa — enquanto a verdade é que a maior motivação vem de micro objetivos concretos.

Quando eu era adolescente, na Itália, cheguei a disputar campeonatos nacionais de corrida de meio-fundo. É aquela combinação matadora de velocidade e distância que tem em corridas como 800 metros, 1000 metros ou 1500 metros. Até hoje lembro ainda as inúmeras tardes de inverno passadas na pista de atletismo de Celle Ligure com meu treinador me puxando a ser melhor a cada vez mais.

Em particular, tinha uma marca que para mim era inalcançável: descer abaixo dos 3 minutos na corrida de 1000 metros. Só para ter uma ideia, o recorde mundial nos 1000 metros hoje é 2.11.96 do queniano Noah Ngeny, o que eu acho incrível — mas do meu lado, o meu recorde pessoal ficava sempre na casa dos 3.10 — 3.11. Eu focava tanto naquele 2.59 que ficava muito frustrado ao ver que sempre ficava longe do objetivo. Tentava melhorar meu tempo de 10 ou 11 segundos por vez, mas tinha alcançado esse patamar que não conseguia mudar. Foi assim que o meu treinador Giorgio buscou um caminho diferente: ele começou a me cobrar por 3.09, e não mais 2.59. Quando eu atingi essa marca, ele começou a me cobrar por 3.08, e assim por diante. Admito com honestidade que nunca consegui descer da marca dos 3 minutos, mas posso garantir que eu melhorei muito mais ao me colocar o objetivo de melhorar 1 segundo por vez, do que 11 segundos todos de uma vez.

É por isso que Obama fala da importância de especificar quais eram os "passes da bola" necessários durante seu mandato, já que eles eram tão importantes quanto os *touchdowns*. Afinal, não é todo passe de bola que resulta em *touchdown*, então focar apenas no *touchdown* é focar somente em macro ações, enquanto o diferencial reside nas micro ações.

Usando outra metáfora do esporte mais popular no Brasil, pense no porquê de o método do Tiki-taka, popularizado pelo Barcelona de Pep Guardiola, que consistia em passar a bola milhares de vezes em um jogo de futebol, foi tão bem-sucedido? Porque não era apenas a questão de fazer o gol, mas focar nos passes para chegar ao gol. O gol era uma consequência.

E já que falamos que a maioria das vezes gostamos de deixá-los amplos e vagos, uma das melhores formas de desenhar micro objetivos é através do modelo de estruturação SMART — que consiste em definir objetivos Específicos, Mensuráveis, Alcançáveis, Relevantes e Temporais.

Essa necessidade de uma diferenciação clara entre objetivos e ações nos remete ao conceito de OKRs. Quem já implementou OKRs na sua organização?

A popularização atual desta metodologia de *Objectives and Key Results* (OKRs), criada pelo *Venture Capitalist* John Doerr e abraçada primeiro pelo Google, que os adotou desde 1999, demonstra como não apenas o objetivo em si é chave, mas os resultados medidos atrelados a ele que o fazem SMART.

No TED Talk de 2018 com o título "*Why the secret to success is setting the right goals*" (em tradução livre "Porque o segredo para o sucesso é criar os objetivos certos"), John Doerr chega até a dizer que "Os objetivos são o que queremos realizar, e resultados-chave são como vamos fazer aquilo acontecer. O que, e como. Mas eis a verdade: muitos de nós estão definindo metas da forma errada, e a maioria de nós não está definindo meta nenhuma (...) Líderes cuidam das vendas, introduzem novos produtos, constroem seus resultados, mas falta neles o senso de propósito para inspirar suas equipes".

Esse ponto final é extremamente importante: o senso de propósito é o que inspira suas equipes, e quanto mais claro ele for, mais suas equipes serão inspiradas a perseguir os objetivos com ações claras.

Objetivos claros e compartilhados são fatores de persuasão e motivação fundamentais. O que, e o como, não são suficientes para nos mover: precisamos do porquê.

Aqui é onde eu te faço uma pergunta: você já percebeu que nós, seres humanos, somos a única espécie que tem em torno de 80% do olho representado por uma parte branca chamada esclera? Nenhuma outra espécie animal tem o mesmo.

A razão é que evoluímos de tal forma que podemos detectar para onde os outros estão olhando — se eu não sei para onde você está olhando, não vou saber para onde está indo — e a mesma coisa acontece com objetivos, metas e visão: se compartilhados, eles nos movem como um coletivo, mas apenas se estiverem claros também.

A visão inspira, e não só motiva. Inspira a criar metas para você também, seja que faça parte dessa visão maior que o líder inspirou, ou que seja diferente. Mas a motivação não nasce do fato de alguém nos mandar fazer isso ou aquilo. É muito mais profundo que isso: o combustível da motivação é justamente a sua clareza de propósito. Você é mais produtivo e engajado em uma certa tarefa não quando alguém te manda ser, mas quando você se conecta profundamente com o propósito dela.

Dan Ariely, professor de psicologia e economia comportamental da Duke University e escritor *best-seller*, nos explica como isso funciona no seguinte trecho.

2.4 "Motivação" com Dan Ariely

> Educação é basicamente um tema de motivação humana. Se trata de motivação das crianças, dos professores, dos pais, dos diretores. Como você fomenta a motivação quando não tem uma sala de aula? Numa sala de aula, o professor pode monitorar as crianças, então sem sala de aula você precisa de um tipo muito diferente de motivação. O que acontece quando as crianças ficam sozinhas? Como você agora usa a motivação? De fato, motivação é realmente interessante

Clareza de Objetivos através do Autoconhecimento

> porque há muitos fatores que podem motivar as pessoas: pense em algo como correr uma maratona. Ninguém diria que correr uma maratona é divertido, e ninguém que correu na maratona se enxerga rindo no meio do percurso. Mas uma maratona dá às pessoas muitos outros fatores de motivação: elas dão às pessoas uma sensação de realização, de conexão com a Grécia antiga, de superação de desafios, de trabalho em equipe, de melhora todo dia, e todo tipo de coisa assim. Acontece que essas fontes de motivação também podem ser aplicadas à educação, e de repente, com a crise do Covid, quando não havia mais o professor nas aulas, vimos que escolas, professores e crianças e pais eram capazes de motivar as crianças, dizendo: "aqui está o seu desafio. Aqui está sua motivação. Resolva isso. Estude aquilo por si mesmo", e os alunos realmente floresceram. Quem estava tentando usar o estilo antigo de motivação, do tipo: "sentem-se aqui e façam isso, porque eu estou lhe mandando", realmente tiveram pouca eficácia.
> (Ep. 23 — Dan Ariely. Min. 18.20 — 19.47)

De onde vem a motivação?

Essa é uma pergunta quase existencial que nos fazemos frequentemente — ainda mais quando temos dificuldade a encontrá-la, certo? Tradicionalmente associamos a motivação com recompensas financeiras, com expectativas de elogios, ou até com ordens de terceiros

Não necessariamente isso funciona, pelo contrário. Inclusive com essa última — as ordens -, a relação é oposta. Uma pesquisa da Trinity Solutions, publicada no livro *"My Way or the Highway"* do autor Harry Chambers, fala que 79% dos funcionários em média tiveram experiências de controle excessivo por parte do gestor, e 69% dizem considerar mudar emprego por causa dessa microgestão. 71% também disse que ser micro gerenciados impactou negativamente na própria produtividade, e 85% que isso impacta negativamente na própria motivação.

Outros podem argumentar que a motivação é atrelada à sensação de prazer. Mas como nos provoca a pensar o Dan Ariely no trecho acima, será que correr uma maratona é prazeroso? Ou escalar uma montanha? Na adolescência li muitos livros de montanhismo, e todos relatam experiências miseráveis — e mesmo que os montanhistas sempre prometam que nunca passarão por essas experiências terríveis novamente, eles fazem isso de novo, e de novo e de novo. Eu treino jiu-jitsu há 12 anos com toda a motivação do mundo, mas garanto que não é necessariamente prazeroso. Isso significa que a motivação vai além da busca do prazer, com certeza.

A motivação humana não trata apenas de recompensas externas, ou até de diversão. É sobre o desafio de alcançar o objetivo em si — e diria que mais ainda sobre o desafio interno de constantemente progredir na direção dele.

O neurocientista de Stanford Andrew Huberman nos explica como o mecanismo da motivação funciona a nível neurocientífico. A dopamina é um neurotransmissor que atua como chave no chamado "sistema de recompensa": é aquela sensação de gratificação que sentimos quando ganhamos um grande jogo, concluímos um grande projeto no trabalho ou mesmo quando alguém dá *like* em nossas fotos nas redes sociais. Desempenha um papel importantíssimo em nossas vidas, nos faz felizes e nos mantém motivados.

Mas já notou como, pouco tempo após o atingimento da meta, essa sensação positiva some e voltamos quase à estaca zero?

Isso é porque, de acordo com o Andrew Huberman, a maior parte de liberação de dopamina não vem do atingimento de objetivo em si, mas do processo de busca de nossos objetivos. É o que nos permite persegui-los por longos períodos de tempo, mesmo quando o resultado é incerto. Ele usa o exemplo de um animal caçando na selva: o animal precisa de comida e pode ficar estressado, agitado e querer desistir da caça em qualquer momento, mas se sentir o cheiro de uma futura refeição, de repente terá a energia para seguir em frente e continuar a caça. Ao detectar aquele cheiro, uma injeção de dopamina é liberada e o animal consegue se manter motivado. É por isso que a dopamina é liberada no caminho para as metas — porque você precisa dela para reabastecer a motivação e o impulso.

Huberman diz que a grande vantagem da dopamina é que ela pode ser controlada subjetivamente — ou seja, todos temos a capacidade de liberar dopamina com base em nossa própria interpretação de metas e objetivos, nos dando um enorme controle sobre a nossa motivação.

Portanto, é fundamental não apenas ter a clareza do objetivo, mas também a clareza das micro ações necessárias para atingir esse objetivo — uma vez que a chave para um sistema de recompensas rápidas é quebrá-lo em pequenos pedaços. Comece com algo que você sabe que pode concluir e se recompense por isso, e essa recompensa reabastece o impulso para te manter em movimento. É bom saber qual é o objetivo final da orientação, mas seu foco deve ser um micro-objetivo, que leva a uma microação. São elas que, de forma cumulativa, vão fazer a grande diferença — até pelo fato de que você tem mais controle delas do que dos macro-objetivos. Sobre isso, Confúcio, pensador e filósofo chinês e pai do Confucionismo, já disse: "Quando for óbvio que as metas não podem ser alcançadas, não ajuste as metas — ajuste as etapas da ação".

Motivações e recompensas externas até que funcionam, mas o problema é que não são sustentáveis no longo prazo. Já teve aquela sensação, depois de alguns meses de ser promovido, de estar de novo insatisfeito e querer ser promovido de novo? Com certeza sim, pois somos ambiciosos por natureza, mas, ao mesmo tempo, eternamente insatisfeitos — um pouco como Sísifos modernos que empurram a pedra para cima constantemente e, quando chegamos lá em cima, percebemos que estamos começando de novo. Isso é porque buscamos a motivação de fora, em vez de buscar ela desde dentro (por falta de autoconhecimento — acertou!).

Karl Moore, professor de Oxford, escreveu que: "Carreiras com significado surgem quando a pessoa vê a conexão entre o próprio propósito e o papel que desempenha na empresa". Mas isso é extremamente difícil de achar, e é um desafio grande para as lideranças tornar essa conexão evidente. É por não acharem conexão entre os propósitos que a maioria dos colaboradores se declaram desmotivados: a pesquisa *Global Study of Engagement* de 2020 da ADP Research Institute aponta que no Brasil apenas 18% dos trabalhadores estão plenamente engajados (número que inclusive subiu durante a pandemia de um patamar de 14% em 2018).

Mas sabe por que é tentador buscar motivações externas mais do que internas, assim como fazemos com os indicadores de sucesso na vida? Porque elas são mais fáceis de tangibilizar e medir. Arianna Huffington, cofundadora do site de notícias The Huffington Post e escritora *best-seller*, nos conta porque somos tentados a estabelecer nossos objetivos em torno de elementos como dinheiro e sucesso. Mas isso funciona mesmo? No próximo trecho, ela nos conta que não.

2.5 "Métricas de sucesso" com Arianna Huffington

> No dia 6 de abril de 2007, eu voltei de levar minha filha para conhecer faculdades, e era depois de dois anos de lançamento do Huffington Post. Eu estava exausta, totalmente esgotada. Aquela sensação que muitos de nós temos. Caí de exaustão e, ao cair, bati a cabeça na mesa, quebrei o queixo e me deram quatro pontos no olho direito. Isso me colocou nessa jornada de questionar o que é o sucesso, porque pelas definições convencionais de sucesso, definido pelas duas métricas dinheiro e poder, eu tinha sucesso. Segundo qualquer definição sensata de sucesso, eu não estava tendo sucesso ao estar deitada em uma poça de sangue no chão do meu escritório. Então esse foi realmente o começo, e hoje eu tenho a ideia de que precisamos de uma terceira métrica de sucesso que inclua nossa saúde e bem-estar, antes de mais nada, porque se sacrificarmos isso, o que sobra? (Ep. 16 — Arianna Huffington. Min. 27.29 — 28.33)

Durante meu mestrado na Johns Hopkins, nos Estados Unidos, virei muito amigo de um colega francês que vou chamar de François — tanto que após eu já estar no Brasil há meses, o chamei e disse: "François, estou sabendo de um projeto de consultoria para o SEBRAE em Belo Horizonte bem interessante. Se quiser faço a ponte". François é um gênio, então foi logo contratado, e se mudou para o Brasil: é inútil dizer que ele se mudou para a minha casa (eu morava numa república), e que foi uma época bem divertida.

Ele é uma pessoa brincalhona e superengraçada, e sempre era zoado por seu sotaque. O que nem todo mundo sabia era que François tinha trabalhado em um banco de investimento super-reconhecido, até fim de 2008, em Londres. Eu até sabia, mas não fazia ideia da razão pela qual ele saiu e se matriculou no mestrado da Johns Hopkins — motivo que me confessou depois de alguns meses morando juntos, após umas cervejas.

Não tinha sido ele a pedir demissão, e nem tinha sido mandado embora: tinha sido por questões médicas, que o fizeram repensar suas prioridades. "Nossa, não sabia que você teve problemas de saúde!", eu disse.

O que ele me contou depois nos explica tanto sobre objetivos e métricas de sucesso, quanto sobre a história mundial recente.

François trabalhava na área de derivativos do banco de investimentos. Quem acompanhou os detalhes da crise financeira americana de 2008, ou assistiu o filme "A grande aposta" e o documentário "*Inside Job*", sabe que derivados são instrumentos financeiros extremamente complexos — tanto que, inclusive, foram utilizados para revender dívidas tóxicas (a maior parte atrelada ao mercado imobiliário americano) como dívidas de baixo risco. O grande trabalho do François era revender esses produtos financeiros para outros grandes bancos e, mesmo sendo tão complexos, ele suspeitava que havia algo estranho ali no meio. Porém, sob uma altíssima pressão para vender, ele simplesmente ia em frente. Afinal, ele estava ganhando muito dinheiro, assim como estava em uma das áreas do banco que mais cresciam. "Isso pode me render uma promoção logo", pensava.

O foco regional dele eram os países da Escandinávia: fundamentalmente, ele revendia derivados para os grandes bancos da região do norte da Europa. O que aconteceu em 2008 na crise dos derivados nos Estados Unidos, que começou com a falência da Lehman Brothers, foi uma crise americana que acabou levando consigo quase todo o sistema financeiro global. Mas nem todos devem saber que na Islândia, ilha gelada de não mais de 400.000 habitantes, os principais bancos privados tiveram que ser nacionalizados para não falir e a bolsa de valores local perdeu mais de 90% do seu valor — fazendo deste um dos países mais afetados pela crise.

Logo que a crise começou nos Estados Unidos, e prevendo o que podia acontecer a seus clientes tão expostos à dívida tóxica americana, François entrou em uma espiral de ansiedade fortíssima, vivendo a própria vida como se fosse um zumbi, segundo ele. Ganhava muito bem? Ganhava. Ele tinha poder? Pela idade dele, tinha subido rápido os escalões do banco, e podemos dizer que tinha. Aliás, falando em poder, ele tinha na mão economias de países inteiros, então podemos dizer que sim. Mas, segundo qualquer definição sensata de sucesso, estava sendo bem-sucedido na vida? Certamente não.

Quando a interconexão do sistema financeiro global começava a mostrar a exposição que os bancos da Escandinávia tinham com a crise americana, e o risco de *default* vinha à tona, François começou a ter *calls* duríssimas com clientes, muitos deles o acusando de saber de tudo desde o começo.

Certo dia, ele foi intimado para uma reunião presencial por parte de um grande banco na Suécia, e não sabia como lidar com um problema tão grande, maior que qualquer dinheiro ou poder pudesse justificar. Poucos dias antes do voo para Estocolmo, ao subir no metrô de Londres, François teve um ataque de pânico que o derrubou no chão, fazendo com que uma ambulância viesse a seu resgate para hospitalizá-lo. Ele tinha 26 anos na época, e a sensação foi de morrer.

Ninguém deve se permitir passar por isso, independente do dinheiro e do poder que objetiva atingir e acumular, e deve repensar sua definição de sucesso. Foi assim para Arianna Huffington e foi assim para o François: depois de um tempo de recuperação, pediu as contas do banco, se matriculou na Johns Hopkins para repensar sua carreira e perseguir novas métricas de sucesso. Depois de mais uma década, ele hoje é empreendedor no ramo das cervejas — não sei se ganha mais dinheiro do que no passado, mas o único que sei é que é uma pessoa muito mais realizada e, diria ele, bem-sucedida.

O que é sucesso, afinal? Qual a métrica de sucesso na vida?

Essas são algumas das perguntas que nós fazemos desde o começo dos tempos, mas até que ocorram eventos dramáticos que nos façam priorizar valores e metas em nossas vidas, costumamos ter as mesmas respostas: dinheiro e poder.

Mas a parte mais interessante disso é entender o porquê. Por que continuamos a mensurar sucesso em termos de dinheiro e poder? A resposta é simples: porque são mais fáceis de medir, e por isso nos permitem a comparação com os outros indicadores de sucesso.

É muito mais fácil medir o dinheiro em nossa conta e dizer se somos bem-sucedidos ou não do que medir nossa saúde, por exemplo: nós não temos 100% de visibilidade sobre ela. Como já comentei, é muito mais fácil nos apegar a cargos organizacionais e pensar "eu tenho um cargo maior que você, então sou mais poderoso do que você, e por consequência mais bem sucedido" do que dizer: "eu sou mais feliz que você, então mais bem sucedido". Como eu sei de fato o quanto você é feliz e, ainda mais importante, como eu sei o quanto eu sou feliz? A verdade é que, como já vimos, é importante saber metrificar seus objetivos — mesmo que precisamos não ser influenciados pela comparação com outros na hora de criarmos os nossos, senão teremos motivações erradas que nos levarão longe de onde queremos chegar de verdade.

Aqui o erro é duplo: em primeiro lugar, que o sucesso nasce da nossa comparação com os outros. Cometemos esse erro o tempo todo. Em um experimento famoso de 1995, pesquisadores de Harvard perguntaram a um grupo de alunos e funcionários qual das seguintes opções eles preferiam:

— Ganhar US$75mil por ano, quando todos ao seu redor ganham US$100mil.
— Ganhar US$50mil por ano, quando todos ao seu redor ganham US$25mil.

Considere que os preços dos bens e serviços seriam os mesmos em ambos os casos. 50% escolheram a opção 2, abrindo mão de US$25mil apenas para evitar ganhar menos do que seus vizinhos. Isso não faz sentido, mas é um raciocínio que costumamos fazer diante da pressão de comparar nossas medidas (aparentes) de sucesso. E, pior, é um ciclo que nunca acaba: ao chegar ao seu "objetivo", você volta a se comparar e anseia mais.

Em segundo lugar, porque acreditamos que dinheiro e poder são os objetivos em si, mas não são. Na realidade eles são os meios (ou motivações extrínsecas) para atingir outros tipos de sucesso, muito mais importantes e verdadeiros.

A mesma coisa acontece com negócios: nós achamos que o sucesso venha da maximização dos lucros e, consequentemente, que dinheiro seja o objetivo primário. Mas pense na empresa como um carro, e no dinheiro como combustível: o objetivo do carro não é de comprar mais gasolina, assim como o propósito e objetivo de uma companhia não é fazer dinheiro. O propósito de um carro é ir até certo lugar, e a gasolina é o meio com o qual ele vai chegar até lá — assim como propósito de uma companhia é algo mais intrínseco, mas profundo do que maximizar retornos e acumular dinheiro.

Por isso, entendemos que não podemos contar com a motivação externa pois ela é muito influenciada pelo efeito de comparação: precisamos focar nas motivações internas e intrínsecas, e desenvolver o autoconhecimento necessário para entender o que nos move em busca de nossos verdadeiros objetivos e propósitos.

CAPÍTULO 3
Confiança para Colaborar em um Cenário Remoto

> Quero falar da importância da confiança na sociedade: do porquê é tão importante, e como podemos obter mais dela. Na história tiveram muitas demonstrações de como aumentar confiança, desde algo como apertar a mão. Um aperto de mão de fato está mostrando que você não tem uma arma (...) Também realizar um brinde é um sinal de confiança, pois a história diz que as pessoas misturavam o líquido entre os copos, pois talvez você estivesse tentando me envenenar, então vou me garantir que o líquido esteja espalhado entre os dois copos (...) Vou tentar explicar o que é confiança: é um bem comum, está em toda parte e é um incrível lubrificante para a sociedade. Então, vamos pensar por um momento no que acontece quando não temos confiança. Um exemplo disso é que eu estava recentemente em um país da América do Sul e fui comprar uma caneta. Me direcionei ao balcão. Vi uma caneta que gostei e apontei para ela. A pessoa me escreveu uma nota, que levei ao caixa. Paguei a quantia em dinheiro e recebi outra nota. Fui a uma terceira pessoa, dei para ela a segunda nota e recebi a caneta. Agora: por que eles precisam de três pessoas para vender uma caneta de 15 dólares? Porque não existia confiança. (Ep. 23 — Dan Ariely. Min 5.07 — 6.42)

Por morar no Rio de Janeiro e ter crescido em Gênova, também cidade de praia, adoro dar um mergulho no mar, especialmente depois de ter dado uma corrida na orla, no calor do verão.

A melhor sensação do mundo, não é? Tenho certeza de que você adora também.

Mas, na maioria das vezes, você está com seu celular, talvez com dinheiro ou cartão de crédito, e com suas chaves de casa. Desce para a areia, chega perto da água, mas sempre fica com o mesmo medo: "Será que vou deixar as minhas coisas aí sozinhas? Não é arriscado? Será que alguém vai pegar?".

Por isso você olha a sua volta e tenta analisar o rosto das pessoas vizinhas, processando seu nível de confiança de cada uma delas.

Aí você vê um casal que te passa confiança, chega perto e pergunta se podem ficar de olho nas suas coisas — pedido que eles aceitam com prazer. Você então deixa suas coisas e mergulha no mar com toda a paz do mundo — fica bem mais tempo curtindo a água salgada, e mergulha com mais prazer do que se tivesse deixado suas coisas sozinhas na praia. Não é?

Afinal, se elas estivessem sozinhas na areia, você estaria constantemente virando para trás, olhando para elas com a preocupação que não tem ao confiar em alguém que cuide delas por você.

A verdade é que essa situação é perfeita para explicar o mecanismo da confiança.

Primeiro porque quando você está pedindo para alguém ficar de olho nas suas coisas, implicitamente está falando para o desconhecido na sua frente: "Se você está considerando roubar as minhas coisas, esse é um momento perfeito para isso". Ou seja, você está se expondo a um risco, mas ao mesmo tempo exercendo uma demonstração de confiança cega, vulnerável, que costuma ser recebida de bons olhos pela outra pessoa. Ela pensa "Opa, ele confia em mim", e se sente importante ou, pelo menos, gratificada — e costuma confiar em você de volta.

Segundo porque, como consequência disso, a pessoa se sente comprometida com você: ela vai cuidar mesmo, olhando para suas coisas de forma até mais atenciosa do que as delas próprias, porque você lhe entregou sua confiança cega. Incrível esse mecanismo de reciprocidade!

A verdade é que isso acontece o tempo todo, na vida e no trabalho. A confiança é o principal lubrificante social — sem confiança não existiriam relacionamentos ou negócios, e a colaboração entre seres humanos seria impossível.

Veja o que acontece quando uma interação é baseada em desconfiança: no TED Talk de Dan Ariely, de onde foi extraído o trecho que abre esse capítulo, ele conta a experiência de pegar três recibos para comprar uma caneta, porque não existia confiança entre os funcionários e os clientes. Eu acredito que não deve ser o Brasil, pois nunca vi algo do tipo por aqui (fica aqui o ponto de interrogação de onde ele estava), mas a falta de confiança faz exatamente o oposto do que esperamos como lubrificante social: ele vira um obstáculo, gera fricção.

O que acontece numa sociedade onde as pessoas não alimentam a confiança? Tudo se torna complexo e caro, e você tem que ter controle e visibilidade de tudo — o que é impossível.

Pense no papel do intermediário, como o representante de um produto, que bate de porta em porta. Ou em um varejista, que atua de intermediário entre o fabricante de TV e o cliente final. Ou em uma concessionária de carros, ou até em um banco.

Todos são intermediários que foram criados para transmitir confiança.

Afinal, toda a nossa economia está baseada na confiança: de que aquele pedaço de papel que temos na carteira (sim, o dinheiro!) tenha valor reconhecido pelos agentes econômicos com quem interagimos — e quem garantiu sempre isso foi um intermediário.

Seria caro demais fazer com que, a cada transação, construíssemos uma relação de confiança do zero — prática que se tornaria grande trava ao crescimento dos negócios.

E hoje? A digitalização criou um mundo de informações acessíveis com rapidez e a custo zero e, enquanto está ameaçando o papel do intermediário, podemos dizer que a importância da confiança não perdeu força — pelo contrário.

Quando olhamos para dentro das empresas, o que vemos? Qual é o papel da confiança nesse cenário?

Nas empresas, confiança é o motor para que as pessoas possam fazer da melhor forma possível seu trabalho, sentindo que estão em um ambiente seguro. Você já trabalhou em um ambiente onde as pessoas não são confiáveis ou pouco comprometidas, são desleais ou pouco comunicativas? Aposto que sim. Nesse caso, você sabe como é difícil e cansativo ter sucesso em um ecossistema similar.

Os dados confirmam que a confiança impacta positivamente os negócios em múltiplas frentes:

— Confiança melhora a eficiência, o engajamento e a produtividade dos colaboradores: de acordo com um estudo da Gallup nos Estados Unidos, funcionários desengajados trazem um custo total para a economia de cerca de US$450 bilhões a US$550 bilhões anualmente. Engajamento tem tudo a ver com confiança no trabalho: 96% dos funcionários engajados declaram confiar na gestão da empresa, enquanto apenas 46% dos funcionários não engajados o fazem. Além do engajamento, a pesquisa mostra que locais de trabalho altamente confiáveis podem se orgulhar de ter uma produtividade do colaborador 50% maior em relação a locais com falta de confiança, além de colocar o dobro de energia no trabalho e ter 13% menos dias de licença por doença;
— Confiança diminui o estresse e o *burnout*, e aumenta a retenção dos colaboradores: os funcionários que confiam em seus empregadores sofrem 74% menos estresse e 40% menos *burnout* (desgaste físico e/ou mental extremo), segundo o relatório "*Mastering FS change by beating fear, growing trust*" da Accenture. Considerando que colaboradores com *burnout* tem 2,5 vezes mais probabilidade de deixar a empresa, a confiança tem um impacto positivo importante na retenção de talentos;
— Confiança estimula criatividade, tomada de decisão assertiva e inovação: quando as pessoas se sentem livres para se comunicar, expressar suas ideias e acreditam em seus empregadores e superiores, ficam mais abertas a inovar e encontrar novas soluções. Olhe para os números: uma pesquisa da SHRM do titulo "*Why trust matters at work*" (em tradução livre, "Porque a confiança importa no trabalho") destaca que, quando há mais confiança no ambiente de trabalho, os funcionários têm 23% mais chances de oferecer mais ideias para a resolução de problemas.
— Confiança fomenta a colaboração e trabalho em equipe: como você vai colaborar com seus colegas, se não tiver confiança neles? O estudo "*Oxytocin is associated with human trustworthiness*" (em tradução livre, "A oxitocina é assiociada com confiança humana") do Paul J. Zak,

autor do livro "*The Trust Factor*" e professor de neuroeconomia na Claremont Graduate University, demonstra que comportamentos atrelados a confiança (como demonstrar vulnerabilidade e compartilhar informações abertamente — entre 8 comportamentos que ele aponta) geram oxitocina, substância neuroquímica relacionada à colaboração e trabalho em equipe.

Só tem um grande problema: 1 em cada 3 colaboradores não confia na própria empresa e nos próprios líderes, segundo o relatório *Trust Barometer* de 2020, da Edelman.

Baseado em pesquisa com 33 mil pessoas em 28 países, o mesmo estudo demonstrou que a confiança diminui ao descer das posições de liderança das organizações para os cargos mais baixos. Por exemplo, 64% dos líderes confiam em suas organizações, enquanto apenas 51% dos gerentes e 48% dos demais funcionários o fazem.

Em outras palavras, temos um grande problema de falta de confiança nas empresas — e ousaria dizer que esse problema nasce do estilo de liderança.

Por que digo isso? Deixe-me explicar através de uma experiência que vivi na pele.

Recém-chegado ao Brasil, em 2011, fui contratado pelo Groupon com a posição de City Manager de Belo Horizonte (MG), cuidando da área comercial na capital mineira da startup americana. Confesso que, quando obtive o retorno positivo de minha candidatura, até eu fiquei surpreso, pois não tinha nenhum dos dois principais requisitos para vaga: experiência comercial e habilidades de liderança.

Eu era recém-formado em economia e tinha acabado o meu mestrado em Relações Internacionais, com experiência profissional apenas como consultor. Foi com essa cabeça de consultor que, após alguns meses de trabalho e muitas análises de KPIs no Excel, cheguei à conclusão que, se o nosso executivo de vendas fizesse X reuniões por dia, enviasse Y e-mails por dia e fizesse Z ligações diariamente, teria conseguido cumprir a própria meta de 5 contratos por semana. No papel, isso fazia sentido, inclusive para mim.

Foi com esses números na cabeça que comecei a cobrar diariamente tais metas, checando continuamente as atualizações no Salesforce (software de controle de vendas que usávamos) e sempre me metendo na agenda de cada um dos executivos de vendas, para cobrar mais. O resultado não foi a melhora de performance; pelo contrário: criei, sem saber, um grande problema de "reuniões fantasmas". Com essa necessidade de demonstrar a mim mesmo que eles estavam atingindo as metas de produtividade que estabeleci, dei vida a um comportamento distorcido pelo qual alguns vendedores afirmavam ir a reuniões que, na verdade, nunca existiram.

Comecei a desconfiar e, em tentativas de recuperar o controle, quase como se fosse um espião dos movimentos dos meus times, eu ligava para os bares e restaurantes onde as reuniões fantasmas aparentemente tinham acontecido, para verificar se o colaborador tinha ido até lá de verdade. Às vezes eu descobria a enganação e ficava furioso — de fato o comportamento deles era dificilmente justificável. Mas, depois de alguns episódios, em vez de apenas pensar que "Eles estão quebrando minha confiança porque estão mentindo sobre as reuniões", comecei a me perguntar: "Quais são os pressupostos errados que criei para que eles tenham esse comportamento?". Me dei conta de que o primeiro que quebrou a relação de confiança fui eu.

Ao microgerenciar constantemente meu time, ao entrar em detalhes a ponto de checar a agenda deles todos os dias e ao acreditar que só seguindo a minha fórmula mágica eles teriam batido a meta, implicitamente eu estava dizendo "Eu não confio em você". Passava claramente essa impressão ao não entender que, mesmo com um número menor de reuniões, e até tirando um dia *off* com a família para recarregar as baterias, eles poderiam ter batido a meta mesmo assim — ou, provavelmente, até performado melhor.

A lição importantíssima que aprendi nesse contexto foi que a relação entre confiança e microgestão é inversamente proporcional: o estilo de liderança de comando e controle é um grande inimigo da construção de confiança. Isso te lembrou da parte sobre motivação do capítulo anterior? Pois é.

É inútil dizer que a situação que criei na minha época do Groupon ficou insustentável, afetando negativamente os resultados de vendas. Foi apenas quando entendi — e assumi — a minha responsabilidade que os resultados voltaram a crescer, abrindo mão do controle e incentivando maior autonomia dos meus times.

Nove anos depois, esse problema foi acentuado pela crise da Covid-19: uma pesquisa feita pela Harvard Business Review, publicada em Julho de 2020 com o título *"The Implications of Working Without an Office"* ("As implicações de trabalhar sem um escritório", em tradução livre), demonstrou que um dos maiores desafios de hoje está no fato de que — embora muitas soluções tecnológicas estejam à nossa disposição para gerenciar times no contexto de trabalho remoto — vários líderes ainda se sentem desconfortáveis por não ter controle absoluto dos seus funcionários ao trabalharem em casa, assim como para muitos colaboradores a sensação é de aumento de controle por parte de seus gestores.

Fica claro que existe aí um grande problema de confiança pelos dois lados, potencializado pelo nosso "vício" de controle: acreditamos que nossa tarefa é controlar as variáveis que afetam a produtividade dos nossos times e do negócio, mas, se bem lembramos a frase da Sheryl Sandberg, COO do Facebook, "Ninguém tem controle completo de nada, muito menos o líder".

O impacto dessa preocupação com o controle pode ser catastrófico: o mesmo *Trust Barometer* da Edelman demonstrou que, após o começo da crise de 2020, menos de um em cada três entrevistados (29%) acreditava que os CEOs de suas empresas estavam fazendo um trabalho excelente respondendo aos problemas gerados pela pandemia, em comparação com os cientistas (53%) e líderes governamentais (45%). Apenas 38% acreditavam que as empresas estavam indo bem, ou muito bem, em colocar a segurança dos colaboradores acima dos resultados de negócio. Como sentir confiança no seu líder dessa forma?

Vamos tentar entender mais a fundo os mecanismos através dos quais a crise da Covid-19 gerou um problema de confiança ainda maior. Até porque quero que, primeiro, reflita: onde construímos confiança dentro da empresa? Bob Iger, que foi CEO da Disney por mais de 15 anos, nos conta no próximo trecho que nem sempre é nos lugares mais óbvios e esperados que construímos as melhores relações.

3.1 "Mentoria" com Bob Iger

> Eu tenho muita sorte. Quando olho para trás, acho que uma das razões pelas quais estou onde estou, é porque tive chefes que não apenas tiveram muito sucesso por seus próprios méritos, mas todos eles me ensinaram algo, propositalmente ou através de minha observação. Tive ótimos mentores. Todos eles são responsáveis pelas conquistas que tive. Mas muito desse conhecimento, aqui na Disney, é trocado nos banheiros, sabia? (Ep. 28 — Bob Iger. Min. 17.35 — 18.03)

Vou te fazer uma pergunta: qual espaço físico do escritório que você mais sente falta nessa fase de trabalho remoto? Pense bem.

É a sua mesa? Pode até ser que sinta falta dela, mas duvido que seja o principal.

É a sala de reuniões? Diria que não.

É a sala do chefe? Certamente não.

É a sala do cafezinho? Deixe-me responder por você: com certeza.

Todos sentimos falta da sala do cafezinho de nosso escritório. Por muitos aspectos, é o lugar mais importante do escritório, e ao mesmo tempo aquele que é mais difícil replicar no cenário de *home office*. A mesa de escritório você substitui com a mesa de casa. A sala da chefe virou uma sala de Zoom onde, ainda assim, você está cara a cara com ela, mesmo que virtualmente. Mas o cafezinho sozinho na sua cozinha nunca será igual ao cafezinho na copa do escritório com seus colegas e chefe.

O que quero dizer com isso?

Em meados de 2020 fui contratado pelo Grupo Globo para palestrar para a diretoria financeira, e a ideia era falar sobre como construir uma cultura de confiança entre times remotos — já que o primeiro golpe que toda empresa sentiu com o *home office* forçado pela crise do Covid-19 foi a relação de confiança que os líderes tinham com seus times, criada em um contexto de trabalho presencial.

Me diga, então: onde você cria as relações de confiança no escritório? Na sua mesa? Na mesa do chefe? Na sala de reuniões? Certamente não. É na sala do cafezinho. Obviamente essa é uma generalização — e arriscaria dizer que é mais uma metáfora, pois essa "sala do cafezinho" pode ser um almoço de time, ou uma atividade de *offsite*, ou mesmo um *happy hour* — ou seja, todas aquelas atividades presenciais de trabalho que tem um tom de informalidade suficiente para você conectar melhor com quem está à sua frente.

É por isso que, nesta palestra, eu trouxe pela primeira vez o conceito que defino como "o problema da sala do cafezinho". Ou melhor, o problema da falta dele. Sem esse espaço seguro e informal, enfrentamos uma série de obstáculos.

Primeiro, uma menor interação humana. Isso, por si só, nos deixa mais para baixo. Quem, após meses de quarentena e distanciamento social, não sente vontade de mais interação humana?

Ao mesmo tempo, existe a perda de interações não planejadas que levam a resultados importantes. Já ouviu o termo serendipidade? Os escritórios físicos fazem com que pessoas que normalmente não trabalham juntas em um projeto ou setor se conectem acidentalmente — esbarrando umas nas outras no corredor ou no refeitório — e essa interação ajuda a fomentar novas ideias.

Steve Jobs achou que tal acaso era tão importante que projetou especificamente o prédio dos estúdios da Pixar Animation, em Emeryville, Califórnia, para maximizar essas interações. O mesmo não é tão simples no cenário digital: o estudo da Harvard Business Review mencionado acima aponta que, após a crise de 2020, os funcionários aumentaram sua comunicação com colaboradores próximos em 40%, mas a um custo de comunicação 10% menor com outros colegas.

Em segundo lugar, você tem um menor número de pausas. Parece paradoxal, mas no *home office* fazemos menos pausas que antes, mesmo estando em casa, e acabamos trabalhando mais horas. O mesmo estudo da Harvard Business Review também mostra uma variação de 10% a 20% a mais no número de horas trabalhadas em casa, em relação ao escritório físico.

Terceiro ponto a se considerar: sentimos falta de um espaço seguro onde podemos trocar ideias sem medo de julgamentos — ou até fofocar um pouco. Muitas vezes as melhores ideias surgem nesses contextos, pois ficamos com menos medo do julgamento de uma ideia "louca" do que num contexto formal.

O quarto item dessa lista é a falta de um lugar onde tirar dúvidas. Geralmente tiramos dúvidas importantes e individuais sobre nosso trabalho com o líder em particular, no cafezinho, e não levantando a mão durante uma reunião de time. Nos momentos coletivos em cenários virtuais pulamos mais rapidamente para o tema da reunião e a possibilidade da troca, do papo, se perde.

Um experimento feito por Leigh Thompson, professora de negociação na Kellogg School of Management da Northwestern University, demonstrou a importância dessa conexão informal para construir relações de confiança — que otimizam os resultados de qualquer tipo de negociação, dentro e fora da empresa. Ela e o seu time da Kellogg colocaram dois grupos de pessoas a negociar um acordo por e-mail ao longo de uma semana, onde a diferença era que apenas um grupo teve a chance de passar 5 minutos no telefone com o seu "cliente" antes do experimento começar, para falar de temas não relacionados ao trabalho. O resultado? Aqueles 5 minutos que serviram apenas para socializar abriram as portas para negociações mais colaborativas, empáticas e baseadas na confiança — e uma porcentagem mais alta de pessoas nesse grupo conseguiu alcançar um acordo melhor.

Esses conselhos, dicas e mentorias informais que nascem entre líder e colaborador (pelos dois lados) de forma imprevisível são fundamentais para fomentar a confiança — porque ao aproximarmos conseguimos exercer melhor a empatia. Porém, na maioria das vezes, achamos que, para gerar uma relação de confiança e empatia, basta fazer algumas piadas, ser aprazível e, de modo geral, ser simpático. Mas a resposta não é essa. No próximo trecho a Brené Brown, professora e pesquisadora na Universidade de Houston, nos chama a atenção ao distinguir a simpatia da empatia.

3.2 "Empatia vs. Simpatia" com Brené Brown

> A empatia alimenta a conexão, a simpatia leva à desconexão. A empatia é muito interessante. Teresa Weisman é uma professora de enfermagem que estudou diversas profissões nas quais a empatia é relevante e destaca quatro características da empatia, sendo elas: a tomada de perspectiva (capacidade de assumir a perspectiva de outra pessoa ou reconhecer a perspectiva dela como sua verdade), não fazer julgamentos, reconhecer a emoção nas outras pessoas, e comunicar isso. Empatia é sentir com as pessoas. Sempre penso em empatia como esse tipo de lugar sagrado, quando alguém está em um buraco e grita lá do fundo "Estou preso, está escuro, estou oprimido", e nós respondemos: "Ei, acalme-se. Eu sei como é aqui embaixo e você não está sozinho". Já a simpatia é "Tá ruim, não é? Mas quer um sanduíche?" Empatia é uma escolha e é uma escolha vulnerável porque, para me conectar com você, eu tenho que me conectar com algo em mim que conhece esse sentimento. Raramente, ou nunca, "pelo menos você..." é uma resposta empática. (Ep. 30 — Brene Brown. Min. 3.53 — 5.24).

Se você me conhece ou acompanha meus conteúdos, talvez possa ter a impressão de que eu acredite que um bom líder tem que ser simpático, gentil, quase carinhoso, mas não é nada disso. O líder precisa ser empático. Erramos, normalmente, em não diferenciar simpatia de empatia, e acabamos usando-os como sinônimos.

Mas o que é empatia?

Segundo o estudo *"A Concept Analysis of Empathy"* da Teresa Weisman que a Brené menciona na frase acima, a empatia é composta por 4 fatores:

— **Tomada de perspectiva:** no meu caso, já errei muito nisso. Já demonstrei pouca empatia quando meus times chegavam com probleminhas que, aos meus olhos, não eram nada demais, enquanto para eles era de tirar o sono. Quantas vezes não cometemos esse erro?

— **Evitar julgamentos:** existe um ditado em italiano que diz *"vivi e lascia vivere"*, que significa "viva e deixa viver", lembrando da importância de não julgar os outros. Mas não julgar não significa não se interessar pelos outros ou não querer que eles se desenvolvam. Por isso, em vez de julgar, precisamos fornecer *feedback* — e as duas coisas são bem diferentes.

— **Reconhecer emoções em outras pessoas:** essa habilidade é fundamental porque só ver as coisas da perspectiva do outro não é suficiente. Você precisa reconhecer quais são as sensações e sentimentos que a pessoa prova em estar naquela situação. Se, em minhas experiências como líder, não tivesse feito o esforço de entender que problemas geram reações diferentes (para um colaborador, o problema poderia gerar medo, enquanto para o outro podia representar uma fonte de motivação), não teria aprendido a gerir minhas equipes de forma assertiva.

— **Por fim, comunicar que você reconheceu as emoções da outra pessoa:** É importante que a pessoa sinta que você a entendeu e, para isso, é preciso se comunicar. Não tem sensação mais libertadora do que externar algo guardado a fundo, como uma grande desmotivação, e seu gestor responder com "Sei como você está se sentindo. Vamos falar sobre isso?".

Muitas vezes a simpatia, ou extroversão, é uma forma da pessoa esconder seus medos e inseguranças — e ela a faz ser ainda menos atenta aos sentimentos do outro por ser um mecanismo de proteção. Então, cuidado.

Não se assuste com líderes silenciosos e reflexivos: eles conseguem se conectar consigo mesmos com mais profundidade e, como consequência, vão saber reconhecer as mesmas sensações no colaborador, exercendo a empatia e evitando responder a suas frustrações no trabalho com um "Pelo menos você tem um emprego", mas sim com um "Te entendo porque já passei por isso. Me conta mais". Não é bem melhor?

O grande problema é que empatia não necessariamente é praticada da forma que todos gostaríamos: o estudo 2020 State of Workplace Empathy do Business Solver aponta que enquanto 90% dos colaboradores nos Estados Unidos afirmam a empatia ser fundamental no trabalho, a nota que os mesmos respondentes deram sobre o nível de empatia de suas empresas caiu de 78% para 68% de um ano para o outro.

Porém, a correlação positiva entre empatia e resultados de negócios é comprovada. O estudo mais importante já feito sobre essa correlação foi o projeto Aristotele, do Google. Em 2012, o Google embarcou em uma missão de estudar centenas de times dentro da empresa e entender porque alguns tinham mais sucesso e outros menos. Abeer Dubey, gerente na divisão de People Analytics, esteve a frente do projeto e, após centenas de horas de pesquisas, descobriu que as equipes empáticas experimentavam mais igualdade, gastavam mais tempo de conversação nas reuniões e estavam mais dispostas a lidar com a insatisfação dos membros da equipe, em vez de ignorá-la na esperança de que sumisse. O desenvolvimento de um estilo de liderança empático também resultou em motivar as equipes a fazer o seu melhor trabalho, reconhecendo as contribuições dos outros, cultivando uma visão compartilhada e construindo lealdade e confiança. A empatia permitia que as equipes fossem mais colaborativas — o que, consequentemente, teve um impacto mais positivo no trabalho e melhores resultados.

Mas vamos por um momento voltar ao tema principal deste capítulo: falamos muito sobre confiança, mas qual a definição dela? Sobretudo, quais são os elementos que estão atrás da construção de confiança?

Afinal, confiança é um conceito abstrato que é difícil de se entender e tangibilizar, e consequentemente cada um forma sua própria definição (que ainda por cima, admitamos, tem dificuldade a expressar, não é?).

Eu já vivi a mesma dúvida, e por isso alguns anos atrás, em meus estudos, achei uma definição que me fez refletir: nas ciências sociais, a definição de confiança mais usada é do estudo "*Not So Different After All: A Cross-discipline View of Trust*" (Rousseau, 1998), que diz que se trata do "estado psicológico que compreende a intenção de aceitar a vulnerabilidade com base em expectativas positivas das intenções ou comportamento de outro".

Não se sinta sozinho se não entendeu muito dessa definição. Eu tive a mesma dificuldade quando li o estudo da primeira vez, por isso passei tempo mergulhando nessa frase para destrinchá-la.

Mas dois conceitos ficaram em minha cabeça: "vulnerabilidade", e "expectativas positivas das intenções ou comportamento do outro". Foi assim que extraí dessa definição os dois elementos principais que estão atrás da construção de confiança — sendo que o primeiro é que a confiança nasce da vulnerabilidade, cujos mecanismos a Brené Brown nos conta no trecho a seguir.

3.3 "Vulnerabilidade" com Brené Brown

> Quando pesquisei sobre Theodore Roosevelt, apareceu uma citação de um discurso feito por ele no início do século 19 para centenas de pessoas. Têm um trecho dessa fala que definitivamente mudou a minha vida. O trecho é: "Não é o crítico que importa, nem aquele que mostra como o homem forte tropeça, ou onde o realizador das proezas poderia ter feito melhor. Todo o crédito pertence ao homem que está de fato na arena; cuja face está arruinada pela poeira, pelo suor e pelo sangue; aquele que luta com valentia; aquele que erra, e erra com muita coragem.
>
> Após ler esse trecho, mudei três atitudes na minha vida. Em primeiro lugar, passei os últimos 12 anos estudando vulnerabilidade, e essa citação era tudo que eu sabia sobre o assunto. Não se trata de ganhar e nem de perder, é sobre mostrar e ser visto, se expor. Em segundo lugar, quero ser, quero criar, quero fazer coisas que não existiam antes de eu tomar a iniciativa de fazê-las. Eu quero mostrar e ser vista no meu trabalho e na minha vida. E, se você resolver aparecer

> e ser visto, há apenas uma garantia: você vai ser julgado. Essa é a única certeza que você tem se resolve se expor, especialmente se estiver comprometido com um propósito. E aí precisa decidir se, de fato, a coragem é um valor que você possui, pois o julgamento é uma consequência que você não pode evitar. A terceira e última atitude que me libertou, e acho que Steve, meu marido, argumentaria que me tornou um pouco perigosa, é meio que uma nova filosofia de crítica: se você não estiver disposto a se expor também, e consequentemente se arriscar, eu não estou interessada na sua opinião. (Ep. 6 — Brené Brown. Min. 2.05 — 4.17).

Em 2009, a Domino's Pizza estava à beira da falência. A empresa tinha uma cultura ruim, resultados de negócios ruins, atendimento ruim em suas lojas — e até uma pizza ruim. Em março daquele ano, o conselho de administração nomeou um novo CEO, Patrick Doyle, que, entre suas primeiras iniciativas, lançou uma campanha chamada *Pizza Turnaround*, onde admitiu candidamente em um vídeo todas as falhas da empresa, se comprometendo a melhorá-la.

Essa campanha publicitária se tornou lendária por sua ousadia, compartilhando os comentários reais da Internet sobre o que os clientes achavam do produto: "A pior pizza que já comi"; "O molho tem gosto de ketchup", "A crosta tem gosto de papelão", e assim por diante. O Patrick Doyle aparecia finalmente nos anúncios, aceitando as críticas com grande vulnerabilidade e prometendo "trabalhar dias, noites e fins de semana" para melhorar.

Foi assim que os times na organização começaram a fazer vários experimentos focados em melhorar a experiência do cliente, particularmente na parte de *delivery*: desde um botão para colocar na sua geladeira e pedir pizza, passando por um experimento de delivery via drone, até pedir pizza via emoji. Pense bem: qual outra empresa que estivesse indo bem (e não à beira da falência, como a Domino's) teria um CEO que fomenta a experimentação constante — mesmo que a maioria dos experimentos fracasse — e chegasse para o Conselho de Administração apresentando como um dos projetos mais inovadores um sistema para pedir pizza via...*emoji*?

Na maioria das empresas, Patrick Doyle seria ridicularizado e, provavelmente, dispensado. Essa abertura jamais aconteceria se não existisse uma relação de confiança na empresa onde você sabe que pode experimentar, pode errar, e, ao mesmo tempo, se sente protegido. Ainda mais se a confiança permear a organização como um todo, e não apenas a liderança: em 2014, ele liderou uma outra campanha chamada *Failure is an option*, ou seja, "O fracasso é sim uma opção", onde a equipe mostrava em vídeos os experimentos mal-sucedidos da Domino's admitindo que, sim, fracassar é parte do processo.

Qual foi o gatilho que fez a confiança ser o elemento à base da cultura de experimentação constante da Domino's?

Foi sem dúvidas a vulnerabilidade do CEO Patrick Doyle, que, por meio de sua admissão de falhas e tolerância ao erro como parte do processo de inovação, criou uma cultura de confiança onde a experimentação e proatividade prosperaram.

O *"Pizza Turnaround"* realmente aconteceu: as ações da Domino's valorizaram mais de 1800% na última década na bolsa de valores dos EUA — representando um retorno no investimento aos acionistas superior ao de muitas empresas de tecnologia. Também, em 2019, a empresa foi eleita pela Fast Company como uma das mais inovadoras do mundo, tendo hoje mais de 60% de suas vendas nos EUA vindo de canais digitais.

Como bom italiano continuo sem gostar muito da pizza da Domino's, mas certamente admiro muito o case de transformação da empresa — e quando observamos as características da liderança da Domino's, reconhecemos com clareza a vulnerabilidade como o gatilho que construiu uma cultura de confiança.

Enquanto o *case* da Domino's e a frase anterior da Brené Brown nos demonstram que vulnerabilidade é uma medida certa de coragem, a verdade é que, na maioria dos casos, ela é considerada o oposto disso: um sinal de fraqueza.

A própria etimologia da palavra vulnerabilidade explica que o termo nasceu da palavra latina *vulnus*, que significa "ferida", e consequentemente sempre foi associada à fraqueza, risco, exposição e falta de proteção, desde sua introdução no idioma inglês, em torno de 1600.

No entanto, ainda mais para os líderes, a vulnerabilidade é um sinal de força, e não de fraqueza, porque pede descer do pedestal para rumar até a arena — e se expor.

É isso que os colaboradores querem, ainda mais em momentos de crise, junto a uma comunicação autêntica: o Trust Barometer 2020 da Edelman aponta que 71% dos funcionários concordam que é extremamente importante para seu líder responder e falar sobre tempos desafiadores e tópicos delicados. Acredito que muitos de nós testemunhamos isso durante esses tempos difíceis que a pandemia de 2020 nos trouxe, e o impacto de uma liderança vulnerável tem sido extremamente benéfico.

Como fazer isso? Algumas dicas de fácil aplicação para demonstrar vulnerabilidade, na vida e nos negócios, são: admitir e se apropriar dos seus erros, compartilhar seus medos e inseguranças, compartilhar com os outros a própria jornada de "evolução", pedir e receber ajuda dos outros, controlar o próprio ego, e não se levar muito a sério. Pois é: já pensou em começar a primeira reunião com o seu novo time, em uma nova empresa, contando uma curiosidade engraçada sobre você, ou sobre um grande fracasso que já teve? Tente e perceba como todo mundo fica mais relaxado logo de cara; a tensão some. Também dá para fazer uma piada sobre o seu nome, se tiver um nome diferente, como o meu...

Sempre começo minhas palestras com um gatilho de vulnerabilidade, pois toda palestra envolve "entrar na arena": você sabe que será julgado. É só ao descer do pedestal que você consegue gerar uma conexão emocional com a audiência.

Aqui entra em jogo a nossa velha conhecida oxitocina: líderes que pedem ajuda a colegas ou aos seus times, em vez de apenas mandá-los fazer algo, estimulam a produção de oxitocina nos outros, aumentando seu grau de confiança. Afinal, pedir ajuda é eficaz porque explora o impulso humano natural de cooperar com os outros.

Vulnerabilidade atrai: é como um imã, porque faz com que as pessoas se conectem com nossa história — pois muito provavelmente já sentiram a mesma sensação — e isso gera empatia, como falamos anteriormente. Michelle Obama, advogada, escritora *best-seller* e 46ª primeira-dama dos Estados Unidos, nos explica melhor como isso funciona no seguinte trecho.

3.4 "Histórias que conectam" com Michelle Obama

> Muitas pessoas se enxergaram na minha própria história. É também um momento para cada um de nós se apropriar de nossas histórias. Acho que isso faz parte do que ressoou nas pessoas. Quero dizer, muitas pessoas apareceram para mim e disseram: nossa, você é tão vulnerável. (PERGUNTA DA ENTREVISTADORA): Foi difícil contar sua história, contar sua verdade? Havia coisas que você cobriu que eram difíceis, como problemas no seu casamento e seus problemas para engravidar. Isso foi difícil de fazer? (MICHELLE OBAMA): Minha resposta é não. Essa é a minha história. Eu abro todos os aspectos de quem sou porque, como eu disse, gosto da minha história, de todos os altos e baixos, e dos quebra-molas no meio. As pessoas gravitam na direção da vulnerabilidade de outras pessoas. Gravitamos um para o outro quando vemos o melhor e o pior em nós mesmos, porque isso nos faz sentir humanos, e acho que as pessoas se conectam à humanidade da minha história. (Ep. 7 — Michelle Obama. Min. 28.41 — 29.40)

Se você abrir agora seu *feed* do Instagram, vai notar que tem um fio condutor em quase todas as postagens: elas mostram o lado bonito e maravilhoso da vida de quem as postou. É bem provável que o nosso *feed* pessoal seja assim também.

Admito que também tenho a tendência a querer contar apenas o que de bom acontece na minha vida. Afinal, faz parte do ser humano, ainda mais em um mundo onde somos constantemente julgados e comparados pelas redes sociais. Isso está vinculado a como vivemos o julgamento: ao evitarmos o negativo, e obtermos *likes* e comentários positivos, alimentamos nosso ego com microchoques de dopamina que nos fazem sentir melhor e "esquecer" nossas inseguranças, fraquezas e facetas ruins da vida.

Ao mesmo tempo que isso nos traz uma sensação boa, é perigosíssimo se escorar nesse sentimento do ego — que é o maior inimigo da vulnerabilidade.

Michelle Obama é um grande exemplo: lembra da entrevista com a Oprah que mencionamos anteriormente, onde ela falou abertamente dos problemas conjugais que tinha com o Barack? Imagine o alívio de milhões de casais no mundo, que passam pelas mesmas dificuldades, mas que ouviram isso vindo da ex-primeira-dama dos Estados Unidos, e devem ter pensado: "Bom, pelo menos não estou sozinha nisso".

Após ler a autobiografia de Michelle Obama, resolvi mudar e começar a praticar mais a minha vulnerabilidade. Fiz um teste nas redes sociais.

Quem me acompanha no LinkedIn deve achar que minha carreira de palestrante, executivo e investidor anjo é maravilhosa e sem defeitos - Quem dera! -. A verdade é que, ainda mais devido aos deslocamentos para palestras ao redor do Brasil no pré-pandemia, eu passei muitos perrengues. Já tive que fazer peripécias para chegar no lugar certo, na hora certa, e subir no palco como se nada tivesse acontecido.

Mas esse "lado B" eu deixava para mim mesmo. Normalmente pedia para alguém tirar uma foto bonita de mim no palco e a postava como se tudo tivesse fluido tranquilamente, sem dificuldades.

Um dia, resolvi mudar.

No fim de 2019, tinha uma palestra marcada às 19h em Belo Horizonte. Algumas horas antes do avião decolar, começou a chover muito no Rio de Janeiro, onde moro. É inútil dizer que, quando cheguei para pegar o voo, o aeroporto de Santos Dumont estava fechado.

Achei um voo saindo do Galeão, mas iria chegar às 18h30 em BH, e quem conhece a cidade sabe que em dias de chuva, e no horário de pico, o trajeto do aeroporto até o centro leva em torno de 2 horas. Eu estava desesperado pela ideia de deixar na mão as 200 pessoas que abriram mão de outros compromissos para me assistir, então tomei a decisão mais arriscada: uma moto teria que me buscar no aeroporto de Confins. Ao chegar, corri e subi na garupa: enquanto íamos rápidos entre os carros, tive a brilhante ideia de filmar e postar o vídeo no LinkedIn. Era a primeira vez que mostrava esse lado pouco glamouroso da minha carreira! Você não imagina: foram milhares de interações nas redes sociais e em torno de 100 mil visualizações do vídeo. Entre os comentários — além das várias pessoas que me lembravam que fui louco ao fazer isso — tinham vários elogios sobre a vulnerabilidade que demonstrei ao expor esse lado da minha vida profissional. Inclusive, cheguei a tempo e ainda de camisa meio molhada pela chuva, e cabelo amassado pelo capacete, fui palestrar e foi sucesso!

Casos como esses acontecem com todos nós, mas não os contamos por considerar a vulnerabilidade ainda como fraqueza — e não como um superpoder à nossa disposição para conexão humana. Mas por que nós temos tanta dificuldade em entender que vulnerabilidade é uma força?

Voltemos ao discurso do Theodore Roosevelt mencionado por Brené Brown, imaginando a seguinte cena: você e eu somos alunos da Universidade Sorbonne em Paris, França, em 23 de abril de 1910. Imagine a gente como jovens estudantes de economia — como de fato fui, 100 anos depois, mas em Milão — indo para a aula magna da Sorbonne e ouvir Roosevelt falar.

Theodore Roosevelt foi o mais jovem presidente dos Estados Unidos: tinha 42 anos quando assumiu o cargo, após o Presidente McKinley ser assassinado em 1901. Reeleito para um segundo mandato, ele foi um dos melhores oradores do século passado e, entre outras honrarias, ganhou um prêmio Nobel da paz por suas contribuições a fim de terminar a guerra Russo-Japonesa.

Que palavras incríveis e poderosas ele pronunciou nesse famoso discurso, que ficou conhecido como o discurso do "Homem na Arena". Em poucas palavras, falou tudo sobre luta, garra e determinação, ao mesmo tempo que abordou medos, vulnerabilidade e críticas.

Vamos por um momento nos imaginar no meio dessa arena: resgate um momento, ou vários, onde você foi o homem ou a mulher na arena. Primeiro, você estava sozinho. Não digo só fisicamente — mas você se sentia sozinho, não podia contar com muitos. Estava coberto de poeira e suado; de fora, quem te olhava não dava um centavo. Quebrado, por dentro e por fora, e isso era evidente. Quando está assim, os outros te evitam — e isso te deixa mais sozinho ainda.

Você lutava, ou luta, com valentia: mesmo sozinho, mesmo sem apoio, se mexia com todas as suas forças, tentava. Ao tentar, você errava, e errava com coragem, como diz a frase no fechamento. Sabe por que lutava e errava com coragem? Porque não tinha nada a perder.

Feche os olhos e por um momento relembre um momento assim da sua vida. Quando foi?

Imagino que você não esteja indo muito atrás no tempo, resgatando o momento que vivemos recentemente, de pandemia. Estamos separados, distantes (mesmo que eu ache que isso esteja nos juntando ainda mais como população). Lutamos para nossos times, para nossas famílias, nossos negócios. E com muita coragem! Mas pense além da pandemia; resgate algum outro momento.

No meu caso específico, quero resgatar a lembrança do momento que eu cheguei no Brasil, praticamente há dez anos. Tinha me recém-formado em um Mestrado de Relações Internacionais da Universidade Johns Hopkins e, em vez de ficar em Washington e acabar trabalhando no Banco Mundial, Fundo Monetário Internacional ou alguma outra instituição internacional como meus colegas (ou de voltar para a Itália, que na época para mim nem era uma opção), eu vim para o Brasil. Sozinho. Falando um pouco de português, que tinha aprendido em aulas do Mestrado, e nos tatames de jiu-jitsu com professores brasileiros. Deixei para trás uma vida confortável, rumo ao desconhecido, ao imprevisível.

Tive pessoas que me ajudaram já no começo e que não me deixaram sozinho na arena, mas lutei. Errei, oh, se errei! Depois de trancos e barrancos, como trabalhar primeiro como consultor pelo Sebrae e depois começar no Groupon — até tive que voltar para a Itália de repente e trabalhar um tempo no Groupon em Milão por causa de um problema com meu visto (hoje posso contar essa história abertamente), deixando minhas coisas aqui de um dia para o outro. Foi assim que construí um percurso que não digo que me tirou da arena, mas onde já não estou sozinho aí no meio.

A verdade é que, se você for um líder, você está sempre na arena, exposto ao julgamento. O homem na arena que o Roosevelt descreveu é o líder, e resgatando a primeira constatação que a Brené Brown faz no trecho acima, ela diz que "não se trata de ganhar ou perder, é sobre mostrar e ser visto, e se expor".

Aqui está uma chave dos negócios que ficou clara para mim apenas após ler o último livro do Simon Sinek, "O Jogo Infinito". Nele, Sinek teoriza que, no mundo dos negócios, não se trata de uma competição contra outros — não há ganhador ou perdedor: é apenas uma competição com você mesmo. Essa teoria nasceu a partir de uma área da economia chamada Teoria dos Jogos e analisa dois tipos de jogo: os jogos finitos, e os infinitos.

Os jogos finitos são caracterizados por jogadores claros, regras estabelecidas com um objetivo pré-acordado — que define quem ganha e quem perde.

Pense no mundo dos negócios: você sabe exatamente quem são os jogadores? Provavelmente não — ainda mais no mundo digital, onde muitas vezes você nem sabe quem são todos seus competidores, ou nem consegue enxergar suas maiores ameaças estratégicas.

Tem regras estabelecidas? Não. As regras são de cada empresa e não há normas comuns — além, óbvio, das leis que precisam ser respeitadas (e um pouco de ética, mas não muito, convenhamos).

Qual o objetivo pré-acordado do jogo? Cada jogador tem o próprio objetivo, mas não há um objetivo comum e compartilhado — como, por exemplo, valorizar o mercado de X% ou criar +Y de valor para o usuário. Nada disso.

Ou seja, jogar xadrez é um jogo finito. Futebol é finito.

Mas os negócios são um jogo infinito: o único objetivo é continuar a jogar o jogo.

O homem na arena não se compara com os outros, mas luta pela própria sobrevivência.

Ele já entendeu que o jogo é infinito.

Mas a maioria das pessoas não entende que os negócios são infinitos, e, consequentemente, nos comparamos com os outros o tempo todo. Nós não entendemos que "não se trata de ganhar ou perder, é sobre mostrar e ser visto, e se expor". Mas é difícil se expor — porque a exposição leva à crítica.

Aceite as críticas de quem sabe como é estar sozinho na arena também, tá? Porque se ele não estiver, essa crítica não vale, pois não é construtiva.

Uma vez que aprendemos a demonstrar nossa vulnerabilidade, damos um passo gigantesco na direção de construir uma relação de confiança com quem está em torno da gente.

Mas a vulnerabilidade, só, não é o suficiente: precisamos de mais um elemento fundamental, o segundo, que vamos discutir agora: a reciprocidade. Quem lembra pela definição de confiança que ela precisa de "expectativas positivas sobre o comportamento do outro?". Como se constroem essas expectativas positivas? Só (se) doando, e é disso que o Adam Grant fala no próximo trecho.

3.5 "Reciprocidade" com Adam Grant

> Quero que você olhe em torno de você e procure a pessoa mais paranoica na sala. Aponte essa pessoa para eu ver. Na verdade, você não precisa fazer isso, mas, como psicólogo organizacional, passo muito tempo em organizações e encontro a paranoia em todo lugar.

> A paranoia é causada por pessoas que eu chamo de *"takers"*, ou seja, os tomadores, e eles são egoístas em suas interações, é tudo a respeito do "que você pode fazer para mim". O oposto disso são os *"givers"*, ou os doadores, que enfrentam qualquer interação pensando "o que eu posso fazer para você". Quero te dar a oportunidade de pensar no seu estilo. Todos temos momentos como *"givers"* e momentos como *"takers"*: o teu estilo é como você trata a maioria das pessoas na maioria dos casos. Esse é teu estilo. (Ep. 46 — Adam Grant. Min. 14.01 — 14.41)

Durante a crise, fiquei profundamente tocado com a iniciativa que João Paulo Ferreira, CEO da Natura, tomou com todos os seus colaboradores. Ele enviou um convite bloqueando a agenda de todo mundo durante o horário de almoço. Após um susto inicial, onde o primeiro pensamento deve ter sido "Nossa, vou ter reunião com o chefão todos os dias durante o almoço!", o conteúdo do e-mail deixava claro o objetivo dessa ação. Ele dizia: "Este não é um convite para uma teleconferência. É, na verdade, um convite para que você reserve um tempo para cuidar de você mesmo (...) Sei que tem sido difícil conciliar o trabalho e a vida pessoal durante o trabalho remoto, mas é importante não exceder os horários normais de expediente" - Incrível, não é?

No começo da crise, ficamos trabalhando mais, correndo atrás do "prejuízo" que todos os negócios sofreram, e parar para almoçar era algo raro. O resultado? Um aumento dos níveis de estresse, ansiedade e transtornos, ainda mais estando todos confinados em casa.

Precisávamos apenas que nossos líderes nos dessem algo — e, paradoxalmente, não era nada material, mas algo intangível: o carinho deles, a benevolência.

O custo disso? Zero.

O impacto disso? Enorme: fez os times se sentirem protegidos.

João Paulo Ferreira, CEO da Natura, deu algo intangível. Ele certamente está na categoria dos "doadores", ou pelo menos é isso que nos diria o Adam Grant, a partir da categorização acima.

Qual é a distinção entre os dois — e o que o Adam Grant quer dizer com essa teoria, que é a base de seu *best-seller* de 2013, "Dar e Receber"?

Fundamentalmente, o que o Adam faz é nos dividir em três grupos, nas empresas e até na vida: os *takers*, ou tomadores; os *matchers*, ou compensadores; e os *givers*, os doadores. A verdade é que todos os dias tomamos decisões que moldam a maneira como agimos: seja que tiremos vantagem dos outros para nossos próprios meios, como fazem os tomadores, ou se damos um pouco para receber um pouco em troca, como os compensadores (no estilo "você coça minhas costas, eu coço as suas"). Porém, os mais bem-sucedidos entre nós — e isso é algo que Grant demonstra claramente em seu livro — são os que contribuem com os outros sem buscar nada em troca. Eles são os doadores, e seu poder vem de sua generosidade.

Pode ser contraintuitivo pensar que o melhor caminho para o sucesso é doando (e, desculpe o trocadilho, "se doando"). Você pode pensar nos doadores como fracassados e...estará parcialmente certo: a pesquisa de Grant sugere que os doadores populam ambas as extremidades da pirâmide quando se trata de sucesso profissional. Existem doadores que não conseguem se destacar porque estão ocupados demais ajudando os outros a serem produtivos, ou correm o risco de se esgotar devido ao excesso de comprometimento — então existe um grande risco também ao adotar essa postura, e limites precisam ser colocados.

Porém, por outro lado, no topo da pirâmide vemos os doadores de novo.

O ponto curioso de dar sem nenhuma expectativa de algo em troca é que, na maioria dos casos, descobrimos que somos retribuídos com o dobro de volta.

Você pode até dizer que "não vou me arriscar a ser um doador, se também existe a possibilidade de eu me ferrar e ficar na base da pirâmide, já que posso me dar muito mal também, abaixo da média. Como vou saber se meus esforços de doador serão efetivos?". Só através de um fator de diferenciação principal: o alinhamento entre seus esforços de doar, e seus objetivos de negócio. Muitas vezes damos por dar, de forma desinteressada — e não há nada de errado nisso — mas no mundo empresarial essa abertura para doação pode não trazer os resultados esperados.

Contudo, à medida que nos alinhamos com nossos objetivos, conseguimos melhores resultados.

Pense no caso do João Paulo Ferreira da Natura: esse e-mail de *giver* foi totalmente alinhado com os objetivos do trabalho dele, que é de ter equipes mais engajadas.

(Se) doar de forma alinhada com o propósito alimenta o mecanismo da reciprocidade, que representa a segunda grande chave da relação de confiança.

Para a confiança se fazer presente, as partes que interagem através da conexão criada através da vulnerabilidade têm que ter expectativas positivas uma sobre a outra – basicamente, esperar que o outro aja de maneira honesta, confiável, desinteressada e que não prejudique os interesses dos demais.

Reciprocidade desinteressada leva a comportamentos proativos e de grande impacto!

No livro "Os líderes comem por último", Simon Sinek traz o exemplo de uma prática do exército americano onde os militares de mais alto escalão costumam esperar que todas as tropas tenham se alimentado primeiro para, só depois, comer sua própria refeição. É algo simbólico, mas que transmite a sensação de proteção que nasce a partir do sacrifício do líder.

Como funciona essa sensação? Existem fatores bioquímicos que interferem nos nossos sentimentos e na forma como nos relacionamos, particularmente por meio da emissão de duas substâncias químicas corporais: a velha conhecida oxitocina e o cortisol. Quando um líder se sacrifica pelos outros, recebe uma injeção de oxitocina — e o mesmo acontece com a pessoa que recebe a generosidade e com todos que testemunharam o sacrifício. Ou seja, é contagiosa, e leva a um ciclo virtuoso: quanto mais oxitocina temos, mais generosos queremos ser. O oposto acontece com a liberação de cortisol — substância química cuja liberação resulta em sentimentos de estresse e ansiedade e serve para alertar sinais de perigo. Isso significa que, se você viver ou trabalhar em um ambiente onde não se sente seguro, irá liberar muito cortisol. Como consequência, será menos empático e menos generoso, pois estará muito ocupado tentando se proteger.

Ao se sacrificar, o líder desce do pedestal e mostra que as pessoas vêm primeiro que ele mesmo, e ao ganhar créditos em um esquema de reciprocidade, consegue criar um ambiente de cooperação e sucesso e, em particular, livre de "perigos". Simon Sinek nos explica como funciona essa dinâmica no seguinte trecho.

3.6 "Círculo de Segurança" com Simon Sinek

> Quando nos unimos, conseguimos enfrentar mais facilmente os perigos externos. Quando nos somos divididos internamente, ou quando nossos líderes não nos dão espaço para nos sentirmos seguros dentro da organização, para sentir que pertencemos, nós somos forçados a usar nossas próprias forças para nos proteger um do outro e acabar, dessa forma, nos expondo aos perigos externos. Se você tiver que se preocupar com politicagem, se tiver que se preocupar com alguém tirando o crédito de você, se tiver que se preocupar com o fato do seu chefe não te proteger, pense na energia que você gasta não no seu negócio, não nos produtos que você está tentando desenvolver, não no seu trabalho, não na sua criatividade, mas em se mantendo seguro. Isso é destrutivo.
>
> A responsabilidade da liderança é dupla: por um lado, determinar quem entra e quem não (NDA: no círculo de segurança), e isso é o que significa começar pelo porquê. Quais são nossos valores, quais são nossas crenças, quem permitimos fazer parte. Por outro lado, é decidir o quão grande ele é. (Ep. 1 — Simon Sinek. Min. 14.46 — 15.42)

Imagine a seguinte situação: vamos supor que é uma sexta à tarde e você saiu para um *Happy Hour* depois do trabalho — exagera um pouco na cerveja e comete o erro de mesmo assim pegar o carro para voltar para casa (isso não se faz!). Inevitavelmente, você é parado na Lei Seca e tiram a sua carteira. O que faz agora, já que precisa encontrar alguém para dirigir o carro por você?

Já são duas da manhã e você não quer acordar ninguém em casa, então liga para aquele amigo ou amigona de confiança, com quem você sempre pode contar (e que provavelmente já estava dormindo em casa). Mesmo assim, ela troca de roupa, pega um Uber até você, e te leva até sua casa dirigindo o seu próprio carro.

Na porta de casa, você hesita a descer pois quer fazer uma pergunta importante. Você pergunta: "Por que você fez isso por mim?".

Qual você acha ser a resposta?

A resposta, em 100% dos casos, é "Porque eu sei que você teria feito o mesmo para mim".

As pessoas fazem as coisas mais ousadas para os outros, mais arriscadas, que menos fazem sentido e mais desinteressadas não é por dinheiro, não é porque alguém mandou — mas pela expectativa positiva que os outros irão fazer o mesmo por elas quando a circunstância demandar.

Este é um exemplo bobo, mas sempre ouvimos essa resposta — até mesmo em casos de pessoas que arriscam a própria vida para salvar desconhecidos. Por quê? Porque quem faz confia que os outros vão fazer por ele. É por isso que criar um círculo de confiança é fundamental para fomentar a colaboração na empresa.

Isto nasce de algumas das teorias mais importantes da antropologia e evolução humana. Noah Yuval Harari, autor de "Sapiens", falou, em um famoso TED Talk, que o principal fator de sucesso do ser humano, comparado às outras espécies animais, é o de saber colaborar de forma flexível em larga escala de forma única. Isso devido à nossa capacidade de acreditar em histórias e narrativas que, ao final, a meu ver, não seria diferente de acreditarmos nas missões, valores, cultura e propósito da empresa — e quem dita isso é o líder!

Entre as principais responsabilidades de um líder, talvez a mais importante seja a de criar um Círculo de Segurança. O que vem a ser isso? É esse lugar (obviamente não é um lugar físico) dentro das empresas onde nenhuma politicagem, nenhuma meta de curto prazo ou nenhum medo te faz perder o foco do que é importante no seu trabalho — pois você se sente seguro para realizá-lo. O círculo nasce da expectativa positiva que criamos sobre as intenções dos nossos líderes, colaboradores e times.

A Amy Edmondson, professora de liderança na Harvard Business School, chama isso de "segurança psicológica" no best-seller "A organização sem medo". Se trata da sensação de que os líderes e a mesma equipe não irão envergonhar, rejeitar ou punir alguém por se pronunciar, e de acordo com ela "é uma crença compartilhada pelos membros de uma equipe de que, nela, temos segurança para tomar riscos interpessoais".

Neste ambiente, os membros da equipe têm segurança em expressar suas opiniões, darem ideias, fazerem perguntas, e principalmente, caso alguém tenha cometido um erro, saber que a equipe estará lá para ajudá-lo, e não para culpá-lo, tornando o erro uma experiência de aprendizado.

Durante minha experiência como executivo no Tinder, vivi o que é trabalhar em um círculo de segurança. Os colaboradores se sentiam empoderados e protegidos pelos líderes, e isso fazia a criatividade e inovação fluir: cheguei a trazer ideias malucas para reuniões de alta liderança — como a ideia de espalhar *"matchzômetros"* pelas principais cidades do Brasil durante o Carnaval para medir e exibir o número de *matches* em tempo real, usando mídias *Out-of-Home* como por exemplo relógios digitais. Um empecilho técnico nos impediu de implementar o que (modestamente, a meu ver) teria sido uma das melhores campanhas do Tinder já feitas.

Até aqui tudo bem, mas considere a seguinte situação: seu líder é sim bastante empático, vulnerável e te faz sentir seguro — porém só na maioria das vezes. Não em todas, pois ele tem um comportamento errático e imprevisível nos dias em que carrega consigo algum problema pessoal — e descarrega a frustração na equipe, voltando a ser exercer o estilo de comando e controle. Acontece, todos temos dias assim. Mas qual é o grande problema disso? O Círculo de Segurança se quebra por um motivo muito simples: como você pode exercer a reciprocidade, que é baseada na expectativa do comportamento do outro, se não tem consistência no seu comportamento? Sem consistência vem a imprevisibilidade, e com a imprevisibilidade nasce a insegurança e falta de expectativas. O que mais quebra o mecanismo da reciprocidade é a falta de consistência.

Quando alguém se aproxima de você com uma pergunta em busca de orientação, essa pessoa confia que você responderá de forma positiva e confiável. Deixar de ser consistente com suas palavras, comportamento e conduta pode prejudicar os relacionamentos de confiança; você precisa construir esse senso de consistência com sua equipe. Como líder, deve ser equilibrado e não permitir que as emoções atrapalhem suas habilidades de liderança. Pode levar meses para construir um relacionamento, mas uma má escolha de palavras ou uma reação inesperada pode arruinar um convívio bem construído em segundos.

A verdade é que a chave das relações duradouras é a consistência — e não a intensidade. Muitas vezes demonstramos acreditar no contrário: organizamos uma convenção de três dias, fazemos um *offsite* com toda a diretoria e acreditamos que a intensidade desses momentos criará um Círculo de Segurança só porque na palestra de encerramento garantimos que a partir de agora "não terá julgamentos" dentro da empresa. Não, estamos totalmente errados.

É a prática diária dos pequenos gestos, dos pequenos sacrifícios que fazemos para os outros, que gera uma expectativa positiva, uma vez que, com isso, demonstramos consistência — e como consequência damos oportunidade aos outros de confiar na gente, que já é um enorme presente.

CAPÍTULO 4
Comunicação Assertiva no Mundo Digital

> A coisa mais importante no mundo para lidar com essa epidemia é a informação.
>
> A grande vantagem dos humanos a respeito dos vírus é que nós podemos cooperar de diversas maneiras em que os vírus não podem. Um vírus na China não pode aconselhar um vírus no Brasil sobre como infectar pessoas, mas médicos na China podem aconselhar médicos no Brasil, ou o governo brasileiro agora enfrenta dilemas que o governo coreano ou o governo de Taiwan enfrentaram há meses. Então você pode pedir conselhos, podemos confiar na experiência deles.
>
> Eu acho que uma das coisas boas dessa crise é que você vê a grande maioria das pessoas, em tempos de crise, ainda confiar na ciência. Mais do que qualquer outra coisa. (Ep. 11 — Yuval Harari. Min. 2.30 — 3.19)

Se você fosse deixar um chimpanzé e um ser humano largados em uma ilha deserta, quem você acha que vai ter mais chances de sobreviver? Em quem você apostaria?

Seres humanos que me desculpem, mas vou apostar todas as minhas fichas no chimpanzé.

Mas, se fizer o mesmo experimento com 1000 chimpanzés por um lado e 1000 seres humanos pelo outro, certamente eu iria apostar em meus pares. Você não faria o mesmo?

Provavelmente, sim. Temos mais chances de sobreviver como espécie quando estamos em grupo, graças à nossa extraordinária habilidade de cooperação.

Um dos temas centrais do trabalho do Noah Yuval Harari é provar que, fundamentalmente, nossa ascensão ao controle desse planeta foi determinada pela capacidade de cooperação de forma flexível e em larga escala — a despeito de outras espécies animais que não têm essa habilidade.

Cometemos o erro de acreditar que somos especiais de forma individual; ou seja, sempre nós avaliamos a nível individual e tentamos entender o que *eu* tenho de tão especial, e o que *me* faz superior a outra espécie animal. Acontece que, a nível individual, ninguém é tão diferente de um chimpanzé quanto gostaria de crer.

Mas por que nós, seres humanos, temos essa capacidade de colaborar em larga escala?

A resposta está na imaginação. Só o ser humano consegue criar, comunicar e acreditar em histórias — e, à medida que todos acreditam na mesma história, você obtém cooperação. Pense nisso aplicado ao mundo dos negócios: esse é o motivo pelo qual empresas e líderes que conseguem compartilhar uma visão clara do longo prazo, prosperam e juntam seus times em prol de um objetivo comum. Quando falta essa comunicação clara, as equipes desandam e, como consequência, os resultados também — já que mesmo em situações em que a cooperação seria a melhor estratégia para todos os envolvidos, ela pode não ocorrer devido a problemas de comunicação. Nessas circunstâncias, a cooperação é prejudicada principalmente pela falta de conhecimento comum sobre o comportamento de outros: em outras palavras, não é o suficiente saber como agir em uma determinada situação, mas é preciso saber que os outros também saibam como agir.

O estudo de 2017 "*Cooperation and the evolution of hunter-gatherer storytelling*" ("Cooperação e a Evolução do Storytelling do Caçador-Coletor", em tradução livre), da equipe de Daniel Smith, publicado na revista Nature, propôs que a narração de histórias, ou *storytelling*, desempenhou um papel essencial na evolução da cooperação humana ao difundir normas sociais para coordenar o comportamento do grupo. Essas histórias coordenam o comportamento coletivo e facilitam a cooperação, fornecendo aos indivíduos informações sociais sobre as normas, regras e expectativas em uma determinada sociedade.

Vale lembrar que a importância não reside apenas na história em si, mas na efetividade com a qual ela é comunicada. Uma visão ambiciosa de longo prazo para sua instituição ou empresa — que já falamos no capítulo anterior ser fundamental — não vale muito se ela está clara apenas para a liderança e não é compartilhada e comunicada ao grupo de forma efetiva.

Em seu discurso inaugural de 1961, John F. Kennedy pronunciou a famosa frase: "Que ambos os lados procurem invocar as maravilhas da ciência, em vez de seus terrores. Juntos, vamos explorar as estrelas, conquistar os desertos, erradicar doenças, explorar as profundezas do oceano e encorajar as artes e o comércio".

Todo bom líder tem uma visão ambiciosa e clara. Para Nelson Mandela, era uma África do Sul sem apartheid. Para Lech Walesa, era uma Polônia dirigida por trabalhadores e pessoas comuns. Para Susan B. Anthony, eram os Estados Unidos em que as mulheres tinham o direito de votar.

Mas todo líder extraordinário tem também a capacidade de comunicar sua visão para mobilizar as pessoas em prol desse objetivo. No caso de John Kennedy, foi o que levou o homem à Lua.

Mas atenção: ao mesmo tempo, essa ambição precisa ser balanceada com grau máximo de honestidade. Do que adianta inspirarmos com visões ambiciosas, se no fundo nem a gente acredita nelas? Ou do que adianta declararmos uma transformação cultural em nossa empresa, se no fundo continuamos agindo da mesma forma do passado?

Sim, honestidade é um diferencial fundamental na comunicação — ainda mais no mundo digital.

Vivemos em um mundo de transparência, de acesso ilimitado a informações, e de abundância de estímulos — mas no qual ao mesmo tempo inúmeras *fake news* nos fazem duvidar constantemente da veracidade das informações que recebemos (ou você nunca duvidou daquele SMS que você recebeu do seu banco, operadora ou plano de saúde que se parece muito com um golpe em potencial?) Pois é.

Por isso, a honestidade é um fator fundamental da interlocução na era digital, seja na comunicação interna ou externa da empresa.

Inclusive, a expectativa por diálogos mais honestos só aumenta com as novas gerações: a Geração Z, dos nascidos de 1995 para frente, é definida como "Geração da Verdade", ou *True Gen,* por um relatório de 2018 da McKinsey. O estudo revela os novos comportamentos da Geração Z, que são ancorados na busca pela verdade: a Geração Z valoriza a expressão individual e evita rótulos, se mobiliza para uma variedade de causas, acredita profundamente na eficácia do diálogo para resolver conflitos e melhorar o mundo. Seus membros tomam decisões e se relacionam com empresas e instituições de uma forma altamente analítica e pragmática.

O problema? Uma pesquisa do *Consumer Goods Forum e Futerra* demonstra que apenas 42% da Geração Z acha que as marcas se preocupam em fornecer informações honestas aos clientes (em comparação com 66% dos millennials), assim como a Gallup demonstrou em um estudo que transparência e ética dos líderes está entre os top 3 fatores para a Geração Z na hora de escolher uma empresa onde trabalhar.

Com quem podemos aprender a ser mais honestos? Reed Hastings, fundador e CEO do Netflix, é um líder que comunica uma visão muito clara para seus colaboradores. Para ele, honestidade é o fator chave para ter e reter os melhores talentos. Diante da importância da honestidade para uma comunicação efetiva na era digital, ele nos conta sobre a sua visão do assunto no seguinte trecho.

4.1 "Honestidade" com Reed Hastings

> Tentamos sempre enfatizar a honestidade, para que o colaborador possa sempre perguntar ao seu gestor: "Hey, se eu estivesse saindo, quanto você se esforçaria para mudar minha opinião e fazer eu ficar?" Isso é uma espécie de teste, o chamamos de *Keeper Test,* para ver até que ponto ele te manteria. Encorajamos as pessoas a verificar isso com seu gerente, e tentamos ser muito atenciosos, e não ter surpresas nisso. Todos nós almejamos um desempenho excelente e não há julgamento de curto prazo ou frases como: "Na semana passada, você cometeu um erro e agora está fora". Não é nada disso. É realmente sobre a expectativa de contribuição futura, que se baseia em uma série de fatores e desempenho de hoje. (Ep. 31 — Reed Hastings. Min. 30.26 — 31.04)

Alguns anos atrás, me tornei muito fã de uma empreendedora carismática e misteriosa — que sempre se vestia de preto, como Steve Jobs — chamada Elizabeth Holmes. Eu leia todo artigo sobre ela e a Theranos, *startup* que ela tinha fundado, que prometia revolucionar o mundo da saúde.

A Theranos foi fundada em 2004 pela jovem Elizabeth, então estudante de Stanford, com o objetivo de revolucionar os exames de sangue com novos equipamentos que evitavam a dor das tradicionais coletas de sangue, e seriam capazes fazer uma extensa bateria de exames a partir de uma única amostra. Tudo que pacientes e laboratórios queriam, certo?

Foi assim que a Theranos começou a crescer rapidamente, e a Elizabeth levantou mais de $700 milhões de recursos com facilidade, contratando em ritmo frenético e chegando em pouco tempo ao status de "unicórnio" (*startups* que chegam a valer um bilhão de dólares, ou mais).

Elizabeth Holmes era a queridinha do mundo das *startups*, figurando em capas de revistas sobre empreendedorismo, e se tornou uma quase que celebridade entre empreendedores com sua imagem cativante. Mas... (sim, tem um "porém" nesse cenário perfeito) o sucesso e a fama que a Holmes e a Theranos conquistaram foram destruídos tão rapidamente quanto foram construídas: em 2015, o Wall Street Journal publicou um artigo que revelava verdades sobre a startup: as máquinas que a Theranos criou não funcionavam para o que se propunham realizar, ou seja os inúmeros exames de sangue a partir de poucas gotas de amostra — e, para não ter que admitir publicamente a falha, a empresa estava realizando testes falsos ou usando equipamentos que já existiam no mercado para concluir testes que alegavam estarem sendo feitos em suas máquinas. A empresa tentou lutar contra as acusações, mas as evidências foram suficientemente convincentes para todo mundo começar a desvendar a verdade. Logo os contratos foram rescindidos e múltiplas ações judiciais começaram a ser movidas em nome dos investidores: em junho de 2015, Elizabeth Holmes e Sunny Balwani, ex-presidente e CEO da Theranos, foram indiciados por fraude criminal.

O que deu errado com a Theranos? O fato de que suas máquinas não funcionavam? Não, óbvio. Isso dava para resolver, para ajustar e, se não for dar certo, não faltavam recursos na *startup* para *pivotar*. O que verdadeiramente deu errado foi a falta de honestidade e de transparência — as mentiras que Elizabeth Holmes contou para seus acionistas, clientes e colaboradores.

No livro "*Bad Blood*", que conta a história da Theranos, o John Carreyrou ilustra como uma ideia ousada e o carisma pessoal permitiram que Holmes mantivesse o apoio e a fé de figuras-chave em empresas parceiras, bem como membros influentes do conselho — mesmo diante de informações e eventos que demonstravam claramente que algo estava errado.

Você pode pensar: "Como é possível que investidores profissionais não tenham visto nada disso? Eram bobos, por acaso?". Temos a crença de que vamos detectar as mentiras e a falta de honestidade em todas as situações, mas a verdade é que nós seres humanos somos péssimos em detectar mentiras. Malcolm Gladwell, colunista do *The New Yorker* e escritor *best-seller*, nos fala melhor disso no seguinte trecho.

4.2 "Detectar mentiras" com Malcolm Gladwell

> Por que os seres humanos são tão ruins em detectar mentiras? Você acharia que somos bons nisso, que a nossa evolução nos preparou a entender quando estamos sendo enganados? Acontece que isso não é verdade, e aqui está uma evidência: se eu te der uma série de vídeos, metade dos quais são pessoas dizendo mentiras e metade dizendo a verdade, e peço que você me diga quem está dizendo o que, você tem uma chance de 52 a 53% de sua resposta estar correta (..). O que você está fazendo é entrar no processo com a suposição de que as pessoas estão dizendo a verdade, você está pré-programado a acreditar na verdade. Sua tendência esmagadora é dizer que é verdade, e só onde aparece uma evidência incontestável de mentira você está disposta a desafiar essa crença. Está basicamente dizendo verdadeiro, verdadeiro, verdadeiro, verdadeiro, verdadeiro, verdadeiro, verdadeiro, talvez falso. É isso que você está fazendo. E isso é uma característica poderosa dos seres humanos, porque é por isso que temos conseguido construir uma sociedade que funcione. (Ep. 19 — Malcolm Gladwell. Min. 19.39 — 20.58)

Em 1938, Neville Chamberlain, o então primeiro-ministro britânico, estava muito preocupado com as declarações belicosas de Hitler, que queria invadir os Sudetos — região da Tchecoslováquia que falava alemão. Foi assim que elaborou um plano ousado, chamado Plano Z, que envolvia ir de avião até a Alemanha e exigir um encontro com o ditador. Hitler era extremamente inacessível na época, e quase não tinha encontrado pessoalmente nenhum outro líder mundial, mas, através de vários contatos diplomáticos, Chamberlain conseguiu: em setembro de 1938, foi de avião até Munique e, às 5 da tarde, encontrou Hitler.

Na discussão, Chamberlain perguntou para Hitler, através de um intérprete, se realmente os Sudetos eram tudo o que ele queria, e se não queria mais nada além disso. O Führer respondeu que sim. Chamberlain olhou atentamente nos olhos do Hitler e concluiu que podia acreditar nele - Que erro terrível!. No dia seguinte, voltou pra Inglaterra e ficou tristemente lembrado para a história ao declarar que Hitler era um homem de palavra. Nós todos sabemos como foi o resto da história.

As negociações de Chamberlain com o líder alemão são consideradas uma das grandes tolices da Segunda Guerra Mundial. Mas, ao final, Chamberlain não agiu de forma muito diferente do que a maioria de nós age, conforme Malcolm Gladwell explica em seu livro "Falando com Estranhos". O líder inglês estava apenas seguindo a mesma premissa que todos seguimos ao tentar interpretar estranhos: acreditamos que as informações coletadas na interação pessoal sejam excepcionalmente valiosas.

Você contrataria uma babá para seus filhos sem encontrar com ela primeiro? Contrataria uma pessoa estratégica para o seu time ou empresa sem conhecê-la pessoalmente?

Provavelmente não, porque acreditamos que os encontros cara a cara nos dizem mais sobre as intenções e a honestidade da pessoa. Mas será que é assim mesmo?

Você pode pensar que talvez Chamberlain estivesse determinado a ver Hitler como queria ver, independentemente dos indícios dados por seus olhos e ouvidos, mas esse padrão de ter a verdade como premissa está presente e se manifesta por toda parte. Por um lado, é bom, pois é uma alavanca do mecanismo da confiança, mas por outro é perigoso, porque nos pode levar a enormes decepções.

A falta de honestidade gera um ambiente de trabalho pouco seguro, onde as pessoas desconfiam umas das outras por nunca terem certeza de suas intenções. A pergunta que fica: é possível criar um time de alta performance ou um ambiente seguro de trabalho se não preenchermos nem o pressuposto da honestidade — que é o grande ponto de partida de qualquer relação humana? Já entendemos que a resposta é "não".

Inclusive é comprovado que a falta de honestidade afeta negativamente a performance: o professor Robert Cialdini e seus colegas conduziram um experimento com duas equipes respondendo a uma série de perguntas no computador. No final, o líder da primeira equipe pediu intencionalmente ao grupo que eles mentissem para o responsável do experimento sobre sua pontuação e aumentassem de 67% para 80% o próprio desempenho. O segundo grupo relatou uma pontuação real de 67%. Na seguinte rodada de testes, os participantes do grupo que havia mentido pontuaram 20% menos do que a equipe que não o fez. O estudo sugere que o estresse moral de mentir leva a um desempenho ruim.

Ao mesmo tempo, honestidade e transparência na empresa faz com que se crie um ambiente inovador onde as melhores ideias ganham: para isso, é preciso que todos os colaboradores tenham acesso à informação completa antes de fazer suas considerações. Ray Dalio, fundador do *hedge fund* Bridgewater Capital e autor do *best-seller* "Princípios", nos fala justamente sobre a transparência radical que implementou na sua empresa no seguinte trecho.

4.3 "Transparência radical" com Ray Dalio

> Para implementar uma meritocracia de ideias, percebi que precisaríamos de veracidade radical e transparência radical. O que eu quero dizer com isso é que as pessoas precisam dizer o que realmente acreditam, e poder enxergar tudo. Literalmente gravamos quase todas as conversas e deixamos todo mundo ver tudo, porque se não fizéssemos isso, não poderíamos realmente ter uma meritocracia de ideias. Para cultivar a meritocracia de ideias você precisa deixar as pessoas falarem e dizerem o que querem. (Ep. 13 — Ray Dalio. Min. 3.58 — 4.31)

Vou fazer uma confissão: sou muito "político", e sempre tento amenizar os conflitos — mas com isso perco o poder da transparência e do que, aqui no Brasil, aprendi ser chamado de "papo reto".

Sofri muito com isso na época em que era gerente comercial no Groupon: por não ser muito direto, a maioria das pessoas interpretava meus *feedbacks* da forma como queriam, e a consequência de não ser transparente foi perder o respeito do meu time. Meus direcionamentos não eram bem compreendidos e meus *feedbacks* eram quase considerados piadas. Durante meus anos no Groupon, dormia à noite igual criança: acordando a cada três horas, chorando.

Não estava fazendo muito progresso até que, alguns anos depois, já no Tinder, em uma das reuniões trimestrais da diretoria distribuíram para todo mundo a cópia de um livro de capa vermelha. Era de uma autora até então desconhecida para mim, Kim Scott. O livro era: "Candor Radical: seja um chefe foda sem perder a humanidade". À primeira vista me assustei com esse "sem perder a humanidade", me perguntando que tipo de práticas deveria estar neste livro. Quando, por fim, comecei a lê-lo, entendi que não tinha nenhuma prática extrema nele, mas formas objetivas de como ser um líder comunicador que não fosse exageradamente agressivo ou perigosamente empático e político (como eu era).

Kim Scott é cofundadora e CEO da Candor, Inc. e professora na Apple University, e nessa obra ela identifica alguns princípios fundamentais para se comunicar de forma mais cândida e transparente com seus times — entre os quais, levar a questão para o lado pessoal (ao contrário do que fomos ensinados a fazer), fazer acontecer (ou seja, não evitar as conversas difíceis), e deixar claro porque o *feedback* importa. No meu caso pessoal, faltava a clareza: eu sempre me contava desculpas para não ser direto com as pessoas, e isso estava começando a me custar caro.

Quando era gerente comercial em Belo Horizonte, tinha um executivo comercial no meu time que, aqui, vou chamar de João. Contratado há pouco tempo, João tinha a experiência necessária e o perfil para performar super bem no Groupon, o que nos deixava animados: afinal, ele poderia fazer a diferença. Mas, após alguns meses, sua performance estava péssima.

Eu tinha enormes dificuldades em fornecer *feedbacks* a ele e ser direto e transparente sobre o desempenho aquém do esperado, porque eu mesmo vivia me dando desculpas para não tocar no assunto. João era muito gente boa, simpático e a gente se dava bem — o que me fazia querer evitar assuntos difíceis, para não botar o clima para baixo. Meu medo era que ele levasse o *feedback* pelo lado pessoal - o que acontece muito quando você diz "o seu trabalho está ruim" é que a pessoa ouve "você é ruim", e eu não queria que essa fosse sua interpretação. E, já que as credenciais dele no currículo eram ótimas, eu sempre tentava me convencer de que o desempenho baixo fosse apenas uma fase. Mas essa fase estava começando a durar tempo demais. Por fim, para evitar atritos, era eu quem resolvia as negociações que ele deixava pela metade, porque sentia que isso era mais rápido e fácil do que ter com ele uma conversa franca e ajudá-lo a se desenvolver mais.

Empurrei a situação com a barriga até que cheguei a um caminho sem volta: para não demiti-lo, tive que realocá-lo para trabalhar em clientes de Betim e Contagem, e não mais de Belo Horizonte. Preocupado com qual teria sido a reação dele, simplesmente não falei nada e, em uma sexta à tarde, após ele ter saído do escritório, transferi toda a carteira dele no Salesforce para outros executivos de vendas, e passei a ele a carteira de clientes de Betim e Contagem.

Você acha que ele estava feliz na segunda-feira de manhã quando chegou no escritório, abriu o Salesforce e descobriu o que eu fiz? Não digo tanto pelo fato de ter sido transferido para Betim e Contagem, mas pelo fato de não ter sido sequer avisado? Eu tinha a autoridade e o direito de fazer isso, mas sabia que eu errei: nem preciso falar que ele estava furioso e que isso certamente atrapalhou muito mais a relação com ele do que se eu tivesse sido direto desde o começo.

Ao mesmo tempo, você acha que ele manteve uma relação honesta comigo, sendo que eu não fui transparente com ele? Pela propriedade transitiva, e pelo princípio da reciprocidade, a resposta é um sonoro "não".

A falta de transparência faz com que a comunicação não flua pela empresa, enquanto por outro lado a transparência pode ajudar muito a quebrar barreiras de comunicação: ao falar abertamente sobre os objetivos, oportunidades e desafios da empresa, os líderes podem construir confiança em sua equipe e promover um ambiente onde os funcionários se sintam empoderados para compartilhar ideias, colaborar e reconhecer erros de forma transparente, encorajando a experimentação e criando um espaço seguro para a resolução ativa de problemas.

Novamente, um ambiente pouco transparente faz que nos esforcemos constantemente em identificar se o nosso interlocutor está sendo honesto conosco. Como já disse, somos péssimos em detectar mentiras, mas no fundo temos essa crença que podemos "ler" as pessoas. Se você acredita que a forma como um estranho se expressa e age é uma pista confiável sobre o que ele sente, vai provavelmente cometer um erro.

No romance "O Estrangeiro", escrito no começo da década de 1940 pelo filósofo franco-argelino Albert Camus, a história começa com o recebimento de um telegrama por Meursault, o protagonista, comunicando o falecimento de sua mãe, que seria enterrada no dia seguinte. Ele viaja ao asilo onde ela morava e comparece à cerimônia fúnebre, sem, no entanto, expressar quaisquer emoções ou parecer ser afetado pelo acontecimento. No correr da narrativa, acontecem coisas que levam Mersault a matar uma pessoa e ser preso. Durante o julgamento, a acusação se concentra no fato de Meursault não conseguir, ou não ter vontade de chorar no funeral da sua mãe. O argumento é que, se Meursault é incapaz de sentir remorsos, deve ser considerado um misantropo perigoso e, consequentemente, executado, para prevenir que repita seus crimes. Ou seja, quando é a hora de julgar, somos péssimos detectores nas situações em que a pessoa que estamos julgando é incoerente! A mesma coisa acontecia com a Elizabeth Holmes: todo mundo via nela confiança e tranquilidade, e nenhum sinal de culpa, vergonha ou remorso.

Será que então que nós não estamos falhando na interpretação de uma parte importantíssima da comunicação, ou seja, a comunicação não-verbal? Em qualquer tipo de comunicação, pistas não-verbais, como linguagem corporal e tom de voz, podem comunicar mais sobre os sentimentos de uma pessoa do que suas palavras (mesmo que como falamos, não necessariamente sabemos interpretá-las).

A tradicional regra 7-38-55 de Albert Mehrabian, professor da UCLA, chega a quantificar o significado do que é comunicado por meio de métodos de comunicação verbal e não-verbal. No fim dos anos 1960, Mehrabian e colegas fizeram um estudo que resultou no conhecido gráfico da importância relativa das várias componentes da comunicação, levando-os à conclusão que as palavras que usamos têm um peso de 7% na comunicação, o tom de voz (velocidade, tom, volume) tem peso de 38% e a linguagem corporal (o modo como nos movemos, as nossas expressões faciais) tem peso do restante 55%.

Mesmo existindo pontos de vista discordantes sobre essa teoria, existe um consenso sobre a comunicação não-verbal representar de 50% a 80%

da nossa comunicação total. Mas a comunicação não-verbal, da linguagem corporal, vem junto a um superpoder conhecido por poucos: além de ajudar a se comunicar e influenciar os outros, ela nos ajuda a nos comunicar e influenciar a nós mesmos. Amy Cuddy, psicóloga e professora de Harvard, nos explica melhor como funciona esse mecanismo no seguinte trecho.

4.4 "Poses de poder" com Amy Cuddy

> Decidimos trazer algumas pessoas para o laboratório e fazer um pequeno experimento, e essas pessoas adotaram por dois minutos poses de baixo poder, ou poses de alto poder. Vou mostrar para vocês 5 dessas poses, mesmo que eles tenham só usado 2 delas. Funciona mais ou menos assim: eles chegam, cospem em um frasco, depois dizemos que tem que manter essa ou outra pose por 2 minutos, e depois lhe perguntamos o quanto se sentem empoderados em relação a algumas situações específicas, e depois pegamos mais uma amostra de saliva. Isso é o que notamos em relação a testosterona: comparado com o nível no qual chegam para o teste, as pessoas com poses de alto poder tem em média um aumento de 20% de testosterona, e as pessoas com poses de baixo poder tem em média uma queda de 10%. Em relação ao cortisol, isso foi o que notamos: poses de alto poder tem uma queda média de 25% de cortisol, e poses de baixo poder tem um aumento de em torno de 15%. Então, apenas 2 minutos podem te levar a essas mudanças hormonais que podem configurar o seu cérebro a ser por um lado mais assertivo, mais confiante e confortável, ou por outro lado, mais estressado. Mas obviamente a próxima grande pergunta é: podem poucos minutos de *power posing* mudar a sua vida de forma significativa? (Ep. 34 — Amy Cuddy. Min. 3.26 — 4.22).

Se eu falar a palavra "Mulher Maravilha", que imagem vem à sua mente? É muito provável que se lembre de sua pose com os punhos cerrados na cintura, laço da verdade a tiracolo, olhar fixo, e não dela encolhida em uma cadeira, ou tirando uma soneca, não é?

Os super-heróis são "mestres" nesse tal da pose de poder. Não são todas iguais, mas passam a mesma mensagem: *eu estou no controle*. Abrir o peito e esticar os braços, erguer os braços para festejar vitória, levantar o queixo, manter a coluna ereta e assumir o ar de posse da situação — tudo isso é pose de poder. O mais legal é o seguinte: assim como os super-heróis da ficção, que vivem em um mundo de fantasia e, obviamente, não estão no controle, nós também não precisamos estar. A magia toda está em entrar nessa vibração, de "fingir até conseguir" parecer uma pessoa tranquila e à vontade, no controle.

Amy Cuddy pesquisou os efeitos das poses de poder e descobriu que tais posições, mesmo se praticadas fora de contexto, por apenas dois minutos, são capazes de "enganar" o cérebro e fazer você se sentir mais empolgado, seguro e confiante. A lógica por trás da teoria é a seguinte: ao levantar os braços em comemoração, o cérebro provoca uma descarga de testosterona (hormônio da dominância) e, ao mesmo tempo, restringe a produção de cortisol (hormônio do stress). Essa combinação diminui a sensação de nervosismo, e você realmente se sente vitorioso e menos intimidado. Fingiu... e conseguiu. Fundamentalmente, o que ela diz é que nossa pose corporal não apenas determina como os outros nos veem, mas de fato como vemos a nós mesmos! É como se fosse uma forma de "autocomunicação".

Me habituei, nas palestras mais importantes, a ir ao banheiro do teatro poucos minutos antes da apresentação e praticar poses de poder antes de subir no palco. No contexto da pandemia, faço o mesmo, porém no banheiro de casa — e garanto que funciona da mesma forma.

Essa dica da Amy foi útil na minha primeira palestra, há sete anos, e é útil até hoje. Prático a pose de poder sempre que é preciso, e não apenas antes de entrar em um palco: às vezes, durante a palestra, eu me pego mudando minha expressão corporal com o objetivo de aumentar minha autoconfiança.

Hoje, dar palestras é minha profissão, então posso dizer que aprendi uma coisa e outra sobre expressão corporal. Não há dúvidas de que ela é fundamental para comunicação, ainda mais para os líderes. Com a popularização de canais de YouTube como o Metaforando e Não Minta Para Mim, que analisam linguagem corporal para desmascarar mentirosos a partir de detalhes de linguagem corporal, posso garantir que essa técnica não ajuda apenas na resolução de crimes, mas também a resolver problemas no ambiente de trabalho, gerar respeito e autoridade "sem medo" nos liderados, solucionar gargalos e ter boa vantagem em negociações — dentre muitas outras razões que afetam sua habilidade de liderar. Considerado que 50% a 80% de toda a comunicação interpessoal é não-verbal, ela desempenha um papel importante na transmissão de mensagens intencionais e não intencionais; por isso, é importante levá-la muito a sério. Ela inclui gestos com as mãos, contato visual, postura, movimento corporal e a maneira como nos inclinamos ou balançamos a cabeça, entre outros.

Sendo que a comunicação não-verbal representa uma fatia tão importante da comunicação, temos um grande problema hoje, no cenário de trabalho remoto: como muda a comunicação, por nem sempre estarmos cara a cara com nossos colaboradores e clientes?

Leigh Thompson, professora de Negociação na Kellogg School of Management na Northwestern University, comentou em entrevista para o episódio *Adapting Negotiations to a Remote World* do HBR Podcast que conversas e negociações ficaram mais difíceis nesse cenário. Em vez de acontecerem pessoalmente no escritório, agora ocorrem por videoconferência, telefone ou e-mail, e cada um desses meios remove algumas informações e contexto. Pense por exemplo no carisma: como você o transmite numa conversa virtual? Afinal, o carisma pode "preencher" uma sala de reunião — pois se trata de como você usa sua voz, que cadeira você escolhe para se sentar na reunião, como se veste e como gesticula, mas não pode preencher uma sala de Zoom. Esses elementos não se traduzem, ou são completamente imperceptíveis, quando estamos em uma reunião virtual: nela, a força de nossa comunicação tem a ver mais com a substância, com a qualidade e a importância do conteúdo, do que a forma em que transmitimos o conteúdo.

Pegue novamente o exemplo do vendedor na era pré-Covid e suponha que ele entre no escritório de um potencial cliente, veja uma foto na mesa e diga: "Olha, seu filho joga tênis. O meu também! Em qual clube ele joga?". Hoje isso é impossível, e por isso ele precisa demonstrar rapidamente porque sua empresa é a melhor para resolver a dor de negócio dele, pois se não perde relevância.

Outro fator importantíssimo é que geralmente criamos uma primeira impressão nos primeiros 7 segundos de interação com alguém — e esses julgamentos iniciais são baseados em sinais de comunicação não-verbal.

Em todo contato de negócios, as primeiras impressões são cruciais: uma vez que alguém o rotule mentalmente como "confiável" ou "suspeito", "poderoso" ou "submisso", tudo o mais que você fizer será visto por meio desse filtro.

Se alguém gosta de você, vai procurar o que há de melhor na sua personalidade. Se desconfia de você, vai suspeitar de todas as suas ações. Embora você não possa impedir as pessoas de tomar decisões instantâneas — o cérebro humano é programado dessa forma como um mecanismo de sobrevivência -, você pode fazer com que essas impressões trabalhem a seu favor.

Por fim, relações de confiança são estabelecidas a partir do alinhamento entre comunicação verbal e não-verbal. Já vimos anteriormente como incoerência e falta de consistência nos confundem e consequentemente quebram as relações de confiança, que nasce por meio de um elo perfeito entre o que está sendo dito e a linguagem corporal que o acompanha. Se seus gestos não estiverem em total congruência com sua mensagem verbal, as pessoas inconscientemente perceberão duplicidade, incerteza ou, pelo menos, conflito interno.

Sempre que sua linguagem corporal não corresponder às suas palavras (por exemplo, deixar de olhar nos olhos e olhar ao redor da sala ao tentar transmitir honestidade, balançar para trás ao falar sobre o futuro sólido da organização, ou cruzar os braços ao declarar abertura), sua mensagem verbal é perdida. A pose de poder ajuda a construir essa linguagem não-verbal de controle e liderança, mas lembre-se: é o que você diz que a corrobora.

Será que a maneira com que você se expressa está de acordo com suas crenças?

Ainda mais pelo fato que, particularmente em falas coletivas e em público, o verdadeiro fator determinante não está nem no que, ou em como você se comunica, mas no porquê. No seu propósito, e no quanto você acredita nele.

Agora, outra grande crença relacionada a comunicação — herdada de um mundo analógico e colocada em xeque-mate no cenário digital — é que ainda pensamos muito em comunicação em termos de "volume", no sentido de "quanto mais, melhor". Hoje, porém, a digitalização ampliou de forma exponencial o número de canais à disposição, fazendo com que a comunicação "viaje" com rapidez e permita o *feedback* instantâneo — ao mesmo tempo em que possibilita o acesso assíncrono de informações necessárias sob demanda (alguém disse Google?). Por isso que em um mundo de abundância das informações, o paradoxo não é o quanto mais a gente se comunica — mas é o quão assertivamente o fazemos.

Precisamos nos responsabilizar por esse problema e mudar urgentemente nossa forma de comunicação, e torná-la verdadeiramente mais assertiva. É sobre isso que Joe Rogan, apresentador do UFC, comediante e *host* do *The Joe Rogan Experience*, o podcast mais ouvido no mundo — e, portanto, um dos maiores comunicadores da atualidade — nos fala no seguinte trecho.

4.5 "Comunicação assertiva" com Joe Rogan

> É complicado porque você acaba não tendo muitas conversas em que não concorda com as pessoas, e normalmente não é uma comunicação confrontacional (...) Uma das coisas mais surpreendentes que aprendi com esse Podcast é a falar melhor com as pessoas. Eu não achava que isso fosse algo importante, eu acreditava que era apenas começar a falar e pronto, mas me dei conta, no meio do caminho, que não só as pessoas não estavam escutando, mas que às vezes eu estava sendo chato. Tentar ser menos chato, foi o que me levou a aprender a ter mais compaixão na conversa. Entendo como falar melhor com as pessoas e apliquei isso à minha vida inteira. Melhorei e vejo pessoas que são ruins com isso, o que é muito frustrante; tenho amigos muito inteligentes que ficam interrompendo um ao outro, e te interrompem, e não deixam ninguém falar. Eles não estão ouvindo, mas esperando seu momento de dizer algo, sem consideração pelas opiniões dos outros. No geral, essas pessoas sempre acham que todo mundo, além deles, está errado. (Ep. 47 — Joe Rogan. Min. 16.06 — 17.16).

Me identifiquei muito com essa frase — e não necessariamente com Joe Rogan, mas com os amigos dele. Fui por muito tempo a pessoa que não ouvia, mas ficava pensando na próxima coisa para dizer. O que percebi, ao longo do tempo, através de negociações perdidas, de times mal gerenciados e resultados de negócio abaixo do esperado foi que eu precisava mudar a forma de me comunicar.

No mundo digital, esse conceito mudou dramaticamente — e, com isso, não significa que a comunicação "apenas" mudou para o digital — ao contrário: o lado humano é mais importante que nunca. O que mudou foi a forma de se comunicar, afetando todos os setores dos negócios, e áreas das empresas.

São três as principais mudanças que a comunicação sofreu com a vinda do Digital, cada uma delas com novas implicações para os comunicadores de hoje (lembre-se que, independentemente do seu trabalho, você também é um comunicador):

- o *Big Data* permite saber muito mais da pessoa com quem estamos falando, dando-nos a chance de ser mais assertivos;
- o *feedback* **rápido** do mundo digital permite reforçar a escuta ativa e o diálogo consultivo;
- a **Inteligência Artificial** permite "terceirizar" a parte mais transacional da conversa, para que foquemos no lado humano.

Vamos usar de exemplo a rotina de um vendedor ou representante comercial, e de como mudou a forma de se comunicar com o seu cliente (e considere que a mesma mudança aconteceu para a maioria das profissões, incluindo muito provavelmente a sua).

Ao analisar os formatos tradicionais de venda, temos que considerar que até pouco tempo atrás a maioria dos clientes tinha poucas ferramentas digitais. A comunicação sobre os benefícios dos produtos à venda e serviços prestados ocorria por telefone, brochuras impressas ou através de reuniões presenciais. A transformação digital veio com força, mudando a efetividade dessas abordagens e recompensando os que abraçavam o novo formato de forma pioneira para se comunicar com o cliente. Mas, mesmo assim, a grande maioria dos representantes ainda via o digital como uma grande ameaça ao próprio papel comercial, quase como um competidor a se combater.

Isto até a Covid-19 pegar o mundo de surpresa no começo de 2020.

A natureza do trabalho das equipes de vendas de todos os setores mudou de várias formas desde então, principalmente com a extinção das visitas presenciais. Nesse contexto, a necessidade de usar tecnologias de ponta como aliadas se tornou urgente. Mas como fazer isso? As três implicações que mencionamos anteriormente jogam a nosso favor.

Primeiramente, saiba com quem está falando – e use os dados gerados no mundo digital para delinear esse perfil, pois eles nos permitem saber muito sobre nossos interlocutores e, consequentemente, personalizar melhor o processo de representação comercial. É fundamental coletar e armazenar dados sempre, no intuito de poder reaproveitá-los na hora e no contexto certos: desde o histórico de vendas até as preferências pessoais, passando por detalhes do cliente e até variações de preços, conseguimos personalizar tudo de forma dinâmica, tomando decisões baseadas em dados, e não apenas no achismo.

Para isso, precisamos armazenar as informações em plataformas digitais a cada ponto de contato, como uma troca de mensagens, reunião via Zoom ou visita presencial, já pensando em como elas podem ser utilizadas – mesmo porque não tem nada de mais frustrante para o cliente do que você pedir a mesma informação duas vezes, ou desenhar um pacote comercial que não tem a ver com as demandas que ele apresenta. Na cabeça do cliente, ele está pensando: "Já passei todas essas informações antes, ele sabe tanto de mim e, mesmo assim, a comunicação permanece a mesma?".

Isso vale para comunicação digital como, por exemplo, nos canais de *e-mail marketing* ou *chatbots*. É frustrante receber mensagens que não têm nada a ver com nossas preferências, ao mesmo tempo que comunicações personalizadas se destacam e chamam muito a atenção. Imagina que certa vez, quando eu ainda era diretor do Tinder, recebi um e-mail marketing personalizado do Banco Neon do título: *"Andrea: It's a Match"*. Se isso não é comunicação assertiva e personalizada, o que é?

Em segundo lugar, precisamos praticar a escuta ativa e o diálogo consultivo. Costumamos pensar que a comunicação está relacionada apenas ao que falamos, mas uma parte fundamental do processo é a escuta. No caso de um vendedor, chegar com o *pitch* pronto e não estar disposto a ouvir o que o cliente tem a dizer, rebatendo as demandas dele com contra-argumentações, é contraproducente. Não funciona. Precisamos entender que qualquer processo de comunicação (e de venda) tem que partir da resolução de uma "dor", e não da necessidade de bater metas ou trazer resultado. No longo prazo, esse pensamento limitado vai se tornar um tiro que vai sair pela culatra.

Precisamos nos comunicar de forma menos "transacional" e mais "consultiva", ou seja, quase como desenvolvedores de negócio do cliente. Usando uma metáfora da saúde, estabelecer a comunicação de uma via só, sem entender a "dor", não é diferente de um médico prescrever um remédio antes de conhecer os sintomas.

Como o digital nos ajuda? O *feedback* imediato do mundo digital permite que a comunicação de duas vias possa fluir com maior rapidez, permitindo melhor entendimento das motivações, pensamentos e objetivos de clientes, colegas e times. Mas, para isso, precisamos direcionar a fala e a escuta através do poder das perguntas abertas. Jennifer Currence, presidente da empresa de consultoria The Currence Group, usa uma sequência de três perguntas, que ela chama de "MED", para direcionar a conversa:

— **"Me diga mais."**
— **"Explique o que você quer dizer."**
— **"Defina esse termo ou conceito para mim."**

Em terceiro lugar, precisamos humanizar mais a conversa. Sabemos que nosso cliente recebe muitos representantes constantemente e que, às vezes, se comunica com todos eles da mesma forma, enxergando todos mais ou menos iguais. Como se destacar? Sendo mais competente e tendo mais informações? Não necessariamente, já que todas essas informações podem ser facilmente achadas no Google. Talvez se você tiver a melhor proposta comercial? Não é apenas isso. Você vai se destacar verdadeiramente se for capaz de estabelecer uma conexão humana com seu cliente, e a forma com que fazemos isso é através da Inteligência Emocional.

Pois é. Na era da Inteligência Artificial, o que nos define como seres humanos inteligentes não é apenas nosso QI, mas os traços de nossa Inteligência Emocional: nossa empatia, nossa vulnerabilidade, nossa capacidade de admitir que não sabemos responder a algo naquele momento, e que iremos retornar com a resposta... tudo isso é muito mais efetivo como estratégia de comunicação do que inventar respostas rápidas ou parecer estar sempre certo. Afinal, é mais fácil a conexão entre iguais do que conversar com alguém (no caso, o representante) que é do estilo "eu sei de tudo". Os resultados da conexão emocional com o cliente são extraordinários: a pesquisa da Harvard Business Review *"The new science of customers emotions"* (em tradução livre "A nova ciência das emoções do cliente") diz que clientes conectados emocionalmente são 52% mais valiosos, em média, do que aqueles que estão apenas muito satisfeitos — ganhando em uma variedade de métricas, entre quais volume de compras e frequência de uso.

Você pode até terceirizar para a tecnologia a parte mais "chata" da comunicação: afinal, ninguém gosta de cobrar um retorno sobre uma proposta pela terceira vez, certo? Ao delegar isso para tecnologia, podemos focar em promover uma comunicação mais humana, assertiva e honesta — que é tudo o que o nosso interlocutor espera no mundo digital.

CAPÍTULO 5
Criatividade para diferenciar da Inteligência Artificial

> Eu defino criatividade em um sentido muito amplo. Para mim é entender as coisas, é resolução de problemas, e resolução de problemas significa que você está em alguma situação em que não sabe o que fazer, então pensar na resolução disso é um ato criativo. (ENTREVISTADOR): Quando se pensa em criatividade, tem muita gente que diz "Eu não sou criativo, ou eu não tenho a habilidade de ser criativo, isso é para os outros", mas você acha que quaisquer pessoas têm a habilidade de ser criativa? (ED CATMULL): Sim, e é por isso que eu a defino de forma ampla, ou seja, "a habilidade de resolver problemas". É sobre se expressar, não tem dúvidas sobre isso, mas eu acho que a maioria das pessoas diria: "Ah, ciências exatas", bom, esse é um processo criativo pois a maioria disso é tentar entender. Quando vêm ao mundo, as crianças têm essas estranhas visões do mundo e às vezes interpretações equivocadas, mas ao mesmo tempo novas formas de olhar para as coisas. É um ato criativo. Estamos cheios de coisas que nos fazem refletir, e pode ser emocional, pode ser difícil, e endereçar isso, olhar para ele, pensar a respeito, e se engajando com os outros, é tudo um ato criativo. (Ep. 37 — Ed Catmull. Min. 4.28 — 5.35)

No livro "Criatividade S.A.", o Ed Catmull, fundador da Pixar e hoje presidente da Walt Disney Animation Studio, conta um caso curioso sobre a Pixar que exemplifica muito bem como funciona o mecanismo da criatividade.

Ele conta que, após terem se mudado para um escritório maior, a Pixar montou uma grande sala de reunião, com uma enorme mesa comprida. Essa mesa fazia com que as pessoas tivessem muita dificuldade em se comunicar — um pouco no estilo de filmes sobre a Idade Média, onde o Rei e a Rainha se sentavam nas pontas a metros de distância um do outro. Na Pixar, quem se sentava na ponta não conseguia ouvir, enquanto quem ficava no meio tinha que constantemente virar a cabeça para olhar quem estava falando em ambos os lados. Essa mesa tinha sido projetada por um designer muito admirado por Steve Jobs, mas não tinha nenhuma atividade prática.

A produtividade e o nível de criatividade das reuniões estavam caindo dramaticamente, mas, até então, ninguém estava notando que essa mesa dificultava o processo criativo, que era — e é, até hoje — o coração do negócio da Pixar.

O que aconteceu foi o seguinte: começaram a se sentar no meio as pessoas mais sêniores, para ouvir melhor, e consequentemente se estabeleceu uma hierarquia — que era formalizada por cartõezinhos com o nome de quem tinha que se sentar em qual lugar. Essa dinâmica restringia os envolvidos na discussão, já que quem não ficava no meio acabava não tendo voz.

Se dando conta de que o problema pudesse estar no formato da mesa, Ed Catmull encomendou um móvel diferente, de formato quadrado, com o objetivo de colocar todo mundo no mesmo nível, dando a todos a chance de participar ativamente e se comunicar melhor. Após essa mudança, a criatividade voltou a fluir dentro da Pixar.

A verdade é que a criatividade flui mais sem hierarquias, sem julgamentos, a partir de uma comunicação aberta e dinâmica. Enquanto a crença é que um processo de "iluminação" individual, a verdade é que se trata de um processo interativo e colaborativo; por isso, as "mesas verticais" são o maior obstáculo à criatividade que temos nas organizações.

Mas, para além da visão de Ed Catmull, qual é a definição de criatividade? Do que se trata essa palavra?

Não existe apenas uma definição, mas várias. Entre as principais temos a de Ghiselin (1952), "é o processo de mudança, de desenvolvimento, de evolução na organização da vida subjetiva", e de Flieger (1978), que diz que criatividade é quando "Manipulamos símbolos ou objetos externos para produzir um evento incomum para nós ou para nosso meio" - Muito tecniquês, não é?

O interessante é que, se você olhar para a maioria das definições, notará como a maioria delas é do estilo: "Criatividade representa a emergência de algo único e original".

Posso até concordar — mas acho que tem um problema de fundo nessa definição, causado pela crença comum de que criatividade é apenas definida como ter uma boa ideia nova. Mas não é só isso.

A ciência pode nos ajudar a entender um pouco melhor do que se trata.

Mesmo que a nível neurocientífico seja difícil medir o que está realmente ativo em nosso cérebro quando estamos imersos no processo criativo, em 2012 os pesquisadores Allen Braun e Siyuan Liu tiveram uma ideia genial: rastrear a atividade cerebral de rappers fazendo *freestyle* e transformá-la em um estudo de pesquisa publicado na prestigiosa revista Nature sob o título "*Neural Correlates of Lyrical Improvision: an fMRI Study of Freestyle Rap*" (artigo 834 de 2012) .

O que eles descobriram foi fascinante: quando estamos sendo criativos, algumas das áreas cerebrais do dia a dia são completamente desativadas, enquanto outras que não usamos muito ficam acionadas a todo vapor. Os artistas mostraram durante a improvisação menor atividade em parte de seus lobos frontais, chamada córtex pré-frontal dorsolateral, e maior atividade em outra área, chamada córtex pré-frontal medial. Em outras palavras, as áreas do cérebro que usamos para tomar decisões são amplamente inativas, enquanto a área responsável por fazer associações, entender contexto, eventos e respostas emocionais é extremamente ativa.

Mas ainda tendemos a pensar na criatividade, e até na inovação, como atos individuais, misteriosos e, normalmente, os reduzimos a uma única ideia. Olhe para os negócios em geral: até hoje se acredita na mesma coisa, que a inovação está na ideia, e pela propriedade transitiva, que muita criatividade é igual a muitas ideias, que é igual a muita inovação - Mas não é isso, não!

Criatividade envolve fazer associações inesperadas, combinar respostas emocionais e racionais de forma original — e precisa de um entendimento profundo do contexto para fundamentalmente "resolver problemas".

Como assim?

Vamos por partes. Começamos por entender o quão criatividade é importante para as companhias. Aliás, ela não só é importante, mas fundamental: 82% dos executivos entrevistados em uma pesquisa conjunta da Adobe e da Forrester do titulo "*The Creativity Dividend: How Creativity Impacts Business Results*" concordam que as empresas se beneficiam da criatividade. Meio óbvio, né? Mas, entre esses benefícios, estão o aumento da receita e maior participação no mercado. É por isso que 58% dos entrevistados disseram definir metas em torno de resultados criativos, e outros 48% afirmam financiar novas ideias derivadas de *brainstorming* criativo.

Uma razão para a reforçada importância de profissionais criativos, no mundo atual, é o seguinte: os líderes criativos ficam mais confortáveis com a ambiguidade. Oito em cada 10 CEOs entrevistados na mesma pesquisa disseram esperar que seu setor se torne significativamente mais complexo, e à medida que as indústrias continuam a evoluir, as metas e prioridades de negócios precisarão mudar, seguindo novos caminhos e precisando de soluções mais criativas.

Há apenas uma grande desconexão: apesar dos benefícios percebidos, 61% dos executivos não enxergam realmente suas empresas como criativas.

O problema está justamente na falta de entendimento do que criatividade é, e de como a fomentamos. Muitas vezes organizamos sessões de *brainstorming* e *hackathons* e nos autodeclaramos empresas que incentivam as ideias e a criatividade, mas na prática estamos cheios de "mesas compridas" que funcionam de obstáculo ao fluir das ideias, ou sofremos por falta de colaboração entre times. Aí, qual é o valor dessas ideias?

Ed Catmull fala com firmeza no seu livro "Criatividade S.A." que criatividade nada mais é do que "entender as coisas e resolver problemas". Consequentemente a associa com pessoas, não necessariamente apenas a ideias.

Veja a criatividade de uma campanha do Tinder da qual me orgulho, que demonstra como o ponto de partida da criatividade seja verdadeiramente a habilidade de entender e resolver um problema.

Estava chegando o Dia dos Namorados de 2018 e a equipe elaborava uma campanha para os solteiros de plantão entrarem no Tinder. Refleti sobre tudo de ruim que tem o fato de estar solteiro no Dia dos Namorados: aquela sensação de solidão enquanto todos os casais estão saindo para jantar, afundando as mágoas no álcool quando chega em casa, ou em um encontro entre os amigos — evitando até de abrir o *feed* do Instagram para não se frustrar com as imagens de todos esses casais bonitos, perfeitos, maravilhosos e felizes.

Mas será que para os casais é tudo tão lindo assim?

Porque, quando pensei no Dia dos Namorados para os casais, notei que, na maioria dos casos, esse é um dia ruim também. Entrevistamos muitos casais e as respostas eram as mesmas: existe a expectativa de fazer bonito, mas um se atrasa ao sair do trabalho, o restaurante tem fila de espera de uma hora, o presente nem sempre é o que a pessoa queria. Enfim, muitas vezes o Dia dos Namorados termina na famosa DR. Não é? Admita: você conhece alguém que pensa "Nossa, não vejo a hora que chegue o Dia dos Namorados!"? Aposto que não: é um dia comercial que, eventualmente, nos deixa frustrados.

Com essa constatação de que o Dia dos Namorados é um dia que ninguém anseia, criamos uma campanha onde o Tinder oficializou pelas redes sociais um *countdown* para a "Apocalipse", que ia cair justamente no Dia dos Namorados! Criamos kits de sobrevivência a esse dia terrível e os distribuímos para influenciadores e usuários reais do Tinder: para os solteiros, um kit de *shots* para tomar com amigos; para os casais, um jogo sensual para jogar em casa (para reconciliação após a provável briga no restaurante). Fizemos uma festa em São Paulo para comemorar esse dia como se fosse o fim do mundo e foi um sucesso - se tornou uma das campanhas mais criativas e divertidas que me orgulho de ter feito.

Pensando bem, nunca teria tido essa ideia se eu não tivesse me perguntado como se sentiam os casais nesse dia, indo além da fachada da falsa perfeição.

A ideia também não me ocorreria se tivesse achado que a jornada criativa é apenas uma iluminação de repente, um momento quase místico, onde a criatividade nos atinge. Pelo contrário: essa campanha foi o resultado de uma jornada, feita de várias etapas e pessoas. Essa é outra grande crença que é importante desmistificar sobre o processo criativo: não se trata de um relâmpago, mas sim de uma jornada que envolve várias fases. Quais são essas fases?

1 — **Preparação:** este primeiro estágio trata da coleta de informações. Esta é a fase em que você pesquisa não uma, mas múltiplas áreas do saber, a fim de definir o problema e as necessidades das pessoas.

Ideias criativas não surgem do vácuo, mesmo que você precise dele na próxima etapa.

2 — **Incubação:** neste estágio, você dá um passo para trás no problema e permite que sua mente "viaje" para contemplar e resolver o problema. Você nutre o processo de pensamento inconsciente, por exemplo, permanecendo aberto às ideias que lhe vêm enquanto lava a louça ou sai para uma caminhada. Você abre sua mente para todas as ideias, mesmo as malucas;

3 — **Iluminação:** este terceiro estágio descreve essencialmente o clássico momento "eureka!", no estilo Arquimedes. Essa etapa é a que a maioria das pessoas associa ao processo criativo como um todo, traçando o paralelo entre imaginação e criatividade — mas a criatividade é um processo que mesmo as pessoas aparentemente sem imaginação podem aprender a gerenciar e nutrir;

4 — **Verificação/implementação:** neste quarto estágio você desenvolve a solução para o problema através de sua ideia e solução. Essa é a fase da execução e da prototipação: você não resolve problema nenhum apenas com ideias, mas precisa também prototipá-la, e testá-la, para descobrir se atende às necessidades.

Já que entendemos que criatividade não é um momento só e que estamos falando de uma jornada, a Lady Gaga, uma das maiores estrelas pop do mundo, nos conta como isso funciona para ela, no seguinte trecho.

5.1 "A jornada criativa" com Lady Gaga

> É a jornada. É a nova jornada de todos nós. (ENTREVISTADORA): Há algo que você possa fazer para ajudar no processo criativo, para abrir as portas da criatividade melhor? Existe algo que você pode fazer? (LADY GAGA): Tem algumas coisas, como por exemplo, eu não leio nada. Sem imprensa, sem televisão. Se por exemplo, minha mãe me liga e diz: "Você ouviu falar de tal música?", eu não quero saber de nada que está acontecendo em relação à música. Obviamente, quero saber sobre o mundo, mas eu desligo tudo e foco. Inclusive, além desta entrevista, Oprah, não pretendo falar com ninguém por muito

> tempo. Este é o meu momento de experimentar um renascimento com minha própria música. Eu tenho que me desligar de tudo. Me desligar do barulho, porque o barulho é alto. Você tem que cancelar o ruído e lembrar que são os seus pensamentos que importam. (Ep. 26 — Lady Gaga. Min. 3.42 — 4.56)

Você já teve essa sensação de sentir o tempo parar enquanto está no meio de um processo criativo? Ou que o tempo voa, assim que você completa esse processo?

Você olha para trás e diz "não acredito que se passaram quatro horas", enquanto sua percepção foi de ter se dedicado à tarefa apenas alguns minutos.

Pois bem, você não está só. Todos sentimos isto quando estamos verdadeiramente inspirados e imersos no processo criativo. Essa sensação é chamada de estar "no fluxo", ou *flow*. O conceito, popularizado nos anos 1970 pelo psicólogo Mihaly Csikszentmihalyi, PhD e professor da Universidade de Chicago, designa as experiências ótimas de fluxo na consciência. Ele define o fluxo como "um estado mental onde o corpo e mente fluem em perfeita harmonia, um estado de excelência caracterizado por alta motivação, alta concentração, alta energia e alto desempenho, por isso também chamado de experiência máxima". É tudo que queremos, não só em processos criativos, mas praticamente sempre, não é?

Geralmente entramos no fluxo, ou *flow*, quando estamos fazendo aquilo de que mais gostamos. Pessoas entram em fluxo dançando, cantando, correndo, praticando esportes, desenhando, pintando, escrevendo, como no meu caso, meditando e até trabalhando, no caso dos mais *workaholics*. Os benefícios são óbvios: quando você faz aquilo que mais gosta de fazer, tem mais motivação, se concentra com mais facilidade e fica tão profundamente envolvido e absorvido na tarefa que nem percebe o tempo passar. Nesse momento, você não pensa em mais nada, não pensa nos problemas que ocorreram antes nem no que terá de fazer depois, e fica inteiramente focado no presente.

Isso soa estranho, pois normalmente associamos criatividade e ideias com pesquisa constante, inputs externos, conversas e interações com pessoas. Ou não foi isso que eu falei até agora? Sim, mas estamos falando de dois momentos totalmente diferentes do processo criativo.

Precisamos, obviamente, ter vários *inputs*, pegar inspiração das mais variadas fontes e não apenas sermos *experts* do assunto que dominamos, mas isso vem antes do processo de criação em si. Pense bem no que Lady Gaga disse: se ela estivesse constantemente influenciada por notícias ou informações sobre a música de outros, ela não conseguiria ficar focada no próprio processo criativo e seria constantemente interrompida e influenciada. Assim não dá!

Recentemente fui impactado por um anúncio no YouTube da *Masterclass* da Margaret Atwood, escritora canadense e autora do "O Conto da Aia", que inspirou o incrível seriado *"The Handmaid's Tale"*. Bem no começo ela fala: "Os maiores obstáculos para que você se torne um escritor são as constantes interrupções das outras pessoas". Perfeito, sem mais. Todos temos o potencial de sermos escritores, ela diz, mas o bombardeio de informações externas nos tira o foco no processo criativo e não nos permite darmos nosso máximo — e, admitamos, esse bombardeio de informações é enorme.

O *overload* de dados que recebemos todos os dias supera nossa capacidade de processamento, e devemos evitá-lo ao máximo. Vivemos uma era de *infoxicação*, resgatando um termo do cientista de dados Ricardo Cappra, de informações excessivas que chegam em volumes superiores ao que podemos cognitivamente gerenciar de forma saudável.

Tudo isso diminui nossa capacidade de focar de forma coletiva, como demonstrado por um estudo de 2019 da Technical University of Denmark publicada na revista Nature do título *"Accelerating dynamics of collective attention"*, onde, entre vários exemplos, mostrava que um *trend global* no Twitter, em 2013, durava 17,5 horas, enquanto em 2016 essa média caiu para 11,5 horas. Tenho certeza de que esse prazo continua só diminuindo, ainda mais com a crise do Covid-19: enquanto escrevia esse livro, costumava colocar meu aparelho em *modo avião* para não ser distraído por mensagens, notificações e notícias pipocando na tela. "A Bolsa caiu X%", "O número de casos de Covid-19 na Itália aumentou em Y%", "Andrea, se liga nessa sala do Clubhouse"... não sei quanto a você, mas isso me deixa extremamente ansioso. Parece que o telefone dita o meu dia, e não o contrário; ele está sempre me dizendo o que fazer, para quem ligar, a qual assunto dar mais atenção, seja profissional ou pessoal.

Afinal, deixe-me te fazer uma pergunta, e seja honesto: você tem suas melhores ideias enquanto está fazendo seu trabalho ou enquanto está tomando banho? Ou correndo? Ou fazendo uma trilha, mergulhando, sei lá, se jogando de asa delta?

Já sei a resposta: é quando estamos um pouco mais distantes e afastados das tarefas do dia a dia que as ideias surgem, não enquanto estamos desempenhando funções relativas a elas. Eu, por exemplo, tenho muitos *insights* enquanto estou treinando jiu-jitsu. Acontece direto: assim que termino uma luta, corro para o bloco de notas e escrevo o que pensei.

No seu caso, como funciona isso?

A parte interessante da discussão agora é entendermos quando nosso cérebro é mais criativo: quando está relaxando, descansando ou no fluxo? Por que momentos de pausa, de introspecção e de ócio, ousaria dizer, são fundamentais para a criatividade?

Porque eles nos colocam na fase de incubação, a segunda do processo criativo que descrevemos anteriormente.

A neurociência explica que tem três "ingredientes" principais que fazem com que tenhamos nossas melhores ideias em contextos de relaxamento e afastamento das tarefas do dia a dia (ou até "debaixo do chuveiro"). Alice Flaherty, professora de neurologia na Harvard Medical School, diz que um item muito importante é a nossa velha conhecida dopamina: quanto mais dopamina é liberada, mais criativos somos. As pessoas variam em termos de seu nível de impulso criativo de acordo com a atividade da dopamina no sistema límbico: os gatilhos típicos que nos fazem sentir bem e relaxados e, portanto, aumentam a produção de dopamina, são tomar um banho quente, fazer exercícios, relaxar... enfim, de alguma forma, estar no fluxo! Nessas situações, as chances de ter grandes ideias são muito maiores.

Ainda assim, não é só isso: a dopamina, por si só, acionada em centenas de eventos onde não necessariamente estamos sendo muito criativos, não pode ser o único motivo. Outro fator crucial é a distração, diz Shelley H. Carson, pesquisador e psicólogo de Harvard e autor do livro *"Your Creative Brain"* ("Seu cérebro criativo", em tradução livre): uma distração pode fornecer o intervalo de que você precisa para se desvincular daquela fixação em alguma solução ineficaz — coisa que acontece frequentemente quando estamos altamente concentrados.

O terceiro ingrediente de que precisamos para uma boa fase de incubação é o relaxamento. Quando nossas mentes estão tranquilas, temos mais probabilidade de direcionar nossa atenção para dentro, em direção ao fluxo de associações remotas que nascem em nosso hemisfério direito. Em contraste, quando estamos diligentemente focados, nossa atenção tende a ser direcionada para fora, para os detalhes dos problemas que estamos tentando resolver. Embora esse padrão de atenção seja necessário ao resolver problemas analiticamente, ele nos impede de detectar as conexões que levam a *insights* criativos.

Só depois de sermos massageados por água morna embaixo do chuveiro, por exemplo, e sem poder checar nosso e-mail, é que finalmente podemos ouvir as vozes baixas em nossas cabeças nos dando inspirações. A verdade é que as respostas sempre estavam lá — apenas não estávamos ouvindo.

Amy Fries, autora do livro *"Daydreams at Work: Wake Up Your Creative Powers"* ("Sonhe acordado no trabalho: acorde seus poderes criativos", em tradução livre) e editora da revista *Psychology Today*, no livro conta que quando nossa mente é livre para "viajar", consegue acessar memórias, emoções e conhecimento adquirido no passado, o que não é possível quando está constantemente bombardeada com informações. Assim conseguimos ter uma visão macro, pensar no longo prazo e, consequentemente, ter mais momentos criativos. Essa visualização nos ajuda a ter perspectivas novas sobre um problema, ou ligar pensamentos aparentemente desconectados, dando vida a ideias originais.

Acima inclusive falamos que, para um bom processo de incubação, precisamos nos distrair e deixar de nos fixar em uma ideia de que a gente acha ser a melhor, permitindo que novas ideias surjam livremente — mas o grande problema é que julgamos demais nossas ideias: por isso, a habilidade de não ter julgamento é o que distingue os pensadores originais dos outros, segundo o que o Adam Grant, psicólogo, escritor *best-seller* e professor de Wharton, nos fala no próximo extrato.

5.2 "Originais" com Adam Grant

> Eu sempre achei que os grandes pensadores originais na história — criativos, músicos, artistas, cientistas, pensadores e líderes de negócio — tivessem um par de grandes ideias, e que as refinassem até a perfeição. Porém, os dados contam uma história totalmente oposta. Os grandes pensadores originais nunca tiveram poucas ideias, mas

Criatividade para diferenciar da Inteligência Artificial

> muitas! Muitas mais que seus colegas. Grandes músicos, como Beethoven, Mozart e Bach, por exemplo, não tinham uma taxa de sucesso muito acima de outros compositores dos quais você nunca ouviu falar. O que os diferencia é que eles vieram com muitas ideias a mais, de 600 a mil em alguns casos. A razão disso é que você tem que gerar muita variedade para ser original, até porque se você tem algumas poucas ideias, normalmente essas poucas são as mais óbvias. Você quer se desfazer das ideias familiares para chegar às novas, mas a maioria não faz isso, pois está apaixonada por suas ideias iniciais ou questiona a própria habilidade de ter mais ideias novas. Acho que uma das coisas que temos que fazer com mais frequência, como líderes, é encorajar mais pessoas a ter um monte de ideias, sabendo que terão que ter muitas ideias ruins para chegar às ideias grandiosas. (Ep. 46 — Adam Grant. Min. 3.26 — 4.34)

Você é um daqueles que, quando compra um computador ou smartphone, deixa todas as configurações como elas vieram, ou testa logo de cara um monte de configurações alternativas, quase como um *hacker*? Ou quando você comprava um PC que vinha com Internet Explorer, o usava sem questionar, ou baixava logo Firefox, Mozilla, Chrome, o que for, para testar a performance de cada um?

Confesso que, por muito tempo, fiz parte da primeira categoria: nem sempre questionava as coisas e dava tudo meio como garantido. Mas, depois de ler o livro "Originais: como os inconformistas mudam o mundo", de Adam Grant, fiquei superchateado por entender que os pensadores "originais" não se comportam assim, mas fazem parte do segundo grupo. No livro, Grant demonstra que as inovações mais revolucionárias não são estimuladas por faíscas arbitrárias de epifania mística, mas por uma insatisfação inteligente e informada com os padrões culturais do momento, que se transforma em um desejo radical e propositai de derrubar esses padrões.

Primeiramente, quem são os "Originais"?

Tudo começa com a definição do que originalidade é, e ela envolve a introdução e o avanço de uma ideia relativamente incomum em um domínio específico. A própria originalidade começa com a criatividade, gerando um conceito que é novo e útil. Mas não para por aí. O ponto de partida da originalidade é a curiosidade, o ato de ponderar porque o padrão existe, em primeiro lugar. Somos levados a questionar os padrões quando experimentamos os que o Adam chama de **vuja de**, ou seja, o oposto de **déjà vu**. *Déjà vu* ocorre quando encontramos algo novo, mas parece que já vimos isso antes. *Vuja de* é o contrário — enfrentamos algo familiar, mas o vemos com outra perspectiva, que nos permite obter novos *insights* sobre velhos problemas.

Essa é a faísca para os pensadores originais — e, quanto mais *vuja des*, melhor.

Então quantidade é mais importante de qualidade? Calma, nada de desmerecer a qualidade, mas me deixa explicar o que Adam quer dizer com isso e demonstrar, inclusive, que ele pratica o que prega. Seu curriculum tem 32 páginas, é quase um outro livro em si: ele se formou *magna cum laude* durante seu bacharelado em Harvard, obteve seu mestrado e doutorado em Psicologia em Michigan em três anos (um PhD sozinho já dura mais de 4 anos), se tornou professor na Wharton School da Universidade da Pensilvânia aos 28 anos e professor titular aos 36. Entre seus clientes de palestras e consultorias estão Facebook, Google, NBA, Disney e o Exército e Marinha dos EUA, e ele já foi mágico e ex-saltador profissional. A pergunta que não quer calar: como ele consegue fazer isso tudo?

É aqui que entra o conceito de quantidade.

Diga-me: do que a maioria das pessoas tem medo? Elas têm medo de tentar, não é?

E do que os pensadores originais têm mais medo? De deixar de tentar.

A melhor maneira de superar a mediocridade é tentar o máximo possível — por isso, o exemplo dos maiores compositores e como seu número de obras-primas é minúsculo em comparação com o grande volume de obras que criaram.

Tudo se resume a um jogo de números: quanto mais produção você tem, maiores suas chances de desenvolver uma obra-prima.

Com base na análise de Adam Grant, as implicações para os líderes, donos de negócios e empreendedores é que os mais inovadores não têm medo de perder tempo criando (e destruindo) ideias até que atinjam o ponto ideal para o lançamento dessa inovação.

Se todo dia nós fizermos um experimento, mesmo que pequeno, lançarmos um piloto, fizermos um pequeno ajuste a um nosso processo ou modelo de negócio proprietário, estamos produzindo o volume de ações necessárias para aumentar nossas chances de sucesso. Isso tudo sem garantias, e com enormes dúvidas — é normal. Aliás, dúvidas são ótimas.

Porém, na maioria das vezes, achamos que não devemos fazer algo se estivermos em dúvida. Sabe por quê? Porque duvidamos de nós, mais do que da ideia — e existe uma enorme diferença entre duvidar de si mesmo e duvidar da ideia. Duvidar de si mesmo é desacreditar que você, pessoalmente, como empresário e líder, é capaz de atingir seu objetivo. A dúvida de ideia, porém, é questionar se a ideia vale o seu tempo e, para fazê-la valer a pena, procurar constantemente maneiras de melhorá-la. Essa procura tem que ser constante e você precisa ter paciência.

Como Adam Grant disse em uma entrevista recente para o podcast da Brené Brown *"Dare to Lead"*, as primeiras 15 ou 20 ideias que temos geralmente são inúteis simplesmente porque nossos primeiros pensamentos estão muito próximos do pensamento convencional. Em vez disso, devemos duvidar da genialidade de nossas primeiras ideias e colocá-las sob o mais alto escrutínio.

Eu pessoalmente uso e abuso disso: em meu trabalho como palestrante, não me limitando a um tema apenas, mas sempre experimentando novas abordagens e novos conteúdos — em um exercício constante de escrutinar as minhas palestras atuais, e experimentação de novos temas. A maioria fracassa, mas e daí? Uma pequena parte me aponta caminhos inovadores.

É óbvio que, para abrir todas essas frentes e criar todos esses conteúdos, preciso ler, estudar, me informar muito e, ao mesmo tempo, pensar — o que nem sempre é tão fácil de fazer.

Este equilíbrio osmótico de influência anterior (o que foi feito antes) e o pensamento original é o paradoxo central da criatividade, e ele faz sentido, já que estamos falando de duas fases diferentes do processo criativo. A parte de exploração é justamente a primeira etapa, que denominamos de preparação, e é sobre ela que Malcolm Gladwell nos fala no seguinte trecho.

5.3 "Maldição do Da Vinci" com Malcolm Gladwell

> Cinco ou seis vezes por ano vou para a biblioteca da Universidade de Nova Iorque, e passo alguns dias lá. Apenas dar uma olhada é dizer pouco, prefiro dizer que fico pesquisando e lendo milhões de periódicos na maneira mais inesperada que puder, para ver o que tem por aí e ver se algo interessante, mesmo sem um objetivo ou direção claras. Então é isso que eu faço regularmente. Também, dou bastante palestras e sempre tento conversar com pessoas fora do meu mundinho. (Ep. 19 — Malcolm Gladwell. Min. 34.09 — 34.45)

Logo no começo da quarentena, mudei meus móveis para criar um cenário legal na sala de casa. Montei tudo para que eu pudesse dar palestras on-line, em pé, tentando replicar ao máximo a experiência de palco para quem está assistindo. Em particular, juntei todos os meus livros na mesma estante para compor o cenário. Certo dia, após uma palestra para colaboradores da Oi, tirei uma *selfie* e postei no Linkedin contando mais sobre o evento. Mais tarde, fiquei bastante surpreso com as mensagens que recebi com o seguinte comentário: "Como queria descobrir os livros que estão naquele estante!".

Entendo essa curiosidade! Uma das coisas que mais gosto de fazer quando vou para a casa de amigos é espionar os livros que eles têm em casa: eles dizem muito sobre a personalidade da pessoa e, ao mesmo tempo, nos dá margem para descobrir algo interessante para minhas leituras. Sou fã do Goodreads, um aplicativo em que você cria suas listas de leituras e, em estilo Pinterest ou listas de Spotify, pode ver também o que os outros estão lendo.

Voltando a minha estante, e respondendo às mensagens que recebi por causa dela, admito que é espantosa a variedade de livros que tenho. Minha coleção vai de livros sobre Estado Islâmico a manuais de gestão e liderança por Jack Welch e Jim Collins, passando por um guia em italiano do Brasil da Lonely Planet, novelas turcas do Orhan Pamuk, livros de fotografia, compêndios sobre mitologia, e até livros sobre o Jiu-Jitsu — tudo isso dividido entre as línguas portuguesa, italiana, espanhola e até árabe. Por que estou contando tudo isso?

Primeiramente porque faço o mesmo que Malcolm Gladwell descreve na frase acima: busco inspiração nas demais fontes e não apenas na área de negócios, assim como faço o mesmo com os contatos profissionais e pessoais que crio em minhas palestras e viagens — e isso é extremamente importante para a fase de Preparação do processo criativo.

Em segundo lugar, porque tenho a chamada "maldição do Da Vinci", um termo certamente provocatório que vem do livro *"The Da Vinci Curse"*, de Leonardo Lospennato, que estudou a fundo a vida do meu conterrâneo, Leonardo da Vinci. A Maldição de Leonardo da Vinci, um dos homens mais criativos da história, está no fato de que ele não tinha apenas muitos interesses: ele tinha interesses demais, e isso dificultava sua vida — pois pode levar a uma falta de foco e continuidade, caso a curiosidade não seja bem gerenciada.

Fique tranquilo se sentir que isso se aplica a você também: essa maldição pode ser um de seus grandes pontos de força. Eu tenho essa maldição, Malcolm Gladwell certamente tem, podemos dizer que até Bill Gates tem, pois se você pegar qualquer problema da população mundial, vai ver que ele está trabalhando nisso. Aliás, olha que interessante: Bill Gates também tem uma prática de preparação semelhante à de Malcolm Gladwell, que ele chama de *Think Weeks*, ou "semanas de reflexão", retiros que ele faz duas vezes por ano, desde 1980, em uma casa isolada. Durante essa semana, ele não faz nada mais que ler artigos e livros, além de estudar tecnologia e refletir sobre o cenário global. Dizem que uma *Think Week* em 1995 inspirou seu famoso artigo *"The Internet Tidal Wave"*, um dos mais importantes da história da Internet. Alguns dos elementos básicos do uso diário da tecnologia na sociedade se originaram dessas semanas secretas de reclusão, e Bill Gates sempre foi muito reservado sobre os detalhes de suas "semanas de reflexão".

Leonardo Da Vinci tinha muitos interesses e talentos, sendo uma figura que pode ser chamada de "polímata". Do grego *polimatés*, significa "aquele que aprendeu muito" e define pessoas cujo conhecimento não está restrito a uma única área. Em termos menos formais, um polímata pode referir-se simplesmente a alguém que detém um grande conhecimento em diversos assuntos. Muitos cientistas antigos foram polímatas, de acordo com os padrões atuais — enquanto hoje a especialização reina.

No caso de Leonardo, suas áreas de interesse contemplavam as seguintes, entre outras: pintura, escultura, arquitetura, música, ciência, matemática, engenharia, geologia, poesia, literatura e cartografia. Ele também é reconhecido como o pai da Paleontologia e tem muitas invenções desse setor atribuídas a ele, entre as quais o helicóptero! Para ele, não era difícil ter acesso a vários conhecimentos, pois ele sempre circulava, como um homem da Renascença italiana, entre as principais famílias de mecenas (que financiavam e incentivavam os artistas) e era acionado ao longo de múltiplas áreas do saber.

Procrastinação também é um fator aqui: não é mera coincidência que alguns dos maiores inventores e investidores originais tenham sido procrastinadores, assim como o Leonardo da Vinci. Estudiosos calculam que Da Vinci pintou Mona Lisa ao longo de vários anos, interrompendo e retomando o trabalho devido a essa multiplicidade de frentes em aberto. Ao mesmo tempo que isso pode ser visto como uma falta de foco, temos que lembrar que a distração e a consequente procrastinação são fatores fundamentais no processo de criatividade, como falamos anteriormente.

Você se considera um polímata? Tem interesses variados? Acredito que sim, por ler esse livro que combina negócios com filosofia, psicologia e tecnologia de uma forma bastante original.

Malcolm Gladwell falou que tenta sempre falar com pessoas através das suas palestras, e eu aprendi a fazer o mesmo. Inicialmente, nos primeiros meses em que me dediquei 100% à atividade de palestrante, tive um grande medo: ficar por fora das tendências de negócio, já que não faria mais parte de uma empresa. O que ocorreu foi exatamente o contrário: ao dar em torno de 70 palestras em 2019, e mais de 100 em 2020, recebi quase 200 *briefings* diferentes por parte de centenas de empresas, conheci inúmeros líderes e colaboradores e aprendi sobre os desafios de negócio de cada um deles, em múltiplos setores, desde o agronegócio e cooperativismo, ou o setor financeiro, até o setor farmacêutico.

Essa exposição a múltiplas áreas introduz uma complexidade impossível de gerenciar apenas com nosso pensamento antigo, linear e "Cartesiano" — e essa complexidade é uma característica do mundo interconectado e digital que estamos vivendo. São infinitas as variáveis impactando nossos negócios e nossa vida, e elas seguem correlações inesperadas que só os efeitos de rede podem explicar.

Diante da imprevisibilidade do cenário atual, precisamos aprender a pular com rapidez entre várias áreas do conhecimento mais do que qualquer outra coisa. Essa habilidade, também chamada de *shifting*, se refere a transitar rapidamente entre áreas mentais, tarefas e estratégias diferentes, segundo a definição de Diamond (2013). Chamo essa competência de Flexibilidade Cognitiva, da qual falo longamente em meu primeiro livro, "6 Competências para Surfar na Transformação Digital". Ela representa a verdadeira resposta cognitiva à complexidade do mundo digital.

É só quando a gente se abre ao conhecimento casual, incógnito e inesperado que conseguimos nos diferenciar, por conectar pontas aparentemente desconectadas, e viramos os polímatas que o mundo digital precisa.

O engraçado é que, boa parte das vezes, fazemos exatamente o oposto: estigmatizamos os polímatas e priorizamos os especialistas. Essa é uma combinação da herança das revoluções industriais, que precisavam de trabalhos especializados e rotineiros para garantir eficiência, e de proteger profissões específicas — como as de contadores e advogados, entre outros.

Ao longo do tempo isso reprimiu nosso espírito de polímatas e transformou essa característica poderosíssima do ser humano em uma maldição que atrapalha em tudo nossas trajetórias lineares e especializadas! Então, o tipo de profissional que o mundo digital pede é o especialista ou quem sabe um pouco de tudo? A verdade é que não se trata de nenhuma das duas opções. Tim Ferris, investidor anjo, escritor *best-seller* e *host* do Podcast *"The Tim Ferris Show"* nos fala sobre carreira nesse próximo trecho.

5.4 "Especialistas vs. Generalistas" com Tim Ferris

> Gostaria de abordar uma pergunta que recebo muito, que é: eu deveria me especializar, ou deveria ser um generalista? A minha resposta resumida é que você deveria ser um generalista especializado, e deixe-me explicar o que isso significa. Quando entrevistei o Scott Adams, não muito tempo atrás, na verdade foram um par de anos atrás, mas tem a sensação de que seja menos, bom o Scott que é o criador do desenho Dilbert, e eu pesquisei um pouco sobre os textos deles antigos relacionados a conselhos de carreira, e ele tinha um conselho muito sábio que eu usei muitas vezes desde então. Fundamentalmente a recomendação dele, resumida aqui - e estou parafraseando - é de tentar de combinar um grupo de habilidades que raramente são combinadas. Em outras palavras, se você quiser

> apenas se especializar, e se tornar por exemplo um jogador de basquete, você tem que estar no topo 0.001% para poder ganhar muito bem financeiramente. Por outro lado, se você combinar duas habilidades que são valiosas, mas também mais raras, e consequentemente mais valiosas quando combinadas juntas, como por exemplo um Mestrado em Ciência da Computação junto com uma formação de Direito, por exemplo, ou um conhecimento profundo de finanças e matemática junto com oratória, a consequência é que você tem uma vantagem competitiva que te permite alcançar com maior facilidade o topo na faixa de renda. (Ep. 29 — Tim Ferris. Min. 4.39 — 6.01).

Você já ouviu falar do profissional "a T"?

Se ainda não estiver familiarizado com a expressão, pense primeiro no formato da letra T: tem uma parte horizontal e uma parte vertical, e elas se misturam uma com a outra. Na visão que se popularizou nos anos 1990, através do Tim Brown, CEO da empresa de design IDEO e autor do livro "*The Art of Innovation*", a analogia com a letra T é usada para descrever os dois tipos de conhecimento que um profissional precisa desenvolver:

— **Traço horizontal:** representa o conhecimento geral do colaborador, ou seja, tudo o que ele sabe sobre a empresa, o mercado, economia, política e o que acontece ao redor do mundo;
— **Traço vertical:** diz respeito aos conhecimentos técnicos e específicos voltados para a área de atuação do indivíduo.

Ou seja, acaba sendo um perfil que junta os dois aspectos, tradicionalmente vistos como opostos: especialização e generalismo. Só que eles não são opostos, podem conviver sim — mesmo que o mundo tenha priorizado especialistas até hoje.

Indo ainda a fundo para tentar entender as dinâmicas que fizeram o mundo pedir e produzir especialistas, voltemos a 12 mil anos atrás — quando, 10 mil anos antes do nascimento de Cristo, o homem começou a trabalhar o campo por meio da agricultura: caçadores-coletores que viajaram em busca de alimentos para a área da Meia Lua Fértil, no Oriente Médio, começaram a colher grãos silvestres que encontraram pelo caminho e espalharam grãos sobressalentes no solo para produzir mais alimentos. Ao longo dos anos, o *surplus* alimentício que alguns produtores rurais conseguiam permitiu financiar o desenvolvimento de novas profissões como médicos, artistas e marceneiros, por exemplo — ou seja grupos que pudessem não se dedicar à agricultura a fim de cuidar de outras carências da sociedade, resolvendo problemas que surgiam à medida em que as populações cresciam.

Com isso, veio também o modelo educacional que estruturou trilhas que transformavam nós, generalistas e "iguais", em profissionais especializados — o que nos leva a ter uma fase inicial da vida onde a educação formal nos prepara para a área de negócios onde vamos trabalhar -, tendo o resto da vida para aplicar esse conhecimento em atividades produtivas e carreiras lineares, até se aposentar. Uma fase da vida para aprender e outra para aplicar esse aprendizado, ganhando com isso. Não foi sempre assim que fomos ensinados? Isso funcionou até a transformação digital chegar e introduzir a cada vez ciclos mais curtos de atualizações tecnológicas, garantindo mais acesso à informação e, consequentemente, colocando pressão sobre esses especialistas ao longo da vida. A exponencialidade faz a natureza das profissões mudar ao longo de uma carreira só, e por isso é preciso se atualizar constantemente: afinal, em um mundo mais complexo e interconectado, ser especialista apenas não é suficiente.

O custo de oportunidade de irmos no caminho da especialização está alto demais, em um cenário onde, segundo um relatório da Dell, 85% dos trabalhos que existirão em 2035 não foram inventados ainda: como se preparar para esse futuro imprevisível do mercado de trabalho? O que precisamos é, como o Tim Ferris diz, ser um "generalista especializado".

O inventor do *Game Boy* é um exemplo perfeito dessa combinação: nos anos 1960, Gunpei Yokoi, um colaborador da Nintendo que não conseguiu passar na prova de engenharia elétrica, foi trabalhar em Kyoto na área de manutenção das máquinas da empresa. Certo dia, estava indo para casa quando viu, no trem, um homem brincando com uma calculadora de LCD. Considerando que a Nintendo na época não tinha orçamento para usar as mais novas tecnologias, Yokoi se inspirou na tecnologia da calculadora para aplicar a um projeto de videogame portável: ele não se importou tanto com detalhes técnicos (até porque não os dominava), como cores ou resoluções de tela, e lançou o Game Boy combinando tecnologias existentes de forma criativa. Comparado com seus competidores da época, o *Game Boy* também era durável, e os usuários podiam por horas porque o aparelho usava baterias AA, que eram baratas e fáceis de encontrar. Resultado? Até hoje, o Game Boy vendeu mais de 118 milhões de unidades, e é um dos produtos de maior sucesso da Nintendo.

Essa forma de pensar a respeito da inovação foi chamada de *lateral thinking with withered technology* (em tradução livre, "pensamento lateral com tecnologias maduras"): ele aproveitou tecnologias já existentes em múltiplas áreas que as pessoas já estão acostumadas a utilizar e as combinou de forma inesperada — que nenhum especialista em cada uma dessas áreas poderia ter conseguido.

No mundo da propaganda e marketing, esse mesmo mecanismo é explicado pela teoria M.A.Y.A, do Raymond Loewy, considerado o pai da propaganda moderna, que saiu órfão da França e chegou nos Estados Unidos em um navio em 1919. M.A.Y.A. significa *Most Advanced, Yet Acceptable*, ou "Mais Avançado, Porém Aceitável". Nela, Loewy abordava a tensão entre o interesse das pessoas em serem surpreendidas e sentirem-se confortáveis, dizendo que o consumidor é influenciado em sua escolha por dois fatores opostos: a atração pelo novo e a resistência por aquilo com que não está familiarizado.

Essas associações, quase oximorônicas, é algo que apenas um generalista especializado consegue fazer. Um especialista, apenas, não consegue.

A tentação agora é pensar que, para encontrar soluções, precisamos devanear o máximo possível e abrir ao máximo o leque de possibilidades. É o que a discussão quantidade versus qualidade aparentemente nos diz, certo?

Mas há um ponto de atenção importante aqui: ao nos transformarmos em "generalistas especializados", em vez de pensarmos em sempre ficar fora da caixa, precisamos colocar nosso generalismo dentro do conceito dos limites, para que, de fato, nossas ideias sejam efetivas.

Evan Williams, fundador do Twitter, Medium e Blogspot, explica muito bem como o ato de colocar limites e pensar "dentro" da caixa faz seu time de generalistas especializados ser mais criativo ainda. Ele usa a seguinte metáfora: "Pense nisso como uma tela em branco, em vez de outra que já tem algumas pinceladas. É muito mais fácil contornar as linhas e criar algo com base nessas limitações em vez de começar no vazio".

A verdade é que não existe uma receita clara para o equilíbrio entre liberdade e restrição, no processo criativo. Os líderes, obviamente, precisam estar atentos a não impor muitas restrições, porque quando uma tarefa criativa é muito restritiva, a motivação dos funcionários fica prejudicada: se o espaço dentro do qual as ideias criativas são geradas se torna muito pequeno, fica mais difícil formar novas conexões e descobertas inesperadas e vitais para a criatividade. Uma chave para fomentar a criatividade e a inovação em sua organização é encontrar um equilíbrio orquestrando diferentes tipos de restrições com a liberdade de navegar entre várias áreas do conhecimento.

Nisto, Elon Musk, um dos homens mais ricos do mundo, fundador e CEO da Tesla e da SpaceX, entre outras empresas, é um maestro: ele nos explica como isso funciona no seguinte trecho.

5.5 "Impor limites" com Elon Musk

> Quando entrevisto alguém para trabalhar em uma das minhas empresas, eu pergunto sobre os problemas que que tiveram que resolver em seus desafios anteriores, e como os solucionaram. Se a pessoa realmente foi quem resolveu o problema, ela será capaz de responder em vários níveis da pergunta, e ir até o fundo. Mas se elas ficarem travadas em algum nível da explicação, significa que essa pessoa não foi responsável pela resolução do problema. Quem realmente se esforçou muito para resolver um problema nunca o esquece. (Ep. 12 — Elon Musk. Min. 15.33 — 15.56).

Eu teria pavor de ser entrevistado por Elon Musk. Sério. Ficaria tão nervoso que provavelmente não iria fechar o olho no dia anterior à entrevista. Primeiro: como você se prepara para uma entrevista com ele? A mente do homem é indecifrável. Segundo: ele tem padrões altíssimos para seus colaboradores, até o ponto em que, após ser perguntado, em 2018, sobre por que 46 funcionários da Tesla foram trabalhar na Apple, ele respondeu: "Quando as pessoas não são boas o suficiente para a Tesla, vão para a Apple". Confiança ao extremo! Mesmo que se eu passasse na entrevista e fosse trabalhar em alguma de suas empresas, teria que me confrontar com as altíssimas expectativas.

Ele é famoso por dizer que trabalha a cada hora que está acordado, e sua produtividade está entre as mais altas já vistas em qualquer outro ser humano — sendo CEO da Tesla e da SpaceX ao mesmo tempo e constantemente se envolvendo em outros projetos. Reza a lenda que nas épocas mais corridas na Tesla, ele dorme apenas algumas horas na fábrica, para não perder tempo indo para casa.

Acho que isso é exagerado e pouco saudável, e Elon teve ao longo do tempo vários problemas de saúde, incluindo transtornos emocionais. Quem lembra dos *tweets* erráticos que ele manda de vez em quando, alguns dos quais lhe causaram até problemas com as autoridades americanas (e uma multa salgada para a Tesla!)?

2018 foi um ano duríssimo para ele: após vários problemas com a Tesla, que a fizeram perder muito valor de mercado (recuperado posteriormente, em 2020), ele deu uma entrevista muito pessoal ao New York Times, onde admitiu estar esgotado emocionalmente. Não conseguia dormir sem remédios tarja preta e alguns de seus amigos estavam profundamente preocupados com sua saúde. Convenhamos: não tem bilhões de dólares que comprem a sua saúde, não é?

Mas essa hiper-produtividade, quase comparável à produtividade de robôs e Inteligência Artificial, o que o faz ser chamado de "Homem de Ferro da vida real", é transferida — em termos de altíssimas expectativas — para suas equipes, incluindo em forma de prazos impossíveis.

No livro "Elon Musk: Como o CEO bilionário da SpaceX e da Tesla está moldando nosso futuro", escrito por Ashlee Vance, um ex-funcionário conta que os prazos na Space X são irrealizáveis.

Kevin Brogan, que trabalhava com ele na época, conta que, em 2003, os prazos para um motor da SpaceX eram não só otimistas, mas simplesmente fora do alcance. "Elon pode ser um mentiroso quando precisa que as coisas sejam feitas rapidamente. Ele vai escolher os prazos mais agressivos possíveis em um cenário onde tudo aconteça sem imprevistos, e depois os acelera ainda mais, cobrando todo mundo a trabalhar mais duro". Isso gera estresse enorme nas equipes, ao mesmo tempo que gera resultados incríveis e surpreendentes — alcançando o que é chamado de *self-fulfilling prophecy*, ou seja, profecias autorrealizadas, quando você meio que "inventa" algo que de fato se realiza justamente porque você o inventou. Um exemplo? Anos atrás, durante a época do Carnaval fizemos um experimento no Tinder, um teste de notificação *push* onde sugeríamos correr para o app porque tinha 3x mais atividade de usuários naquele momento e, consequentemente, maiores chances de ter *matches*, quando na realidade tudo estava em atividade normal. Contudo, a notificação conseguiu aumentar tanto a abertura do *app* por parte de novos usuários que isso nos levava a atingir um resultado próximo a 3x mais: a profecia se autorrealizava.

É o mesmo mecanismo no caso dos prazos impossíveis! Você inventa que é possível e depois puxa os times a ponto de realizar a atividade dentro do prazo, ou muito perto dele. Esse otimismo louco de Elon Musk me lembra o que era chamado de "campo de realidade distorcida" de Steve Jobs: eles conseguem fazer as pessoas realizarem feitos que, até o momento anterior, pareciam impossíveis.

Existe uma lei atrás disso: a lei de Parkinson, que diz que o volume de trabalho se expande até ocupar o tempo disponível para sua finalização. Essa lei apareceu pela primeira vez em uma coluna da revista *The Economist* em 1955, e vou confessar: é a mais pura verdade.

Sabe quais são os principais fatores que estão por trás da procrastinação? A falta de *deadlines* claras e prazos. Limites, como falamos anteriormente! Pelo menos, comigo funciona assim e é o motivo pelo qual me dou prazos — mesmo se os clientes não pedirem! É o motivo pelo qual às vezes eu desconectava meu computador da tomada com 20% de bateria e colocava na minha frente uma página do Word em branco para completar um capítulo desse livro... acredite, eu produzia o dobro!

Termos recursos infinitos, ou mais tempo à disposição para pensar e criar, não nos faz necessariamente mais criativos nem mais produtivos. Em muitos aspectos, isso tem o efeito contrário!

E isso não vale apenas para nossa criatividade ou capacidade de resolução de problemas, mas por tudo na vida — até para nossas emoções. Quando não estabelecemos limites claros na vida e no trabalho, podemos acabar presos pelas restrições que os outros nos impõem e, como consequência disso, perdemos nossa criatividade e inventividade.

CAPÍTULO 6
Intuição e *Big Data*: os dois Lados da Tomada de Decisão

> Nós temos esses 3 sistemas (de tomada de decisão: Aleatório, Estruturados e Sistêmico), e se você tivesse que tomar uma decisão agora e escolher um sistema, você escolheria talvez o sistema analítico, porque ele exige menos esforço. Só que, como eu disse, ele não funciona dessa forma: a gente não consegue escolher qual sistema vai usar (...) Se a gente fosse capaz de escolher, não iria escolher relacionamentos tão mal às vezes. (Ep. 49 — Ricardo Cappra. Min. 13.55 — 14.20)

Vou começar te fazendo uma pergunta: você ama seu parceiro, ou sua parceira?

No caso dos solteiros e solteiras, você ama seu pai, sua mãe, seu irmão — e assim por diante?

Imagino que você responda que sim. Mas convenhamos que essa pergunta era bem fácil de se responder.

Agora, tenho mais uma pergunta para você: te peço uma métrica que prove isso, um número, um dado concreto. Tem? Você provavelmente não vai conseguir achar, porque esse é um tipo de decisão que não necessariamente é movida a dados: é, aparentemente, irracional.

O paradoxo é que mesmo no mundo atual de *Big Data*, muitas vezes tomamos decisões assim.

Mas o fato de termos mais dados garante que tomemos melhores decisões? Não necessariamente.

Você já teve aquela sensação de entrar num supermercado, olhar para todas aquelas prateleiras cheias e não se decidir sobre o que comprar? Ou, navegando na Amazon, onde tem tanta opção diferente de modelos, cores, marcas, por quaisquer produtos que você esteja querendo?

Comigo, isso sempre acontece quando estou na frente das prateleiras de cervejas nos supermercados dos Estados Unidos: é tanta opção que fico meia hora indeciso, e quase sempre saio de lá comprando a mesma marca da última vez.

Tenho certeza de que já aconteceu com você também, e não só no mercado, mas nos negócios também. Temos cada vez mais dados com base nos quais tomarmos decisão, mas nem sempre esse processo será mais rápido ou mais assertivo. Às vezes, ocorre até o contrário.

Esse fenômeno de paralisia diante das opções é o que chamamos de "Paradoxo da escolha". Com ele, o psicólogo Barry Schwartz demonstrou o impacto do que ele chama de *choice overload*, ou "sobrecarga de escolhas": ter opções demais reduz a probabilidade de que seja feita uma escolha, assim como reduz a convicção de que a escolha que fizemos seja a mais certa. Vivemos angustiados em meio à abundância de dados.

Vivemos uma verdadeira *infoxicação*, resgatando um termo utilizado por Ricardo Cappra, cientista de dados e professor da PUC-RS. Ou seja, intoxicação de informação.

Qual é a correlação entre esse volume de dados em aumento exponencial — considere que na última década foi gerado 90% de todos os dados existentes desde o começo da humanidade — e a dificuldade em tomar decisões? Tudo que achávamos até agora era justamente que, quanto mais dado, melhores decisões. Não é isso que aprendemos?

A verdadeira relação entre dados e tomada de decisão é determinada pela seguinte constatação: dado não significa informação, e informação não significa *insight*.

Com muita frequência, as palavras "dados" e "informações" são usadas de forma intercalável, mas não significam a mesma coisa. A chave está no conceito de matéria-prima, que nos ajuda a entender como os dados e as informações interagem: dado é a matéria-prima, é áspero, não cortado, não filtrado e não refinado, como um diamante sujo recém-extraído. Computadores não têm problemas em trabalhar com milhões de linhas de dados não classificados que parecem incompreensíveis aos olhos humanos: uns e zeros, em sua forma mais básica. Já para a gente, dados sozinhos aparentemente não significam nada em si. Uma vez que processamos os dados e adicionamos contexto, o resultado é a informação, que é própria para consumo humano. Ela contém significado e contexto para que possamos compreender seu propósito e implicações; ou seja, é algo que entendemos olhando de fora.

Vamos pegar como exemplo um mapa de referência de GPS, começando com os dados recebidos do posicionamento de satélites. Supondo que você não tenha conhecimento de coordenadas de mapeamento, os números de referência de GPS não diriam muito para você sobre onde está localizado: ou você sabe me dizer rapidamente qual lugar no mundo corresponde às coordenadas 44° 20' 42 N de latitude e 8° 32' 48 E de longitude, sem recorrer ao Google? (Spoiler: é Celle Ligure, vilarejo na Itália onde cresci.). Agora, abra o Google Maps e essa referência de GPS será transformada em um alfinete em um mapa: essas, sim, são informações que você pode entender.

Quando os dados se tornam informações, ficam mais palatáveis para nós. A informação em si só porém não nos dá um ponto de referência para uso em análises mais amplas: por exemplo, o alfinete de mapa só não nos diz como encontrar o caixa eletrônico mais próximo sem processamento adicional, ou não relata quantos acidentes de trânsito ocorreram em um determinado cruzamento durante o último ano, a menos que solicitemos ativamente a resposta. Esses são os *insights* que precisamos para tomar melhores decisões.

Qual a implicação disto tudo? Que mesmo achando que quanto mais dados, melhor, o segredo de tudo está no uso que fazemos dos dados!

Essa falta de entendimento proporciona vários momentos com alto grau de ambiguidade durante as etapas de um processo de tomada de decisão, que nos fazem errar com frequência. Quais são as etapas de um processo decisório, e onde mais falhamos nelas?

1. **Identificação do problema:** como iremos tomar uma decisão se nem conhecemos o problema? Cometemos esse erro muito mais do que imaginamos, por falta de pensamento crítico;

2. **Coleta de dados:** também costumamos errar muito nessa etapa, por confundir dados com informações, ou por compararmos dados e métricas diferentes;
3. **Identificação das alternativas:** é tarefa nossa abrir o leque de opções através de inventividade e criatividade, enquanto muitas vezes erramos ao resgatar só algumas alternativas do passado (porque já funcionaram) ou descartarmos outras (porque não funcionaram);
4. **Escolha das alternativas:** é preciso traçar possíveis cenários para cada alternativa, como forma de se preparar para mudanças no cenário, e não se apegar a uma alternativa só. É limitante se apegar a uma alternativa apenas, mas o fazemos por um "vício" de controle, ao mesmo tempo que temos que ter claro o custo das alternativas que excluímos;
5. **Decisão e acompanhamento:** o processo não termina quando tomamos a decisão, mas continua em andamento constante, até porque podemos (e devemos!) ajustar a decisão enquanto o cenário muda. Para isso, precisamos constantemente coletar o *feedback* do mercado ou do mundo externo e atualizar nossas decisões.

A consequência disso tudo é: nossa habilidade de tomada de decisão está limitada e o processo é falho, principalmente nas empresas.

É o que demonstra a pesquisa Leaders 2020, da SAP e Oxford Economics, ao relatar que apenas 55% dos executivos estão tomando decisões baseadas em dados, e apenas 43% em tempo real. Essa é uma trava imensa! A tomada de decisões deve ser distribuída por toda a organização, e não concentrada em apenas alguns grupos de pessoas. De acordo com um estudo da Forrester, para cada hora que uma equipe de produto gasta em trabalho, outros 48 minutos são perdidos na espera por decisões. Isso equivale a mais de 3,5 horas de "tempo de espera" em um dia de trabalho médio de oito horas. Algum nível de otimização é possível tornando o processo de decisão mais ágil (eliminando dependências, e processamento paralelo), enquanto outros podem ser obtidos por menor hierarquia na organização.

Isso deve ser aliado aos investimentos em tecnologia para facilitar a acessibilidade das informações necessárias para a decisão final.

Mas não é apenas o problema de confundir dados com informações que está atrás dessa dificuldade no processo de tomada de decisão hoje nas empresas. Existem múltiplas razões pelas quais tomamos decisões tão ruins, entre quais: o fato de acreditarmos que a tomada de decisão seja um processo puramente racional e baseado em dados, enquanto a verdade é que a intuição é fundamental como complemento também; que é mais fácil olhar para dados do passado do que dados do presente, e por isso nós não aproveitamos ao máximo os dados em tempo real, e ficamos reféns do passado; que acreditamos que, para tomar decisões, temos que ter o controle de todas variáveis; e que avaliamos as alternativas apenas baseadas no valor das que escolhemos, mas o quadro completo contempla o custo das alternativas que não perseguimos.

Ou seja, já notou que existem várias crenças erradas sobre o processo de tomada de decisão no mundo Digital que precisamos desmistificar, começando pelo fato que o processo de tomada de decisão é visto como um processo puramente analítico, racional, baseado em dados por uma herança da revolução científica.

Mas o paradoxo do mundo digital é que nossa intuição se tornou ainda mais importante do que antes e serve de complemento (importantíssimo) ao lado racional (que permanece relevante). Veja o que Tim Cook, CEO da Apple, nos conta sobre intuição nesse próximo trecho.

6.1 "Intuição" com Tim Cook

(ENTREVISTADOR) Intuição é algo com que você nasceu, ou é algo que você desenvolveu ao longo de sua carreira ao refinar seus instintos? (TIM COOK) Eu acho que é mais da segunda. Eu não acho que você nasce com intuição, eu acho que a intuição amadurece e fica cada vez melhor ao longo do tempo, e o desafio que a maioria das pessoas enfrentam é aprender a ouvir a sua intuição, e descobrir como acessá-la de alguma forma. No meu caso, o que descobri foi que, embora eu seja engenheiro e uma pessoa analítica, as decisões mais importantes que tomei não tiveram nada a ver com isso. Elas sempre foram baseadas na intuição. Ir para a Apple é um excelente exemplo: me lembro de fazer uma lista de prós e contras e não consegui fazer o gráfico funcionar da maneira que eu queria. Porque eu queria algo que me dissesse: "Você deveria ir para a Apple", mas nada

> chegava nessa conclusão. Não havia razão financeira que me dissesse que eu tinha que ir para a Apple. Conversei com pessoas em quem eu confiava que me conheciam e elas disseram: "Não é isso que você deve fazer". Não foi fácil. As pessoas diziam "Você é louco! Está trabalhando para a principal empresa de computadores do mundo. Como você pôde pensar em fazer isso? Você perdeu a cabeça". No entanto, essa voz dentro de mim dizia: "Vá para o Oeste, meu jovem. Vá para Costa Oeste. (Ep. 24 — Tim Cook. Min. 29.19 — 31.03)

O filósofo inglês John Locke, que viveu no século XVII, conhecido por ser um dos pais do liberalismo e autor da teoria do contrato social que governa a relação entre estado e sociedade, é também famoso por sua análise filosófica do conceito de intuição.

No *"Essay Concerning Human Understanding"*, publicado em 1690, ele criou um modelo para mapear as fronteiras da intuição, no qual a coloca entre a percepção sensorial e a demonstração. Segundo ele, existem 3 tipos de conhecimentos: o primeiro é justamente o conhecimento intuitivo, que envolve o reconhecimento direto e imediato da concordância ou discordância de duas ideias (por exemplo, eu consigo saber de forma intuitiva que um cachorro não é o mesmo que um elefante); o conhecimento demonstrativo, quando percebemos concordância ou discordância por meio de uma série de ideias intermediárias e raciocínio lógico (por exemplo, sei que A é maior do que B, e que B é maior do que C, portanto, sei demonstrativamente que A é maior do que C); e por último o conhecimento sensorial, quando percepções são causadas por coisas existentes, mesmo quando não sabemos o que causa essa percepção dentro de nós (por exemplo, eu sei que há algo produzindo o cheiro que posso sentir, mas não sei do que isso se trata).

Entendemos que intuição não se trata nem de demonstração, nem de percepção sensorial. Mas o que é intuição, então?

Vamos para uma primeira definição acadêmica. Intuição é a "faculdade ou ato de perceber, discernir ou pressentir coisas, independentemente de raciocínio ou de análise". Em termos filosóficos, outra definição é a "forma de conhecimento direta, clara e imediata, capaz de investigar objetos pertencentes ao âmbito intelectual, a uma dimensão metafísica ou à realidade concreta". Muitas vezes é até atrelada a uma "imediata comunicação espiritual".

É difícil tangibilizar, não é? Essa é exatamente a essência da intuição, mas a boa notícia é que a ciência pode nos ajudar a entender melhor de onde vem a intuição — o que é fundamental para sua maior aceitação no mundo dos negócios: uma pesquisa recente da Smith School of Business, intitulada *Intuition in the Age of Big Data* (em tradução livre "Intuição na era dos dados"), aponta que a maioria dos líderes sente que precisa usar mais da própria intuição na hora de tomar decisões: dos 250 líderes entrevistados, 52% disseram que confiam demais em dados e análises ao tomar decisões, e não o suficiente em sua intuição.

Como funciona a intuição em um nível científico?

Vamos começar com a premissa de que o cérebro humano está programado para identificar padrões. O cérebro não só armazena informações na medida que entram, mas também armazena *insights* e aprendizados de experiências passadas. A intuição não é algo "do momento", mas se desenvolve ao longo da vida inteira (até por isso Tim Cook diz que dá para treinar, sim!): cada interação e experiência que temos com o mundo externo é categorizada em sua memória, a partir da sensação que ela gera, e a intuição se alimenta dessa memória profunda para te ajudar a tomar decisões em tempo real.

Percebe que a chave para desenvolver e treinar a sua intuição é justamente ter múltiplas e variadas experiências, e não só rotinas, para que de fato você ajude sua intuição a ser mais assertiva?

Em outras palavras, nossas decisões intuitivas são, de alguma forma, baseadas em dados! Quando identificamos padrões de forma subconsciente, o corpo começa a disparar sinais neuroquímicos para o cérebro. Esses marcadores somáticos nos dão aquela sensação de que algo não está certo: quem nunca teve essa sensação física (muitas vezes no estômago), como se fosse um sexto sentido? Esses processos automáticos são mais rápidos que o pensamento racional, e isso os faz fundamentais quando precisamos tomar decisões rápidas sob informação incompleta. Lembra da pesquisa da Forrester mencionada acima, que aponta todo o tempo perdido nas empresas esperando decisões?

No momento atual de aceleração, devido à combinação da transformação digital e crise do Covid-19, não podemos permitir nada disso.

Por um momento, se imagine sendo o piloto de um avião cujo motor entra em pane logo após a decolagem — algo como o que ocorre no filme "*Sully: o herói do Rio Hudson*", protagonizado por Tom Hanks e baseado na história real do vôo US Airways 1549, que fez um pouso de emergência no rio Hudson, em Nova York, em 2009. Para quem não assistiu ainda, recomendo muito, pois traz muita reflexão legal sobre tomada de decisão em momentos de crise.

O avião entra em pane pouco após a decolagem e perde a propulsão dos dois motores. Diante disto, e da necessidade de tomar uma decisão imediata (o tempo à disposição para essa decisão é muito curto, e as variáveis são demasiadas para serem analisadas todas), o piloto descarta manobras de voltar para o aeroporto de partida, assim como de ir para outro aeroporto, mas segue o instinto e acaba salvando todos ao decidir pousar no rio Hudson. Após o incidente, mesmo que celebrado como herói pelos passageiros e pela imprensa, por ter salvado a vida de todos os passageiros e tripulantes, o Capitão Sully é duramente acusado por oficiais da aviação e é investigado internamente. Durante a interrogação, lhe é perguntado: "Vamos falar sobre como calculou esses parâmetros (para tomar a decisão de pousar no rio)" e ele responde de forma cândida: "Não havia tempo para calcular. Confiei em minha experiência em lidar com altitude e velocidade em milhares de voos ao longo de quatro décadas". "Está dizendo que não fez as contas?", retrucaram eles. Aí ele responde com "Eu estimei", deixando os especialistas sem acreditar no que ouviam.

Esse trecho nos faz refletir sobre a necessidade que o líder tem, em momentos de crise ou mudança externa drástica de condições, de tomar uma decisão rápida baseada na intuição: muitas vezes não temos nem o tempo hábil para acionarmos a "parte devagar" de nosso cérebro.

Qual parte mesmo, Andrea?

O prêmio Nobel Daniel Kahneman teorizou no livro "Rápido e Devagar", de 2002, a existência de dois lados do cérebro, um mais racional e lento e outro mais intuitivo e rápido, e em 2018, ele abordou o tema da intuição em uma palestra que me chamou particularmente atenção. Nela, Kahneman diz que "Intuição é pensar que você sabe, sem saber porque sabe". Isso nos dá confiança, mas confiança não é um bom indicador de precisão. De acordo com Kahneman, a intuição funciona quando três condições ocorrem: uma ordem clara, como em um jogo como o xadrez; muita prática; e se tem *feedback* imediato, ou seja, quando você sabe quase imediatamente se acertou ou errou.

Podemos achar que Kahneman seja um grande defensor da intuição, mas ele aponta grandes riscos se não criarmos os pressupostos certos para que ela funcione.

Nos negócios, nem sempre essas condições são cumpridas, fazendo com que o processo de tomada de decisão baseado em intuição se torne assustador. Mas, talvez, essa seja justamente a beleza do elemento humano.

Pulando para o fim do filme sobre Sully - sem *spoiler* -, ele e seu copiloto estão no tribunal da aviação tentando se defender: várias simulações com outros pilotos mostram que ele teria conseguido pousar, sim, em um dos aeroportos mais próximos, mas eles não o fizeram. É aqui que ele questiona: "'Claramente os pilotos da simulação foram instruídos a se dirigirem ao aeroporto imediatamente após o choque com as aves. Não consideraram o tempo para análise e tomada de decisão. Nessas simulações, vocês tiraram a natureza humana da cabine".

As circunstâncias externas são as que muitas vezes fazem com que as decisões racionais, lógicas e as feitas por computadores e máquinas estejam equivocadas, mesmo quando todas as variáveis são consideradas. É aqui que aquela pitada de intuição é fundamental, mas onde mergulhar no *Big Data* serve como complemento perfeito. É disso que o Bill Gates, cofundador da Microsoft, nos fala no próximo trecho.

6.2 "Radar do futuro" com Bill Gates

> A verdade é que se você achar uma ideia, que requer três ou quatro anos de melhoria, realmente aderindo pacientemente a ela, diria que somos muito bons nisso. Veja o caso do Windows, no qual apostamos nossas fichas. Todo mundo duvidava que isso seria bem-sucedido. A IBM não nos apoiou. Demorou mais do que esperávamos, mais de quatro anos para finalmente a interface gráfica ficar popular, e agora as pessoas a dão isso como garantido. Faz parte de todo PC, e qualquer pessoa hoje tem a expectativa que esteja lá. Esse foi um dos grandes sucessos da empresa. Da mesma forma que agora apostamos na internet, e que nossas ferramentas serão populares e que alguns desses negócios em que decidimos nos envolver nos tornarão grandes na Internet. (Ep. 5 — Bill Gates. Min. 3.42 — 4.18)

Se você ligar o carro e começar a dirigir olhando pelo retrovisor ao invés do vidro que está à sua frente, qual a chance de se acidentar? Altíssima. Você estaria indo para frente, mas olhando para trás. Iria provavelmente devagar, de forma torta, e realmente as chances de bater o carro seriam enormes.

Aqui trago uma provocação: será que a forma com que nós gerenciamos empresas é tão diferente de dirigirmos um carro olhando pelo espelho retrovisor? Já notou que a forma com que tomamos decisões sobre o rumo dos negócios têm como base o olhar para o passado?

Pense bem: analisamos nossos DREs, nossos balancetes, olhamos para métricas *Year-on-year* e *Month-on-Month*, comparamos a performance com o último trimestre, para poder acumular o máximo de informações... mas por que isso?

Primeiramente, essa é uma herança de um mundo analógico, onde os dados não chegavam em tempo real, o que, hoje, não se aplica mais. Existem, também, outras duas razões: primeiro, que dados do passado são mais fáceis de obter do que dados em tempo real, além de um fenômeno chamado "dependência da trajetória", que explica que tomamos decisões sobre o presente e o futuro com base em nossos sucessos do passado. Sim, eles nos influenciam!

Porém, em um mundo de *Big Data*, precisamos primeiramente aprender a aproveitar mais dados externos, do mercado e do cliente, e não só internos, do negócio em si. Isso é possível justamente graças a algo em que Bill Gates foi pioneiro: tecnologias digitais!

Diferente do mundo analógico, do qual herdamos o processo de tomada de decisão, o digital é um mundo de *Big Data*, onde a cada interação entre mercado e cliente acumulam-se informações relevantes — permitindo uma previsão muito mais assertiva do futuro baseada em modelos de dados e análises de comportamento.

Geramos tantos dados atualmente que alguns estudos estimaram que, se os armazenarmos em iPads, fazendo uma pilha deles, o total daria seis vezes a distância entre a Terra e a Lua. São 44 Zettabytes de dados no mundo, sendo que como mencionamos antes, 90% deles foram gerados na última década. Esse crescimento de forma exponencial veio, entre outros motivos, com o crescimento de *smart devices*, de *Internet of Things* e de práticas de Indústria 4.0.

O livro que melhor descreve a discrepância entre a necessidade de usarmos *Big Data* para prever o futuro e nossa prática de olhar para dados do passado para tomar decisões, é o "*Outside Insight*", do norueguês Jorn Lyseggen, que fundou a Meltwater, líder mundial de monitoramento de mídia e redes sociais. A tese diz que, à medida que nos baseamos em dados do passado para guiar nossas empresas, a abordagem passa a ser muito reativa — já que dados internos são resultados de eventos passados. O que precisamos é mudar o paradigma para incorporar análises em tempo real de dados externos, para mover o foco de "O que você tem feito" para "O que o mercado/seu cliente está fazendo", visando entender e antecipar mudanças nas condições de mercado em tempo real.

Chamo essa habilidade de *Radar do Futuro*, e acredito que seja uma das características essenciais de todo profissional na era digital.

Falando nisto, Bill Gates é provavelmente a pessoa que melhor representa esta qualidade! Ele é até considerado, por muitos, uma figura meio mística e lhe são atribuídas várias predições.

A primeira e mais incrível delas, devido ao momento atual que estamos vivendo, é que ele previu uma pandemia global em um TED Talk de 2015. Calma, ele não previu a pandemia em si, mas sim nosso total despreparo diante de uma. Nesta apresentação Bill Gates profetizou que a maior ameaça à vida humana será um vírus, declarando que estamos preparados para guerras, mas não para conter pandemias, como a do coronavírus, em 2020. Ele analisa o surto de Ebola em 2013, na África Ocidental (que inclusive tinha características de contágio mais fáceis de conter a respeito da COVID-19), e demonstra que, diante a falta de preparo que temos para lidar com pandemias, um próximo surto poderia custar milhões de vidas ao mundo e trilhões de dólares à economia global.

O mundo levou a sério essa "profecia" do Bill Gates? Podemos dizer que não.

Mas existem outras previsões assertivas que ele fez, a maioria concentradas em seu livro "*Business at the Speed of Thought*", de 1999. Quinze, em particular, se mostraram muito assertivas, entre as quais: sites de comparação de preços, *smartphones*, pagamentos on-line, Internet das Coisas, monitoramento doméstico on-line, redes sociais, mídia programática, sites de discussões esportivas ao vivo, segmentação de mídia, *QR Codes*, fóruns de discussão on-line (por exemplo, o Twitter), sites segmentados por interesses, softwares de gestão de projetos, sites de recrutamento on-line e softwares de comunidades on-line, entre outros.

Tudo isto nos parece óbvio, mas, em 1999, quem teria apostado em algo do tipo?

Será que o Bill Gates é o Oráculo de Delfi do Século XXI, ou apenas uma mente que cria modelos para prever o futuro de forma estatisticamente significativa? Mesmo que eu seja um grande amante da antiga Grécia, pendo para a segunda opção.

A mente de Bill Gates é algo tão racional e sofisticado que, como conta Melinda Gates, sua ex-esposa, no documentário sobre sua carreira na Netflix, ele desenhou uma análise de custo-benefício sobre se casar com ela na parede de seu quarto, a fim de considerar se devia pedi-la em casamento. Imagina quão romântico deve ser o Bill na vida sentimental!

A verdade é que não podemos realmente prever o futuro, mas podemos nos preparar para pensar criticamente a respeito de sinais e decisões com o objetivo de entender as interdependências entre as variáveis que impactarão esse futuro.

Para tanto é preciso ter tolerância à ambiguidade e aprender a tomar decisões sob informação incompleta. Jeff Bezos, da Amazon, diz que toma decisões com, no máximo, 70% de informação necessária, porque se ele esperar ter os 90% dela "estaria sendo lento demais".

É tolerância à ambiguidade que Bill Gates tem de sobra: no aniversário de 40 anos da Microsoft, em 2015, ele circulou um e-mail aos funcionários lembrando de como Paul Allen e ele tiveram, em 1975, a visão de colocar um computador em cada casa. "Era uma ideia louca e muita gente achava que fôssemos loucos por apenas imaginar isso". Ele teve visão mesmo quando a IBM não tinha a mesma impressão sobre internet e sistemas operacionais, como a Microsoft. Gates demonstrou alto grau de tolerância a risco ao desafiar as crenças do líder do mercado e ir pelo próprio caminho.

Você precisa continuar firme em sua visão, de forma até meio obsessiva, se quiser que o mundo acredite nela.

Será então que diante dessa discussão a pergunta certa a se fazer, para tomar decisões é "Como será o futuro"? Ou talvez devamos mudar a pergunta? Veja a que Amy Webb, futurista e CEO do *Future Today Institute*, tem a nos dizer sobre qual é o questionamento correto no seguinte trecho.

6.3 "Incerteza vs. risco" com Amy Webb

> Parece que hoje não podemos tomar decisões e que não podemos planejar nossos futuros. O problema aqui é que a incerteza é brutal. Temos que juntar a coragem para liderar nossas organizações no futuro com muitas incógnitas diferentes, onde incerteza não necessariamente significa risco. Às vezes, catástrofes são o catalisador da inovação. No momento, coletivamente, todos temos que estar dispostos a pisar no acelerador. Nosso objetivo não é mais fazer previsões: prever as próximas tendências tecnológicas, prever o que poderia acontecer em seguida, prever exatamente como será o mundo no futuro. Nosso objetivo é a preparação para o que vem em seguida. Portanto, precisamos nos fazer uma pergunta melhor a partir desse momento, e essa pergunta não é "qual é o futuro?", mas "quais são os futuros? (Ep. 21 — Amy Webb. Min. 3.00 — 3.57)

"Como será o novo normal?". "Como será o mundo pós-Covid?". "O que será de mim?". Nós todos fazemos essas perguntas, todos os dias. Isso é meio óbvio. Mas quero focar no motivo pelo qual nos questionamos dessa forma, tentando prever, adivinhar, chegando até a consultar gurus e cartomantes em momentos de incerteza. Por que isso?

Como seres humanos, somos emocionalmente viciados em certezas, e queremos acreditar que podemos controlar o futuro baseado nelas. "Vai ser desse jeito", adoramos falar quando achamos que temos dados, força computacional ou apenas simples confiança em nossas ideias para bater o martelo em decisões importantes. É uma pena, mas essa ilusão de controle nunca foi mais que apenas isso: uma ilusão. O cenário incerto até nos coloca a pensar se, por anos, não pecamos pela *húbris*, palavra de origem grega de uma época na qual o tempo ainda sabia correr lento, e que se traduz em português moderno como "arrogância"... afinal, por acreditarmos tão fidedignamente que a tecnologia era o necessário para prever o futuro, será que não nos colocamos a par das divindades às quais recorremos em nossos momentos de tensão?

Eu, de forma bastante convencida, diria que sim.

Para compreender esse conceito, imagine-se dirigindo um carro em alta velocidade, em uma pista gelada.

Sei que esse cenário não é dos mais brasileiros; considere então que você está dirigindo rápido numa estrada cheia de lama, como se estivesse no Jalapão. Você começa a escorregar e o carro ameaça perder o controle. A primeira reação é pensar: "se eu pisar no freio, vou ajustar o rumo", mas você precisa saber infinitas variáveis, como a grossura do gelo, a pressão dos pneus, o balanceamento, etc., para fazer isso de forma segura.

Para o azar do motorista, isso é humana e tecnologicamente impossível. Então, qual a melhor forma de reagir, em vez de pisar forte no freio? Conformar-se com o cenário de perda de controle e, mesmo que pareça errado, fazer o que é fisicamente certo: acelerar.

Em outras palavras, foque no que está acontecendo agora, mas olhe com atenção para o lugar aonde quer chegar e parar o carro — tendo em mente que informações como quanto tempo vai demorar para chegar ao destino ou como ele estará quando você chegar lá são dados que não poderemos ter. Não é nas surpresas que mora a arte de viver? Acelerar significa que, quando você virar o volante, o carro pode perder um pouco o controle e deslizar na direção oposta. Não precisamos ser pilotos de *rally* para saber isto, afinal, todos já dirigimos em lama, né?. Aí vamos ajustando, perdendo um pouco de controle, ajustando de novo na outra direção, e assim por diante; o que significa que provavelmente você vai ter mudar de ideia e de perspectiva muitas vezes ao longo do processo! Ao tomar muitas microdecisões instantâneas e incrementais, você não prevê o futuro, nem deixa com que ele simplesmente aconteça: VOCÊ O CRIA.

A crise de 2020 é exatamente igual a esse carro, acelerando fora do controle, e o motorista é o líder, é cada um de nós, cada qual a seu modo. Pela simples impossibilidade de controlar todas as variáveis, temos a sensação de não poder tomar decisões que nos preparem para os futuros.

Mas devemos à vida ter coragem para entender e acreditar que incerteza e imprevisibilidade não significam, necessariamente, risco. E também precisamos ter coragem para desapegar das previsões e, libertos das amarras do passado, nos prepararmos para o que está por vir, o que quer que isso seja.

Vamos abrir mão do controle. Pisar no acelerador. Desencanar. Até porque, cá entre nós, pense em quão chato seria um mundo perfeitamente previsível. Eu não o quero! E você?

Mas é normal ansiar pelo próximo capítulo, tá? Faz parte, e, inclusive, molda nossa visão do futuro. O grande ponto é que precisamos abraçar a incerteza do amanhã e entender que não somos a Sfinx, o Oráculo de

Delfos, Nostradamus, e que Jules Vernes e Isaac Asimov escreveram (brilhantemente) ficção quando falaram de máquinas de previsão de futuro.

Mas é no desconhecido e na incerteza que está o maior valor, e os arrogantes e sabichões serão as maiores vítimas de um mundo Digital repleto de variáveis e correlações ocultas.

Umberto Eco, grande escritor e meu conterrâneo, além de prêmio Nobel de Literatura, dizia que os livros não lidos de sua biblioteca tinham mais valor do que os lidos. O que não foi lido constituía uma riqueza muito maior. Para ele, sua "antibiblioteca", dos livros não lidos, deveria sempre ser maior que a biblioteca em si, mantendo-o em permanente contato com o reconhecimento do pouco que se conhece e se sabe.

Afinal, realmente pouco sabemos sobre essa crise, e só podemos dizer com certeza que o grande desastre não é *não poder mais prever o futuro*, mas não considerar, nos vários cenários que nos esperam, a nossa capacidade, tão exclusivamente humana, de criá-lo.

As companhias que não tinham se adaptado a esse novo padrão de pensamento sofreram com a chegada da Covid-19 e seus desdobramentos. Já as que entendem que não existe mais controle completo e reformularam o processo de tomada de decisão para um mais alinhado à imprevisibilidade do cenário atual conseguiram reagir mais rapidamente.

Carlos Brito, CEO da AB InBev, em entrevista para o podcast *HBR IdeaCast* da Harvard Business Review, foi perguntado pelo entrevistador Curt Nickish se essa incerteza foi difícil demais para se lidar. A resposta foi clara: "O que fazemos é focar nas variáveis que podemos controlar e, para o que não podemos controlar, criamos cenários e *trigger points* (gatilhos)".

A grande maioria das empresas tem a tendência de criar uma visão do futuro que se torne um dogma capaz de nortear todas as ações, dando a elas um significado. Contudo, será cada vez mais importante criarmos cenários diferentes e termos a adaptabilidade e rapidez de reação para desencadear as ações atreladas a um ou outro.

Mas em vez de apenas comparar cenários e tomar decisões baseados no que "ganhamos" ao perseguir um caminho, precisamos inserir nessa equação uma avaliação do que "perdemos" ao fazer uma escolha em detrimento de outra.

Para compreender melhor como tomar decisões de forma assertiva e completa, precisamos entender que cada decisão tem um custo. Tim Ferris nos explica melhor sobre do que se trata esse custo no seguinte extrato.

6.4 "Custo de oportunidade" com Tim Ferris

> É isso: não olhar apenas para os custos e riscos de uma ação, de fazer o que você está considerando fazer, mas de olhar para os custos e riscos de não agir, de ficar parado, de não mudar. Se você estiver considerando largar o seu emprego, pode olhar para todos os piores cenários e coisas terríveis que podem acontecer, e assim faz uma lista definindo variáveis específicas que possam dar errado, te causar ansiedade, depressão, medo, e assim por diante, o que for, ou até perda. O que você pode fazer em vez disso, já que isso é bem óbvio, é escrever uma lista semelhante e detalhada, e essa especificidade é importante, de todas as coisas que custariam para você, de todas as coisas que aconteceriam se você não mudasse de emprego. Se você ficar, por exemplo, na sua relação atual. Se você der um *zoom out*, e recomendo muito dar esse *zoom out* por períodos de tempo diferentes, o que isso vai te custar em 6 meses? Faça uma lista. Em 12 meses: quanto te custaria? Quanto custaria para as pessoas que você ama, e que se importam com você? 18 meses. 3 anos. Apenas escreva, para você, para as pessoas que você ama, para os outros, quanto que te custaria não agir. (Ep. 29 — Tim Ferris. Min. 18.03 — 19.31).

Pense na seguinte situação: você decide sair do aluguel e comprar um apartamento, sob o raciocínio de que, em vez de pagar aluguel à toa, melhor dar uma entrada em um apartamento liquidando alguns investimentos, e financiando o restante. O valor da parcela do financiamento daria mais ou menos o valor do seu aluguel atual, e aparentemente faz total sentido optar pela compra: pelo menos, fica com algo que é seu e pode alugar ou revender quando quiser.

Isso é o que pensamos logo de cara, tendo a certeza de que nosso raciocínio faz sentido. Só que sozinho, esse raciocínio não é certo nem é errado. É, simplesmente, incompleto.

Para que faça sentido, você tem que pensar em outras variáveis, como o rendimento futuro dos investimentos que vai liquidar, por exemplo. Você está abrindo mão de algo que rende, mas nem sempre estamos considerando este fator, e existem conjunturas econômicas, como taxas de juros altas, que demonstram que deixar dinheiro aplicado é melhor que dar entrada em um apartamento, pois a renda fixa rende mais do que a valorização do imóvel. Ou você poderia ter investido esse mesmo dinheiro num MBA que te permite concorrer a empregos que pagam melhor e, com ele, comprar um apartamento melhor no futuro e assim por diante. Existem inúmeras alternativas que podem fazer esse raciocínio totalmente errado, assim como outras que o tornam certo.

A cada decisão que tomamos de fazer algo, estamos abrindo mão de infinitas outras alternativas que poderíamos fazer com aquele recurso, seja tempo, conhecimento, dinheiro ou o que for.

Voltando ao exemplo do MBA, podemos refletir: o que fazer em vez de gastar 100 mil dólares em um MBA em Stanford? Essa é uma pergunta feita nos círculos de empreendedorismo, e muitos até sugerem não fazer um MBA e pegar o dinheiro que você potencialmente guardou para investir em *startups* e acumular mais conhecimento na prática.

Eu, pessoalmente, sou um defensor de MBAs (além de professor de um, na Fundação Dom Cabral!) porque, além de conhecimento, esse modelo de curso tem muitos outros retornos intangíveis, como *networking* e autoridade. Mas este é um exemplo concreto, que muitos de vocês podem estar vivendo nesse momento.

A essa altura do campeonato você já sabe que sou economista de formação e que me divirto ao aplicar as teorias econômicas que aprendi na faculdade ao meu dia a dia e ao meu trabalho, com o devido cuidado, claro, porque muito da teoria econômica é baseada na racionalidade do *homo economicus*, que toma suas decisões de forma 100% racional e com informação perfeita à disposição — e já vimos que não é esse o caso! Quando digo que aplico isso no dia a dia, é porque vivi esse dilema na pele recentemente. Deixa eu te contar.

Até o fim de 2019, eu tinha um cargo estável de Diretor em multinacional, na L'Oréal. Ganhava meu ótimo salário fixo, que me dava boa segurança, e levava a vida sem grandes preocupações.

Mas, alguns anos antes, dei os meus primeiros passos na carreira de palestrante, e ela estava indo cada vez melhor. Comecei a receber mais e mais pedidos de palestras, a ser representado pela DMT Palestras (agência de palestrantes), e esse negócio estava crescendo bastante para mim. Em 2019, por causa da minha agenda de executivo, tive que começar que declinar bastante demandas por impossibilidade de me deslocar até o lugar do evento: após alguns meses, parei para pensar o quanto permanecer no cargo na multinacional estava "me custando". Botei tudo na ponta do lápis e fiquei chocado ao ver que tinha meses em que eu literalmente perdia dinheiro por estar no cargo executivo. As palestras que eu recusava chegavam combinadas a ter um valor mais alto que o salário que eu ganhava.

À medida que isso ficava cada vez mais frequente, chegou a hora de ter que parar para refletir sobre "o custo de ficar no meu emprego atual", como o Tim Ferris fala. Já estavam começando a ficar claras todas as coisas das quais abriria mão, o que me enchia de medos: a estabilidade, o reconhecimento, a perspectiva de uma carreira, até colegas e mentores em quem me espelhar! Mas, quando parei para pensar nos custos de ficar no emprego, comecei a ver todos eles: não apenas a chance de ganhar mais, mas a oportunidade de ter mais tempo para estudar, focar nos meus projetos, conhecer a realidade de outras empresas, até de viajar. Certo dia, no meio de várias coisas acontecendo, tomei a decisão de me dedicar 100% à atividade de palestrante, e hoje, mesmo após uma pandemia que transformou o mercado de palestras, posso dizer que essa escolha se pagou em todos os sentidos.

O que eu fiz naquele dia? Fiz aquele *zoom out* que Tim Ferris recomenda e me perguntei: onde vou estar daqui a um ano, ou 5 anos, se eu ficar nesse emprego? Posso ser promovido, ganhar mais ou até ser expatriado.

Isso compensaria tudo que poderia conseguir em 5 anos como palestrante? Refleti muito, e decidi que não.

Por isso, tomei uma das decisões mais arriscadas e talvez estúpidas, sob muitos pontos de vista, da minha vida, mas hoje posso dizer que foi a melhor escolha possível.

Este livro não existiria se não tivesse tomado aquela decisão, então espero que você também esteja feliz que eu resolvi arriscar.

Até aqui trouxe vários exemplos e até contei da minha experiência pessoal. Mas qual é o mecanismo por trás do que Tim Ferris fala, e como impacta nossa tomada de decisão?

Esse mecanismo vem de um conceito da economia que chamamos de "custo de oportunidade". Já conhecia?

A definição de custo de oportunidade é "o valor da próxima melhor alternativa quando uma decisão é tomada". Ou seja, o custo mais alto entre todas as alternativas das quais você abre mão.

Vamos ser honestos: existe um grande problema que não dá para resolver — pois se fosse resolvido nós todos viveríamos uma utopia -, que é não podermos ter tudo o que queremos, na vida ou nos negócios. Aqui entra o conceito de escassez: nossos desejos ilimitados são confrontados por uma oferta limitada de bens, serviços, tempo, dinheiro, recursos e oportunidades. Essa escassez é a que impulsiona as escolhas — e, consequentemente, determina os custos de nossas decisões (vamos usar a palavra em inglês para isso, que é *trade-offs*).

Trade-off é justamente um compromisso que fazemos a partir de uma escolha. Por exemplo, gastar R$ 40 em uma salada em vez de R$ 25 em um prato de lasanha. Nesse caso, não é apenas um *trade-off* de dinheiro, mas de saúde.

Nossa tendência, porém, é focar nas compensações financeiras imediatas, mas as compensações podem envolver outras áreas de bem-estar pessoal ou profissional, a curto e longo prazo. Por isso temos que considerar não apenas alternativas explícitas — as escolhas e custos presentes no momento da tomada de decisão -, mas também as alternativas implícitas, que são custos de oportunidade "invisíveis".

Costumamos ter essa visão imediatista porque a maior parte das decisões que envolvem dinheiro é baseada no consumo imediato ou antecipado, e a emoção de consumir hoje é muito mais valorizada do que a ideia de consumir no futuro. É a natureza humana: ficamos impacientes, puxados pelo imediatismo de um benefício prometido em oposição a uma recompensa que possivelmente vai demorar anos para chegar.

Esse é o mesmo motivo pelo qual nas empresas tomamos decisões que nos recompensam no curto prazo (cujos resultados são muitas vezes atrelados aos nossos bônus e participações em lucros), mesmo que em detrimento da inovação futura e do resultado de longo prazo. É por causa disso que muitas vezes ficamos parados e não tomamos as decisões necessárias para o sucesso futuro, às vezes arrastando para frente produtos que não vendem, ou mantendo em vida unidades de negócio que só perdem dinheiro. Não tomamos decisões importantes sobre eles porque não vemos - ou não queremos enxergar! - as alternativas possíveis.

Darwin Smith, emblemático ex-CEO da Kimberly Clark, ficou conhecido por tomar decisões muito radicais — como vender a unidade de negócios de moinhos de papel e celulose para depois colocar todo o dinheiro dessa venda na unidade de bens de consumo, focando em marcas como Huggies e Kleenex. O resultado? Um crescimento do valor das ações da empresa de 39 vezes durante os 20 anos de liderança do Darwin Smith (de 1971 até 1991), comparado com um crescimento de 9 vezes do mercado como um todo. Foi o resultado de uma clareza muito grande do custo de oportunidade de manter o *status quo* na Kimberly Clark: ele via um *business* com potencial no futuro, o de bens de consumo, e outro sofrendo — e entendeu que deixar o dinheiro parado estava tendo um custo de oportunidade alto demais.

A pergunta que não quer calar: como estimar o custo de oportunidade? Que perguntas tenho que me fazer para encontrar esse custo? De fato, não existe uma cartilha de instruções para estimá-lo com assertividade, pois em muitos casos as alternativas são infinitas. Contudo, algumas perguntas ajudam na hora de tomar uma decisão sobre algo:

— Que valor dou a isso?
— Do que eu estou abrindo mão para ter isso agora?
— Do que irei abrir mão no futuro para ter isso agora?
— O que poderia fazer diferente com esse dinheiro?
— O que poderia fazer diferente com esse tempo?

A meu ver, essa última é talvez a pergunta mais importante, porque a cada decisão nós decidimos gastar nosso tempo de certa forma, e isso representa um enorme custo, já que o tempo é nosso recurso mais valioso.

No entanto, não se engane: pode parecer que a tomada de decisão é apenas um processo individual quando, na verdade, ele funciona melhor quando envolve mais pessoas, transformando-se em um processo coletivo.

Veja o que Ray Dalio nos fala a respeito de escolher as melhores ideias de forma coletiva, no próximo trecho.

6.5 "Meritocracia de ideias" com Ray Dalio

> Eu queria criar uma meritocracia de ideias. Em outras palavras, não uma autocracia na qual eu lideraria e outras seguiriam, e não uma democracia em que os pontos de vista de todos fossem igualmente valorizados. Mas eu queria ter uma meritocracia de ideias na qual as melhores ideias vencessem. (Ep. 13 — Ray Dalio. Min. 3.41 — 3.58)

Quando eu era mais novo, assinava uma revista chamada "Internazionale", que publicava, traduzidos em italiano, um compilado dos melhores artigos de jornais e revistas internacionais. Um dos meus colunistas preferidos era James Surowiecki, autor do livro "A Sabedoria das Multidões". Publicada em 2004, a obra argumenta que a agregação de informação em grupos resulta em decisões que são quase sempre melhores do que as que poderiam ser feitas por qualquer membro do grupo de forma individual, e apresenta numerosos casos e anedotas para ilustrar argumentos — recorrendo a diversas áreas do conhecimento, principalmente economia e psicologia, para fundamentar as opiniões de James.

A sabedoria das multidões é um princípio que nos diz que estimativas precisas podem ser obtidas combinando os julgamentos de diferentes indivíduos. Este princípio tem sido aplicado com sucesso para melhorar, por exemplo, previsões econômicas, diagnósticos médicos e previsões meteorológicas, e surgiu a partir de um artigo do pesquisador britânico Francis Galton, no periódico científico Nature, em 1907.

Nesse artigo, Galton descreve uma competição de avaliação de peso de gado em um evento na Inglaterra. Utilizando 800 bilhetes com estimativas dos participantes, descobriu que o julgamento médio das avaliações foi de 1.197 libras, enquanto o valor verdadeiro do peso do animal era 1.198 libras. Desde então, resultados semelhantes já foram observados em uma ampla gama de experimentos.

Em resumo, para uma boa decisão, a média das avaliações de várias pessoas continua sendo a melhor abordagem; ou seja, "Duas cabeças (ou mais) são melhores do que uma". Quais as implicações disso?

Primeiramente, precisamos fomentar a colaboração em empresas para poder dar à tomada de decisões mais assertividade. Você pode contra-argumentar que, quanto mais pessoas envolvidas no processo de decisão, mais burocrático ele vai se tornar, e mais tempo será gasto para que se chegue a um consenso — mas não necessariamente é assim, se você tiver métodos para isso.

Veja o que Ray Dalio nos conta sobre a meritocracia de ideias, onde cada colaborador tem uma nota igual para decidir sobre projetos. Também é possível estruturar as equipes em formatos ágeis. É verdade que em empresas tradicionais, que trabalham em hierarquias, um processo de tomada de decisão coletiva pode demorar mais em relação a um veredito individual, frequentemente relegada aos altos escalões da companhia, mas, seguindo novos formatos, conseguimos acelerar esse processo de forma coletiva.

Em específico sobre a meritocracia de ideias, como funciona? Do que se trata? Vamos começar pelo que não é: não é nem uma autocracia, nem uma democracia. Aqui é importante resgatarmos referências de grego antigo para nos explicar melhor do que estamos falando. Autocracia, meritocracia e democracia tem o mesmo sufixo: *kratos*, ou seja, "poder". A diferença entre essas palavras é quem detém o poder: *autos* é de si mesmo, e apenas uma pessoa detém o poder em uma autocracia. Democracia é o poder do povo, a partir de *demos*, povo. E meritocracia combina o prefixo latim *meritum*, que de forma bastante óbvia significa mérito!

Vamos por partes: qual o problema inerente de uma autocracia de ideias nos negócios? Caso o líder tome uma decisão errada, a empresa inteira vai afundar com ele. Outro grande problema é que um sistema desses rapidamente desmotiva os colaboradores mais engajados e participativos, por não terem voz e se perguntarem qual é seu papel, afinal.

O problema de uma democracia de ideias nos negócios é que, se não for bem estruturada, gasta-se muito tempo de reação, ao envolver todo mundo no processo de decisão.

Na meritocracia de ideias, as coisas funcionam de forma diferente.

Em seu livro "Princípios", Ray Dalio explica como cada ideia que qualquer pessoa do time traz à tona é avaliada com nota pelo resto da equipe, de forma transparente e igualitária (o voto de cada pessoa, independentemente da senioridade, tem o mesmo peso), o que leva a uma cultura onde as grandes ideias ganham — que afinal é tudo que queremos.

Já que é só assim, acelerando o processo de tomada de decisão mesclando *Big Data* e intuição, incorporando os custos de oportunidade e fazendo isso tudo de forma mais colaborativa possível, que conseguiremos tomar decisões mais assertivas na vida e nos negócios, em um mundo *real-time* que não tem mais paciência com os procrastinadores.

CAPÍTULO 7
Pensamento Crítico para Inovar e se Reinventar

> As pessoas não têm pensamento crítico suficiente. O pensamento crítico é uma habilidade escassa, onde as pessoas acreditam que muitas coisas são verdade por parecerem que são verdadeiras, mas sem base suficiente para essa crença. Portanto, é muito importante que as pessoas analisem de perto o que é supostamente verdade, e tentar dizer: 'Vamos analisar as coisas a partir dos princípios fundamentais, não por analogia ou por convenção'. Se você acha que as coisas são verdadeiras por convenção, que é realmente o que a maioria das pessoas faz, é difícil ter ideia de como elas podem ser melhoradas. (Ep. 12 — Elon Musk. Min. 3.11 — 3.56).

Qual é, desde sempre, o grande gargalo da indústria aeroespacial?

Se você responder que é o custo do foguete, estará correto.

A grande questão em si, porém, é entender por que o custo do foguete sempre representou um gargalo. Não é pelo custo em si, mas por não ter tecnologia de pouso, que faz com que, a cada missão, os engenheiros precisavam construir um foguete novo, assim como um novo veículo de lançamento, e isso representava uma enorme barreira ao aumento do número de missões espaciais, assim como a projetos de exploração privada do espaço.

Há anos, o Elon Musk tinha a ambição de fazer voos comerciais para o espaço através da Space X, empresa de tecnologia aeroespacial que ele fundou, e ficava quebrando a cabeça para entender de que forma poderia viabilizar e baratear de forma inovadora a ida de clientes particulares ao espaço.

Dentre as opções para quebrar esse gargalo estavam:

— comprar foguetes mais baratos em países como Rússia ou na China, para aumentar a própria frota a um custo mais barato;
— melhorar a eficiência da tecnologia atual da SpaceX de forma marginal e constante, para viabilizar a ida ao espaço daqui a algumas décadas;
— repensar toda a engenharia dos foguetes e desenvolver internamente uma solução inovadora de pouso para os foguetes, permitindo que eles sejam reutilizáveis.

O mais simples teria sido perseguir as duas primeiras opções, mas hoje sabemos que Elon Musk foi na terceira — e assim transformou a indústria aeroespacial a partir de 2015, quando a Space X pousou com sucesso um foguete Falcon 9 em Cape Canaveral, Florida, no mês de dezembro.

Não foi pensando por analogia, não foi pensando por convenção, mas foi usando o pensamento crítico.

A NASA também merece muito crédito pelo trabalho pioneiro em voos espaciais usando tecnologias reutilizáveis. O *space shuttle* foi o primeiro sistema de lançamento parcialmente reutilizável do mundo, com o orbitador e os impulsionadores de foguetes sólidos capazes de voar novamente após manutenção e reforma. Mas não era barato — uma estimativa assertiva é de cerca de US$1,5 bilhão por lançamento. Mais tarde, na década de 1990, a NASA financiou o programa Delta Clipper para testar decolagem e pouso vertical: fez 12 lançamentos de DC-X reutilizáveis na White Sands Missile Range no Novo México, atingindo uma altitude de 3 km, mas o programa foi cancelado em 1996, após um acidente e por falta de financiamento.

Com o Falcon 9, a SpaceX comprovou e popularizou o conceito de lançar e também pousar verticalmente um foguete. Com a experiência do *space shuttle*, a SpaceX aprendeu que não era suficiente construir um foguete reutilizável; um veículo de lançamento também precisava ser reutilizável rapidamente, e por um custo menor. Hoje, embora o Falcon 9 seja menor e tenha menor capacidade do que o *shuttle*, seu custo por missão é substancialmente inferior: está na casa de US$50 milhões, ou seja, 3% de um voo do *shuttle*.

Mas do que se trata, esse pensamento crítico que Elon Musk diz ser tão escasso?

Não é fácil achar um consenso sobre a definição de pensamento crítico, ao ponto que segundo a *"Stanford Encyclopedia of Philosophy"* existem pelo menos 14 definições acadêmicas diferentes — mas num esforço de simplificação, podemos dizer que se trata de um processo de raciocínio focado, cuidadoso, e onde não se pula rapidamente a conclusões apressadas e óbvias, sem usar o julgamento (não importa o quão forte a evidência), e onde nem sempre se aplica um raciocínio lógico e linear.

O interessante é que um relatório da McKinsey do título *"Soft Skills for a Hard World"* reforça a tese do Elon Musk de que pensamento crítico está em falta: 37% dos recrutadores entrevistados apontam ao pensamento crítico ser o *soft skill* mais em falta entre os candidatos atuais, ao mesmo tempo que o estudo da Economist Intelligence Unit *"Driving the Skills Agenda: Preparing Students for the Future"*, patrocinado pelo Google, aponta ao fato pensamento crítico está no top 5 habilidades dos colaboradores do futuro, junto a habilidade de resolver problemas (que é o número 1, com 50% dos respondentes apontando para a importância dele).

Está evidente, então, que existe um grande *gap* aqui a ser preenchido. Isso é fato.

A verdade é que pensamento crítico é a semente da inovação. É com ele que nós conseguimos abordar problemas complexos e resolvê-los de forma inovadora — igual Elon Musk fez ao longo dos anos primeiro no setor financeiro com PayPal, depois no mercado aeroespacial com Space X, no setor automotivo com a Tesla e, hoje, no setor da neurotecnologia, com a Neuralink. Ele se liberta dos pensamentos com base em dedução lógica, analógica ou convenção, ao ir a fundo e pensar, resgatando seus estudos de física, em princípios e evidência empírica — assim como é fundamental fazermos nos dias de hoje, diante de um mundo digital cuja exponencialidade nos apresenta novos problemas constantemente e, ao mesmo tempo, pede novas formas de resolvê-los.

Se Musk tivesse pensado por analogia, nunca teria lançado o Falcon 9, já que, se tivesse olhado ao redor e se comparado com o que já existia, teria visto apenas imagens de vários foguetes explodindo — inclusive, um amigo chegou a lhe mandar um vídeo compilando desses foguetes explodindo, para dissuadi-lo de investir em um projeto tão louco. Sabemos que ele não o ouviu, mas ele foi lá e fez (assim como, provavelmente, se desfez da amizade).

É tentador pensar de forma lógica: "Se A, então B". Alguns exemplos desse raciocínio por dedução lógica podem ser: "Se não existe nenhuma tecnologia para isso, significa que não tem como fazer" ou "Se eu for tentar, vou fracassar porque todo mundo fracassou até agora". O problema é que essas equações não se aplicam em muitos casos — a verdade é que se aplicam cada vez menos nesse mundo complexo e em rápida mudança, por um motivo simples: não conhecemos, e não temos controle de todas as variáveis. Nós não sabemos com clareza os "As" da nossa equação nesse cenário interconectado e de correlações ocultas.

Além disso, a dedução lógica funcionava em um mundo linear, mas não necessariamente funciona hoje em um mundo exponencial.

Ou seja, "Cartesio está errado".

Não sou o único que diz isso: Antônio Damásio, neurocientista e escritor português, até deu esse título a um de seus livros.

Por que Cartesio, nome em latim de René Descartes, filósofo, físico e matemático francês, está errado? O que ele fez de mal, pobre Cartesio?

Foi ele que famosamente disse *cogito ergo sum*, que significa "penso, logo existo", e com isso deu vida ao pensamento racional da Idade Moderna e, de alguma forma, ao pensamento científico. Por um lado, isso é ótimo, porque a frase introduz o elemento da dúvida no processo científico, mas, por outro lado, temos que entender que o raciocínio linear, analógico e Cartesiano que ele introduziu é um grande obstáculo ao exercício do pensamento crítico.

Dá frio na barriga desafiar o *status quo* e pensar de forma crítica, mas isso pode trazer enormes recompensas.

É o que ocorreu com a gente no Filmr, aplicativo que co-fundei em parceria com Ricardo e Fernando Whately. Em um mercado onde todos os *apps* de edição de vídeos seguiam um padrão horizontal, herdado dos *softwares* de edição de *desktop* como o Premier, da Adobe, o Filmr desafiou o status quo ao propor um estilo de edição vertical que fizesse mais sentido num *Smartphone*, garantindo melhor usabilidade. Se tivéssemos olhado por analogia ou convenção, teríamos brigado com outros apps de edição no formato horizontal e estaríamos sem nenhum diferencial competitivo claro.

Hoje, somos o único editor do mercado com *timeline* vertical. Claro que tivemos medo de nos posicionar de maneira diferente de todo o mundo. Contudo, além de ter sido considerado um dos Melhores Apps de 2019 pela Apple no mundo, o Filmr foi vendido no começo de 2021 para a InVideo, empresa indiana que tem o fundo Sequoia entre seus investidores, garantindo um *exit* importante para a empresa.

De certa forma, foi só virar a tela e dizer "como poderíamos fazer diferente?".

O sucesso do Bumble, um dos maiores aplicativos de relacionamento do mundo, fundado por uma ex-colaboradora do Tinder, Whitney Wolfe, também nasce do pensamento crítico: ao olhar para o Tinder e perceber que a experiência das mulheres no aplicativo podia ser melhor ainda, Whitney se perguntou: "E se fossem apenas as mulheres a poder mandar a primeira mensagem?". Foi por isso que o Bumble só permite que as mulheres mandem a primeira mensagem, transformando o mundo de aplicativos de relacionamento — assim como a vida da própria Whitney: após ter feito a cotação na Bolsa de Valores nos EUA do Bumble por uma avaliação de US$7,7 bilhões, ela se tornou a mais jovem bilionária *self-made* do mundo.

Perguntas hipotéticas, "fora da caixa", são fundamentais no processo de pensamento crítico e nos ajudam a resolver melhor problemas complexos — coisa que ideias convencionais ou perguntas óbvias não conseguem fazer. Tony Hsieh, empresário e fundador da Zappos, através da qual popularizou o conceito de Holacracia, fala da importância dos "experimentos mentais" no próximo trecho.

7.1 "Experimentos mentais" com Tony Hsieh

> Eu sempre gostei de fazer experimentos mentais, e uma forma de pensar nisso é 'Se dinheiro não fosse um problema, se você tivesse dinheiro infinito: o que você faria?', ou o oposto disso é: 'Se tudo fosse grátis, ou se essa coisa específica fosse grátis: o que você faria de forma diferente?'. Isso pode te ajudar a dar vida a ideias iniciais, e uma vez que você tem essas ideias malucas, você trabalha de frente para trás e as adapta melhor à realidade. (Ep. 43 — Tony Hsieh. Min. 15.02 — 15.32)

Imagine uma cidadezinha isolada do interior, com um barbeiro só. Esse barbeiro é muito metódico em relação ao seu trabalho: barbeia todo mundo que não se barbeia, mas não barbeia ninguém que se barbeia.

A pergunta é: quem barbeia o barbeiro? Não demora muito para vermos a contradição: se ele se barbear, ele não poderá se barbear; se não se barbear, ele deve fazê-lo. Ou seja, esse barbeiro não pode existir — e não existe, pois, na vida real, ninguém tem todas essas restrições.

O do "barbeiro impossível" é um exemplo clássico de experimento mental — um meio de explorar um conceito, hipótese ou ideia através um pensamento não-convencional — ou *thought experiment*, do qual o Tony Hsieh fala na frase acima. Este conceito nasceu na área de filosofia e, segundo a definição oficial do Yeates (2004), é "um meio com o qual alguém realiza um processo intencional e estruturado de deliberação intelectual a fim de especular, dentro de um domínio de problema especificado, sobre potenciais consequentes (ou antecedentes) para um determinado antecedente (ou consequente)".

Quando é impossível encontrar evidências empíricas, recorremos a experimentos mentais para desvendar conceitos complexos. No caso do barbeiro impossível, montar um experimento para descobrir quem o faz a barba não seria viável ou mesmo desejável. Afinal, este barbeiro não pode existir. Os experimentos mentais geralmente são retóricos e nenhuma resposta específica pode, ou deve, ser encontrada. O que vale é a reflexão.

Por que fazemos esses tipos de experimento? O objetivo é estimular a especulação, o pensamento ilógico, e a mudança de paradigmas. Os experimentos mentais nos empurram para fora de nossa zona de conforto, forçando-nos a enfrentar perguntas que não podemos responder com facilidade.

A verdade é que o *Homo sapiens* é o único ser que pode viver e funcionar em dois reinos muito diferentes: o reino dos fatos reais, onde podemos investigar através da observação e da experiência empírica, e o reino da imaginação, que podemos explorar em nossa mente por meio do raciocínio. Um experimento mental consiste em raciocinar a partir de uma suposição que não é aceita como verdadeira — talvez até mesmo propositalmente falsa, mas presumida provisoriamente, no interesse de testar uma hipótese ou obter uma conclusão — no molde da pergunta de Tony Hsieh sobre "Se eu tivesse todo o dinheiro do mundo": obviamente isso é impossível, mas essa impossibilidade pode ser útil para desenvolver uma linha de pensamento crítico.

O benefício dos experimentos mentais (em oposição à ruminação sem objetivo) é a sua estrutura. De maneira organizada e provocativa, os experimentos mentais nos permitem desafiar as normas intelectuais, ir além dos limites das evidências empíricas, tomar decisões não apenas baseadas na lógica, ampliar nossa esfera de referência e promover ideias inovadoras.

Albert Einstein, uma das mentes mais brilhantes da história, pensava dessa forma nos problemas do mundo da física e usou experimentos mentais para algumas de suas descobertas mais importantes. Aos 16 anos se perguntou: "O que aconteceria se você pudesse alcançar uma faixa de luz enquanto ela se move?". As reflexões nascidas como consequência o levaram a desenhar a teoria da relatividade especial.

O engraçado é que de forma geral os experimentos de ideias, podem parecer apenas perguntas estúpidas e sem sentido. Mas não subestime o poder das ideias estúpidas: Ed Catmull nos fala delas no próximo trecho.

7.2 "O poder das perguntas" com Ed Catmull

> Ok, então: zero ideias estúpidas é um conceito ruim. De fato, às vezes ideias estúpidas estimulam boas ideias. Ok, então o que me diz de 40 ideias estúpidas? Provavelmente não é bom. Significa que alguém tá apenas atirando por todo lado e desperdiçando o seu tempo, e não entendem o ponto. Então, se 0 é ruim e 40 ideias é ruim, então onde deveríamos estar? Não sei, em algum ponto no meio, e esse é o desafio: de ter a capacidade de operar num espaço em que não sabemos exatamente onde deveríamos estar, e devemos criar as condições para operar de forma segura nesse ambiente caótico. O medo de aparecer ruim ou de fazer erros, ou de não entregar, leva as pessoas a concluir que esse ambiente não é seguro. (Ep. 37 — Ed Catmull. Min. 16.58 — 18.06)

Voltando ao exemplo que abriu este capítulo, podemos dizer que uma década atrás, a maioria dos engenheiros aeroespaciais dificilmente teria se feito a seguinte pergunta: "E se o foguete tivesse ré? O que aconteceria?". Por quê?

Porque eles já saberiam da resposta. "Não tem sistema de pouso de foguete porque isso é impossível de desenvolver", e teriam vergonha de fazer uma pergunta óbvia como essa, ser ridicularizados ou tachados como loucos.

Até existe uma expressão em português: "Voa, porque foguete não tem ré!", que introduziu em nossa linguagem coloquial uma crença que em si determina a falta de sentido de uma pergunta como essa.

Mas como já vimos, o Elon Musk se libertou desse medo do julgamento, que é frequentemente o maior obstáculo ao pensamento crítico e ao exercício dos experimentos mentais. É sobre isso que Ed Catmull nos alerta, inclusive porque todos os tipos de experimentos mentais envolvem provocações que vão contra o pensamento comum e dos demais.

De fato, as principais categorias de experimentos mentais são os seguintes:

— **Pré-factual** (envolvendo potenciais resultados futuros). Por exemplo: "O que fará com que X aconteça?"
— **Contrafactual** (contradizendo fatos conhecidos). Por exemplo: "Se Y acontecesse em vez de X, qual seria o resultado?"
— **Semi-factual** (contemplando como um passado diferente poderia ter levado ao mesmo presente). Por exemplo: "Se Y tivesse acontecido em vez de X, o resultado seria o mesmo?"
— **Predição** (teorizando resultados futuros com base em dados existentes, onde as previsões podem envolver modelos mentais ou computacionais). Por exemplo: "Se X continuar a acontecer, qual será o resultado em um ano?".
— **Retrocasting** (executar uma previsão ao contrário, para ver se prevê um evento que já aconteceu). Por exemplo: "Aconteceu X, você poderia ter previsto isso?".
— **Retroceder** (ir de frente para trás em um evento para descobrir a causa raiz). Por exemplo: "O que causou X? Como podemos evitar que aconteça novamente?".
— **Backcasting** (considerar um resultado futuro específico e, em seguida, trabalhar a partir do presente para deduzir suas causas). Por exemplo: "Se X acontecer em um ano, o que o teria causado esse evento?".

Pensamento Crítico para Inovar e se Reinventar 153

Você pode pensar que muitos desses experimentos mentais sejam inúteis e soem como questionamentos bobos de criança — mas crianças não têm nada de bobo no que tange ao pensamento crítico: uma criança de 4-5 anos, ao fazer de 100 a 300 perguntas por dia sobre o porquê das coisas demonstra mais pensamento crítico do que nós, adultos. E, em qualquer fase da vida, é possível fomentar o pensamento crítico através do poder das perguntas inteligentes.

Mas nós não o fazemos porque crescemos em ambientes educacionais e corporativos que nos recompensam por trazer respostas, e não perguntas: na medida que revirarmos isso de 180 graus e criarmos uma cultura do questionamento em nossas organizações, iremos plantar a semente da inovação através do pensamento crítico.

Ainda que pratiquemos "experimentos de ideias" ou sigamos o passo a passo para desenvolver pensamento crítico, nós somos constantemente influenciados por nosso passado — e ainda mais pelos nossos sucessos. Mas, diante de um mundo que muda, se nossa taxa de mudança externa não acompanhar a taxa de mudança interna, inevitavelmente ficaremos para trás.

Para se libertar do passado, temos que quebrar os paradigmas que ele criou, quase que batendo neles com um martelo. É disso que Bjarke Ingels, arquiteto dinamarquês e fundador do Bjarke Ingels Institute, nos fala no próximo trecho.

7.3 "Quebrando crenças" com Bjarke Ingels

> Quando olho para o que desenvolvi como arquiteto, quando era um estudante, posso descrever isso como uma monogamia serial, de certa forma, onde eu sempre me apaixonava pelo trabalho de um arquiteto e depois mergulharia muito a fundo nesse trabalho. Iria tão a fundo nessa obsessão específica — e quando você vai tão a fundo, você alcança um certo ponto onde — e acho que isso é verdadeiro em arquitetura assim como em arte, filosofia e tecnologia — que em um certo ponto você alcança as raízes, as hipóteses iniciais, e uma vez que você começa questionando essas hipóteses, as fundamentas de tudo simplesmente colapsam e isso de certa forma te liberta para olhar

> em outra direção. É um pouco como Nietzsche falava de fazer filosofia com um martelo, onde você bate em cima de todos esses conceitos ou valores diferentes, para ver se tem algum conceito embaixo deles — e às vezes tem um valor que não é mais válido, é um conceito vazio, e ele quebra quando você bate nele com um martelo. (Ep. 41 — Bjarke Ingels. Min. 27.14 — 28.44).

Friedrich Nietzsche, um dos maiores filósofos do século 19, dizia de forma controversa que "a filosofia moderna criou uma religião sem deuses que, tal como as construções da ciência e da moral democrática, deverá sofrer suas marteladas".

Em todo seu trabalho, ele nos convida a enxergar por detrás da fachada das construções teóricas: não há como contemplar o cosmos pela teoria, e não há ponto de vista superior à vida a partir do qual poderíamos ver e entender a vida em si. Segundo ele, há, sim, forças vitais que nos habitam e só podemos perceber a vida se encararmos que "a realidade é um caos" e o mundo é um "mar tempestuoso". Nietzsche é um dos grandes expoentes do niilismo, uma corrente filosófica que tem como principal característica a visão cética radical em relação às interpretações da realidade, que aniquila valores e convicções. Em uma primeira impressão podemos acreditar ser essa uma visão de negação da realidade, mas pelo contrário: é uma visão que busca a realidade mais profunda, indo além dos rótulos, concepções, princípios e critérios absolutos. Como?

Literalmente dando "marteladas" neles.

Séculos antes, o Budismo já propunha um pensamento semelhante. Os professores Zen costumam dizer que os ensinamentos são como um dedo apontando para a lua, cujo problema é: quando alguém aponta para a lua, nós confundimos o dedo pela lua em si, e associamos o ensinamento com a realidade profunda. Por isso Buda disse: "Não olhe para o dedo!" como forma de desprendermos das teorias, dos padrões e das convenções, para focarmos na realidade mais profunda, nos princípios. Nos negócios ocorre o mesmo: chegamos a entender os princípios fundamentais, como diria Elon Musk, só dando martelada após martelada para chegarmos ao fundo e, se necessário, recomeçarmos do zero.

O motivo pelo qual resolvi pausar o meu podcast Metanoia Lab no episódio 50, antes de lançar a Temporada 2, tem muito a ver com o que Bjarke fala nessa frase: ao produzir um episódio toda semana sobre um autor diferente, me dispus a alcançar o nível de profundidade de pensamento sobre ele ou ela em um tempo muito curto — o que me era extremamente desgastante.

Quero dar ênfase a essa palavra: profundidade. O grande diferencial do podcast tem sido a profundidade até onde ele chega — obviamente, tentando simplificar ao máximo as ideias e os conceitos complexos -, e para alcançar tamanha profundidade nos roteiros do podcast, era eu que tinha que mergulhar fundo, dentro de mim, ao resgatar minhas experiências, histórias de vida ou até *cases* de negócio que pudessem ter conexão com o tema da semana. Isso se tornou extremamente difícil pois o repertório de uma vida inteira, mesmo que variada como a minha, é limitado, e a cada episódio ficava mais difícil lembrar de experiências que não tivesse já contado. Meu repertório estava chegando ao fim.

Como diz Bjarke, ao tentarmos ir aos fundamentos das teorias de cada protagonista dos episódios do podcast, eu entrava nessa relação quase monogâmica com ele ou ele ou ela, onde praticamente lia, assistia vídeos, escutava entrevistas desse autor e passava o dia refletindo sobre suas teorias. Chegava a sonhar (sim, à noite) com esses pontos. Mesmo que não os conhecesse pessoalmente, parecia que eles moldavam a minha forma de pensar, influenciando minha visão de mundo. O que precisei fazer para voltar a olhar a "lua" e não apenas os "dedos" foi, igual Nietzsche sugere, pegar o martelo e quebrar todos os conceitos em cima de qual minha visão do mundo estava sendo construída — e, em paralelo, pausar o podcast.

A verdade é que somos influenciados por fatores e mecanismos externos que nos fazem pensar por padrão, por analogia e por convenção, e que limitam nossa habilidade de exercer o pensamento crítico. Em particular, são 3 os principais fenômenos que nos prendem:

1) **Viés de confirmação**: esse fenômeno demonstra que moldamos as informações que obtemos de acordo com nossa visão de mundo, e que costumamos buscar informações com as quais concordamos. O termo *groupthink*, ou efeito manada, também traduz esse fenômeno.
2) **Gargalo de informações**: esse fenômeno demonstra que há tanta coisa para processar que não conseguimos olhar claramente para as informações à nossa frente, então ficamos indecisos ou tomamos

decisões erradas. Lembra aqui do "paradoxo da escolha" que descrevemos no capítulo anterior, que nos trava no processo de tomada de decisão?

3) **Dependência da trajetória:** esse fenômeno explica que tomamos decisões sobre o futuro com base em nossos sucessos do passado. A verdade é que costumamos seguir os mesmos passos e tomar as mesmas decisões que tomamos no passado, porque elas são familiares e confortáveis. Já sabemos que não vai funcionar na maioria dos casos, pois as circunstâncias externas mudam, e a gente ainda busca a resposta no que já foi...

Em particular, a dependência da trajetória é o que faz a maioria dos negócios não seguir o rumo da inovação, mas continuar trilhando caminhos familiares. Jeff Bezos, fundador e CEO da Amazon e homem mais rico do mundo, nos fala dos riscos dessa abordagem no próximo trecho.

7.4 "Julgamento" com Jeff Bezos

> As coisas mais importantes sempre parecem estúpidas aos olhos dos experts de um determinado mercado no começo. Então para ter resultados incríveis, você tem que desafiar as crenças convencionais, mas o problema aqui claramente é que crenças convencionais normalmente estão corretas. Um teste simples, como por exemplo ir até uns experts e lhe perguntar se deveríamos fazer algo como Amazon Web Service, seria um grande fracasso. Todos eles te diriam 'Isso é estupido, foque no que já sabe fazer. Você tem um grande negócio de varejo então não faça esse tal de AWS que não vai funcionar'. Naturalmente isso teria sido errado, e é por isso que você não pode escutar pessoas no começo que vão te dizer que algo não funcionaria, mas você deve se perguntar: 'O que estamos fazendo de diferente?'. Você deve ser teimoso na visão, e flexível nos detalhes, que acredito ser a justa combinação. Me refiro a ser flexível nas táticas e nos detalhes, mas teimoso na visão e na estratégia, mas em certo ponto você até deve abrir mão da visão. Imagine que você plantou a semente, e times incríveis trabalharam nisso por muitos anos: como você sabe quando

> chega no dia em que você diz: 'Vamos tentar o próximo?', e eu acho que isso acontece quando o último defensor do julgamento antigo abre mão dele. (Ep. 40 — Jeff Bezos pt. 2. Min. 3.52 — 5.16)

Tente explicar, em uma palavra, em qual mercado a Amazon está.

E-commerce?

Bem, seria limitante definir a Amazon como uma empresa de e-commerce, já que ela é muito mais do que isso. Logística? Streaming? Computação em nuvem? Não é fácil responder.

Após 1995, ano em que Jeff Bezos lançou o site Amazon.com, a Amazon estava principalmente no negócio de comércio eletrônico de livros e competia, nos Estados Unidos, com a Barnes & Nobles, entre outras livrarias. Alguns anos depois, Bezos começou a perceber que os mesmos clientes que compravam livros podiam se interessar por outras categorias e começou a ofertar música, DVDs, eletrônicos e brinquedos. Ao ampliar o seu sortimento no site, a Amazon começou a competir com Walmart no varejo, com Best Buy nos eletrônicos e com Toys R Us nos brinquedos — essa última, inclusive, passou recentemente de maior empresa de lojas de brinquedos do mundo para declarar falência, muito em parte pelas pressões competitivas da Amazon.

Em 2000, a Amazon abriu a própria plataforma para terceiros ao se tornar um *marketplace* e começou a brigar com eBay, Craigslist e afins.

Ao entrar no setor de *streaming*, se posicionou como competidor da Netflix, AppleTV e hoje Disney+. Em 2011, a Amazon lançou os Amazon Studios para criar conteúdo próprio, indo competir com os maiores estúdios de Hollywood. O *streaming* está embaixo do chapéu do Amazon Prime, serviço por assinatura que superou a marca de 150 milhões de assinantes.

Poderíamos ficar horas listando todos os mercados nos quais a Amazon está presente: a divisão da Amazon Web Services oferece serviços de computação em nuvem e é hoje uma das mais importantes do grupo, competindo com IBM, Google e Oracle; o Kindle compete com a Microsoft, e com o mercado editorial impresso; o sistema Alexa compete principalmente com Google e Apple.

Parece tudo muito confuso e complexo? Essa confusão aparente nasce de olharmos a partir do ponto de vista errado. Pela perspectiva comum dos negócios, definimos nossas empresas a partir dos produtos ou serviços que vendemos, ou a partir do mercado em qual estamos posicionados, ou até pela competição que temos. A Amazon tem uma perspectiva muito diferente, que nasceu do seu pensamento crítico e faz a complexidade que acabamos de descrever muito mais fácil de entender (o que não significa ser fácil de gerenciar). Qual perspectiva?

Jeff Bezos nos deu um pequeno indício do fio condutor da organização certa vez declarou em uma entrevista: "Ganhar um Golden Globe nos ajuda a vender mais sapatos". Ou seja, o fio condutor é o cliente — é a mesma pessoa que compra no e-commerce, pede ao Alexa para rodar um seriado da Amazon Prime na TV dele, e é dono de um negócio digital que usa os servidores da AWS — e todo o ecossistema da Amazon é desenhado em cima dele.

Através do pensamento crítico a Amazon define o escopo do próprio negócio baseado no cliente — e não em torno dos seus produtos, mercado ou competidores. Quando você se baseia no cliente, consegue acumular mais dados, identificar correlações e obter sinergias entre os canais de vendas. Afinal, consegue resolver melhor suas dores, e é ao começar pela dor que você consegue gerar muito mais valor, como nos fala nessa próxima frase Jack Ma, cofundador e presidente executivo do grupo Alibaba.

7.5 "Inovar porque deve" com Jack Ma

> Nós não somos uma companhia tradicional. Nós definimos como uma companhia operando uma plataforma, uma companhia que está operando um ecossistema. 'Vocês estão em todo lugar, Jack' é o que as pessoas me dizem. 'Vocês estão no B2B, no B2C, no C2B, em finanças, em pagamentos, em logística, em computação na nuvem, vocês estão em todo lugar!'. Isso não é porque somos gananciosos, nem porque queremos estar em todos esses lugares, mas porque devemos estar aí. Porque se não estivermos em todos esses lugares, o ecossistema Chinês de e-commerce, ao longo dos próximos anos, irá colapsar. Eu me lembro ainda de 9 anos atrás, quando comecei o Alipay, e as pessoas me diziam: 'Jack, não se mete no setor financeiro, porque é ilegal e você pode ser preso'. Foi aí que pensei que se

> nós não tivéssemos feito isso, o ecossistema chinês de e-commerce teria ficado sempre igual um bate-papo online, só negociando mas ninguém concluindo transações. Então eu disse: 'Que me coloquem na prisão, mas eu vou me assegurar que o sistema de pagamentos do Alipay funcione'. De novo, as pessoas também me diziam: 'Essa solução de pagamento é uma ideia estúpida, é um sistema de *escrow*, onde você paga mas nós guardamos o dinheiro até que o produto seja enviado, e se não receber o que você pediu, te retornamos o dinheiro'. Todo mundo dizia: 'É uma ideia estúpida', e eu respondia: 'Se ela resolver o problema, eu gosto de coisas estúpidas. Façamos com que as coisas estúpidas se tornem inteligentes. Continue melhorando a cada dia'. (Ep. 18 — Jack Ma. Min. 3.27 — 4.51).

Pense também no ecossistema da Alibaba: eles estão em inúmeros setores, e qual o fio condutor? É um só, ou seja, os grandes problemas de seus clientes.

Onde tem um grande problema, eles entram e o tentam resolver, pois grandes problemas significam uma enorme oportunidade de negócio: é aqui que Jack Ma está presente. Sua empresa bateu, em 2014, o recorde de cotação na bolsa de valores, de maior IPO da história, superada pelo IPO da Saudi Aramco em 2019, que levantou 25 bilhões de dólares avaliando a empresa por US$1,6 trilhão (para fins de comparação, esse valor é equivalente ao PIB do Canadá).

O grupo Alibaba é dono das duas maiores plataformas de e-commerce da China, Taobao e Tmall, que combinadas contabilizam mais de 779 milhões de usuários ativos em Q4 2020. Assim como a Amazon, tem um negócio de computação em nuvem, Alibaba Cloud, que hoje fatura em torno de US$6 bilhões por ano, além de uma plataforma de delivery, a Ele.me, uma plataforma logística, a Cainiao, uma plataforma de vídeo, chamada Youku, um browser, o UC Web e um sistema de navegação super utilizado na China, o Autonavi. Acha que acaba por aí? Nada disso: eles ainda detêm 33% da Ant Financial, conhecida inicialmente como Alipay, uma empresa de pagamentos avaliada em 150 bilhões de dólares e, hoje, a *fintech* mais valiosa do mundo.

Falando em IPO, a Ant Financials estava prestes a fazer sua cotação na bolsa de valores no fim de 2020, que prometia ser a maior IPO de todos os tempos, mas uma fala controversa aos olhos dos reguladores chineses de Jack Ma fez o IPO ser cancelado.

Qual enorme problema a Ant Financials resolve — e como?

Quando o Alibaba lançou o Ant, em 2012, o empréstimo típico concedido por grandes bancos na China era da ordem de milhões de dólares. O valor mínimo de um empréstimo — cerca de 6 milhões de RMB, ou pouco menos de US$1 milhão — estava bem acima dos valores necessários para a maioria das pequenas e médias empresas que estavam nascendo no país, ainda mais com o crescimento do e-commerce. Os bancos continuavam muito receosos em conceder crédito a empresas que não tinham histórico de crédito ou mesmo a documentação adequada. Como consequência, dezenas de milhões de empresas na China tiveram dificuldades para acessar o capital de giro necessário para sustentar, e ampliar, suas operações. A Ant Financials percebeu que isso era um enorme gargalo para o seu negócio (mais crédito implicava mais transações nas plataformas do grupo Alibaba) e que, ao mesmo tempo, que tinha em mão o principal ingrediente necessário para criar um negócio de empréstimos assertivo, escalável e lucrativo: dados. O grupo Alibaba já tinha uma enorme quantidade de dados de transações gerados pelas muitas pequenas empresas que usavam suas plataformas — o que o ajuda a especificar o perfil de cada requisitante de empréstimo, a partir de uma nota que eles chamam de *Sesame score*. Hoje, o Ant pode facilmente processar empréstimos tão pequenos quanto algumas centenas de RMB (cerca de US$50) em até 3 minutos, através do algoritmo 3-1-0, que diz que em até 3 minutos você pode ter seu financiamento aprovado, em 1 segundo o dinheiro cai na sua conta, com 0 interações humanas. Isso quebrou um gargalo gigantesco no mercado de e-commerce chinês, que era acesso ao crédito. Resultado: mais vendedores na plataforma, mais sortimento de produtos, e um mercado de *e-commerce* chinês que hoje movimenta $1.8 trilhões por ano.

O impacto de resolver enormes problemas como esse para o seu negócio é gigante.

Peter Diamandis, famoso futurólogo e cofundador da Singularity University, já disse: "Se você quer ganhar um bilhão de dólares, tente resolver um problema de um bilhão de pessoas". Jack Ma, por sua vez, está dizendo: "Não estamos em todos esses mercados porque queremos, mas porque devemos". Porém, na maioria das vezes, seguindo o pensamento convencional e sem exercer o pensamento crítico, erramos ao fazer exatamente o oposto: entramos em mercados porque podemos, e não porque devemos.

Quando uma empresa se define por seus produtos ou seu mercado, o que faz é buscar *gaps* para explorar oportunidades, certo? Ao identificar um *gap*, ela pode ficar tentada a acreditar que, como ninguém fez nada ainda, existe aí a vantagem competitiva do pioneirismo. A crença mais comum entre os gestores é que, ao fazer algo novo, seremos inovadores. Embora o raciocínio seja interessante, ele está errado. Na grande maioria dos casos, não existe um produto ou empresa dentro de um nicho, ou *gap*, porque não tem nenhum problema a resolver — e nenhum cliente precisa verdadeiramente disso!

Um dos principais motivos de fracasso de *startups* no mundo é a falta de demanda suficiente para um certo produto ou serviço. Empreendedores podem até ter planos de negócio mirabolantes, produtos supersofisticados e novos, e apresentarem suas ideias dizendo "ninguém fez isso ainda" ou "somos os primeiros". Eles podem, mas será que devem? O destino de muitas dessas *startups* e empreendimentos é o fracasso.

Jack Ma já disse de forma provocatória que "Pessoas inteligentes precisam de um bobo para guiá-las. Quando o time é um bando de especialistas, é melhor ter um não-especialista guiando o caminho. A sua forma de pensar é diferente. É mais fácil vencer se você tiver pessoas que olhem para as coisas de forma diferente". Ter isso em mente é importante porque, quando nós olhamos a partir do ponto de vista de um não-especialista, nos afastamos por um momento da nossa dependência da trajetória e, ao mesmo tempo, conseguimos entender melhor o cliente. Ao sermos especialistas, nos apaixonamos por nossos produtos e soluções e entendemos menos do cliente e suas dores. Precisamos achar formas de nos libertar desse ponto de vista errado, que nasce da dependência da trajetória, quebrando nossas crenças com o "martelo".

Paradoxalmente, o que nos ajuda a conseguir isso são os momentos de crise, e por isso devemos aproveitá-los ao máximo. Simon Sinek nos explica como funciona esse modo de pensar no próximo trecho.

7.6 "Reinvenção" com Simon Sinek

> Mudanças, ou acontecimentos inesperados, tiraram do mercado muitas empresas, e fizeram com que outras se fortalecessem e se reinventassem. A invenção da Internet fez muitas empresas fracassarem, ou seja, as que não conseguiram reinventar suas empresas para a era da Internet, mas insistiram na maneira antiga de fazer negócios. Toda locadora de vídeos fracassou por causa do streaming, e não conseguiu se reinventar. Quando Starbucks começou a se espalhar para os bairros, muitos e muitos cafés locais faliram, e não por causa da Starbucks, mas porque se recusaram a mudar a forma de fazer negócios. Eles ainda tinham um velho sofá rasgado, enquanto o Starbucks tinha um produto melhor. O Uber quebrou as empresas de táxi, não por causa do Uber, porque os táxis se recusaram a mudar. Essa crise do Covid-19 não é nada inédito. O fato que seja algo novo e repentino, absolutamente, o torna mais chocante. Absolutamente, sem dúvida. Mas isso não é inédito no mundo dos negócios. O que precisamos não é dizer 'Como fazemos o que estamos fazendo', mas 'Como faremos o que estamos fazendo em um mundo diferente' — e o mundo está diferente. Ep. 20 — Simon Sinek pt. 2. Min. 16.09 — 17.22)

Em 2004 a Blockbuster, rede de locadoras de DVDs, estava no auge do sucesso quando um pequeno competidor, chamado Netflix, apareceu na jogada.

A Netflix também alugava DVDs, mas estava inovando através de um novo modelo de negócio, ameaçando a liderança da Blockbuster. Pois quando a Netflix migrou para um modelo de assinatura de DVDs — consequentemente deixando de cobrar multas sobre o atraso nas devoluções -, a Blockbuster se encontrou diante de um dilema: acompanhar o modelo de negócio da Netflix, que provava ser mais alinhado às novas expectativas do cliente, ou manter o próprio modelo, que se provou de enorme sucesso até então?

Eles estavam tão confiantes no sucesso do próprio negócio que chegaram a diminuir o algoritmo da Netflix, chamando-o de algo pouco humano, "obscuro" e ineficiente. A empresa publicou cartazes dizendo *"Netflix has an algorithm. We have a call-gorithm"*, com a foto de um atendente de Blockbuster no telefone — fazendo um jogo de palavras sobre ter atendentes disponíveis pelo telefone ser melhor do que um computador na escolha do filme certo, que era o que propunha o algoritmo da Netflix. Se eles soubessem que um dia o algoritmo da Netflix seria tão assertivo, capaz de conhecer nossos gostos melhor que nosso parceiro ou parceira, não teriam ousado tanto...

Certa vez, durante uma discussão no conselho de administração do Blockbuster, o CEO pediu aprovação para um projeto de testar um modelo por assinatura igual a Netflix vinha fazendo, cobrando um preço mensal e abrindo mão das taxas de cobrança em caso de devoluções atrasadas. O conselho de administração achou o projeto uma loucura: eles não aprovaram o experimento, declarando que multas para atrasos representavam mais de 10% das receitas totais do Blockbuster (mais precisamente, 12%) e que seria impensável abrir mão desse valor. Nós todos sabemos o final da história: naquele ano, escolheram proteger 12% de suas receitas para, em 2010, abrirem mão de 100% delas ao declarar falência. A pergunta que precisamos nos fazer é: foi a Netflix que tirou a Blockbuster do mercado, ou foi o fato de a Blockbuster não se reinventar diante da chegada de novos modelos de negócio que a fez fracassar? Segundo Simon Sinek, certamente foi a segunda opção.

A verdade é que muitas empresas hoje se encontram no mesmo dilema que os executivos do Blockbuster na época. Elas têm que escolher como reagir ao caos da pandemia. Mas não subestimemos o poder do caos para criar, e não apenas para destruir: inúmeras empresas nasceram em períodos de recessão e caos, entre as quais a Disney, CNN, Burger King, Microsoft e Airbnb.

O caos muda as regras do jogo e nos desprende dos padrões do passado. Funciona mais ou menos assim: nós já falamos que somos constantemente condicionados pelo fenômeno da dependência da trajetória. Através dele corremos o risco de repetir decisões antigas, perdendo oportunidades que estão bem na nossa frente, já que estamos presos aos nossos sucessos antigos. Mas momentos de crise levam ao caos, e o caos é imprevisível, e isso faz com que esse caminho da dependência seja redesenhado em outras direções.

Vamos a um exemplo da história: o que o David de Michelangelo, os afrescos da Capela Sistina, o Homem Vitruviano de Leonardo, a invenção da estampa por parte do Gutenberg, a invenção da contabilidade e finanças modernas, as obras de Shakespeare, o teto da Basílica di San Pietro, em Roma, e o método científico têm em comum? Todas essas obras magníficas, descobertas e inovações aconteceram durante o período da Renascença, ou *Renascimento* — período histórico que seguiu a crise mundial causada pela pandemia da Peste Bubônica, que causou a morte de mais de 200 milhões de pessoas. A crise da Peste Bubônica também quebrou a dependência da trajetória de um mundo feudal e pré-aristocrático, introduziu maior movimentação social e promoveu o surgimento de uma classe média que mudou as regras no mundo da arte, da ciência, da tecnologia, da música e da geografia, e assim por diante.

Vamos fazer um paralelo com o mundo da Covid-19: mesmo que de uma intensidade bem menor à Peste da Idade Média, o novo coronavírus também trouxe uma crise que introduziu o caos na trajetória de dependência recente que estávamos vivendo. Entre 2010 e 2019 o mundo viveu um dos períodos de maior crescimento da história recente, mas em 2020 a crise da Covid-19 proporcionou uma retração em torno de 4,4% do PIB mundial, segundo dados do Fundo Monetário Internacional (2021, porém, já está com projeções fortes de um crescimento de 5,15% do PIB global), jogando o mundo na total imprevisibilidade. É aqui que temos a chance de mudar de trajetória e acompanhar as novas regras do jogo. Alguns vão entender os novos comportamentos do consumidor, outros não. Tem quem vai aprender a liderar times remotos e quem não. Quem vai aproveitar as baixas taxas de juro e financiar a inovação, e quem vai deixar isso passar.

O problema é que, quando a situação está boa, como na década 2010-2019, as companhias implementam regras, processos e estruturas para proteger seus resultados positivos. Nesse contexto, diante das oportunidades de inovar e se transformar, costumam se contar as seguintes histórias: "isso é caro demais", "não podemos abrir mão disso agora", "isso nunca vai ser aprovado por nosso jurídico", "não somos grandes o suficiente", ou "não somos pequenos o suficiente" e assim por diante. Ou seja, desculpas e mais desculpas para não inovar e se transformar.

Não me entendam mal: crises são terríveis e vem com enormes fardos, como as vidas humanas que foram ceifadas pela Covid-19. Mas, na perspectiva dos negócios, elas geram um mecanismo muito interessante, o **senso de urgência**.

Por que precisamos de crises evidentes e intensas para mudar de comportamento e mentalidade? Uma anedota explica: se jogarmos um sapo em uma panela quente, ele sente o calor e pula fora de imediato. Mas se você jogar ele em uma panela de água fria e esquentar a panela, ela não vai perceber a mudança no calor da água até, infelizmente, falecer.

O mesmo acontece com o ser humano: até as crises ocorrerem, nós superestimamos nosso senso de controle e só retomamos o senso de urgência quando a crise chega com toda intensidade. É apenas o poder do pensamento crítico, das perspectivas únicas e das perguntas diferentes, que nos ajuda a se desapegar do passado — e aproveitar o caos para se reinventar.

CAPÍTULO 8
Atitude *Maker* para Agilidade na Execução

> O Dia 1 é uma frase que usamos na Amazon o tempo todo. Eu usei esse conceito na minha primeira carta aos acionistas, 20 anos atrás. Nós declaramos que é "sempre o primeiro dia", e a verdadeira pergunta para mim é: como manter uma cultura do Dia 1? De fato, é muito bom ter a escala da Amazon: nós temos recursos financeiros, também temos pessoas brilhantes, e temos um alcance global, com operações no mundo todo. Mas a parte ruim disso tudo é que você pode perder a sua agilidade. Você pode perder seu espírito empreendedor, perder aquele tipo de coração que as pequenas empresas muitas vezes possuem. Então, se você puder ter o melhor dos dois mundos, ter aquele coração e espírito empreendedor e, ao mesmo tempo, ter todas as vantagens que vem com a escala e o alcance, pense em tudo que você poderia fazer. (Ep. 3 — Jeff Bezos. Min. 2.00 — 3.05)

Tente resgatar uma lembrança. Do seu primeiro dia de escola, do primeiro dia de trabalho, ou até do seu primeiro dia de namoro. Do que se lembra? Como estava se sentindo?

Eu tenho um palpite: com borboletas no estômago, frio na barriga, use o termo que preferir, mas aposto que o que você sentia era empolgação, animação — nervosismo, é óbvio, mas aquela ansiedade boa, positiva, que te motiva a dar o seu melhor e mostrar seu valor. Estava curioso. Na escola, você queria fazer novos amigos; no novo trabalho, queria saber mais dos seus colegas.

Pense no dia 1 por antonomásia: o primeiro dia de janeiro, quando todos começamos o ano motivados e focados em metas e resoluções de ano novo. Na época em que eu trabalhava no Tinder, já sabíamos que o primeiro domingo de janeiro era sempre o melhor dia do ano, desde 2014, em termos de novos usuários se cadastrando. O que acontecia? Após alguns dias de ressaca, solteiros e solteiras decidiam dar uma chance ao Tinder, pensando: "esse ano vou desencalhar!".

Esse é o mesmo mecanismo que nos faz pagar o plano anual na academia logo em janeiro, e pelo qual os aplicativos de finanças pessoais crescem muito nessa época também. "Vou sair da dívida e ficar rico": é isso também que pensamos no dia 1.

É um dia de otimismo, de empolgação, de vontade de fazer acontecer. Mas e depois?

O dia 1 passa e chega o dia 2, dia 3, dia 4 e assim por diante. Nos acostumamos a chegar ao máximo até o Carnaval com as resoluções ainda quentes; em seguida, estamos acomodados de volta em velhos hábitos: voltamos a comer besteira, a gastar como se não houvesse amanhã, e até esquecemos da academia. O aplicativo de *fitness* Strava chegou até a demonstrar, ao analisar os dados de mais de 800 milhões de atividades no app em 2019, que o dia no qual a maioria das resoluções são abandonadas é o 19 de janeiro (foi até chamado de *Quitter's Day* pelo aplicativo) — demonstrando o quão rapidamente abrimos mão de nossas resoluções.

Como diz Jeff Bezos, nós perdemos a mentalidade do Dia 1 — conceito demonstrado pela evidência empírica dos comportamentos dos colaboradores dentro da empresa, comparando os comportamentos de quem acabou de entrar com, por exemplo, quem já está há anos na organização.

No Dia 1, você tem mais perguntas do que respostas; sabe que nada sabe, e se educa sobre a nova área; mesmo não tendo 100% da informação à disposição, toma decisões rapidamente, pois sabe que não pode perder tempo. Ao mesmo tempo, bota a mão na massa, focando em resultados de curto prazo; sabe que errar faz parte, principalmente no começo; ainda não tem claro o que cada um faz e, por isso, nem sempre respeita a hierarquia.

Por fim, escuta mais do que fala; se propõe proativamente a resolver tarefas, mesmo que ninguém peça, para mostrar serviço e construir relações; e por fim, usa o produto ou serviço que vende para entender melhor como ele funciona na perspectiva do cliente.

Pule agora para o dia 1000 por exemplo, e reflita. Muitas vezes você está cheio de respostas, mas tem poucas perguntas; não tolera tomar decisões sem ter toda a informação à disposição; acha que tudo sabe e que, sendo *expert*, não precisa mais aprender nada; se afasta da execução na ponta e evita botar a mão na massa; considera erro como fracasso (pois não é justificável por parte de quem já está há muito tempo na empresa cometer tal erro) e culpabiliza a hierarquia e a burocracia pela falta de execução; finge escutar, enquanto já está pensando no que vai responder; foca apenas no que é demandado e considera outras áreas como competidores; acha que sabe ler a mente do cliente, mas faz tanto tempo que não se coloca no lugar dele que quase esqueceu como funciona o seu produto ou serviço.

Obviamente, estou fazendo uma generalização, mas, levado aos extremos, conseguimos notar enormes diferenças na forma como pensamos, agimos e colaboramos entre o Dia 1 e o dia 1000. Inclusive, a importância da mentalidade do Dia 1 pode parecer contraintuitiva, porque a primeira coisa que pensamos é que ela leva a uma atitude inexperiente e destinada ao fracasso. Mas não é assim, não.

A primeira vez que Jeff Bezos usou esse termo foi em uma carta aos investidores da Amazon, em 1997. Nela, ele compartilha alguns números: "Servimos mais de 1,5 milhões de clientes, tendo 838% de crescimento de receitas, alcançando 147 milhões de dólares, e aumentamos nossa liderança de mercado mesmo com uma competição agressiva".

A carta continua: "Mas esse é o Dia 1 para a Internet e, se executarmos bem, para a Amazon.com também. Hoje em dia, o e-commerce poupa dinheiro e tempo precioso aos clientes. Amanhã, através da personalização, o e-commerce irá acelerar o processo de busca e descoberta de produtos". Perceba que em 1997 ele já falava em personalização da experiência do cliente, enquanto muitas companhias estão começando a trilhar esse caminho apenas hoje, mais de 20 anos depois. A primeira parte da carta se encerra da seguinte forma: "A Amazon.com usa a internet para gerar valor real a seus usuários e, através disso, espera criar uma empresa duradoura, mesmo em mercados grandes e estabelecidos".

Já que tocamos na parte de geração de valor, vamos revisar os números da trajetória da Amazon. Em 2006, quase 10 anos após essa carta, o Walmart, líder do varejo, ainda era dez vezes maior da Amazon: enquanto o Walmart valia US$158 bilhões, a Amazon valia US$17,5 bilhões. Se pularmos para julho de 2021, as posições quase se inverteram: enquanto o Walmart vale US$ 392 bilhões, a Amazon vale US$ 1,77 trilhões — ou seja, quase cinco vezes mais.

Muitos fatores estão envolvidos nessa realidade, sendo um deles o fato de a Amazon expandir sua operação para outros mercados, além do e-commerce (hoje mais de 10% do faturamento vem de uma área como a Amazon Web Services, de *cloud computing*), mas, mesmo assim, é impressionante como Bezos conseguiu prever, em 1997, que iria superar os líderes tradicionais da indústria, usando a mentalidade do Dia 1.

Essa tal mentalidade afinal é a filosofia de viver cada dia na empresa como se fosse o primeiro, com o frescor de uma startup recém-formada, seguindo os comportamentos que listamos acima e priorizando a execução e agilidade.

O que você precisa para ter uma mentalidade do Dia 1? Em uma carta aos acionistas em 2016, Jeff Bezos aponta quatro pressupostos para esse objetivo:

1 — **Foco obsessivo no cliente.** Mesmo que não saibam o que querem, os clientes querem sempre algo melhor, e o seu desejo de encantá-los te motiva a inventar algo constantemente;
2 — **Não "terceirizar" a gestão.** Na medida que empresas crescem e se tornam mais complexas, existe a tendência de se afastar da execução na ponta e de gerenciar por procuração. Isso é perigoso, sutil e muito "Dia 2".
3 — **Abraçar tendências externas.** Grandes tendências não são muito difíceis de serem identificadas (pois se fala e escreve muito delas): o difícil é serem abraçadas.
4 — **Tomar decisões de alta velocidade.** Empresas do "Dia 2" tomam decisões de alta qualidade, mas o fazem de forma lenta. Para manter a energia e o dinamismo do Dia 1 você deve tomar decisões em alta velocidade sob cenários de informação incompleta.

Em sua carta de despedida como CEO Amazon, no começo de 2021 (Jeff Bezos é um missivista de respeito!), onde anunciou a passagem de bastão para Andy Jassy, Bezos mencionou novamente o conceito no chamado final da carta: "Continue inventando e não se desespere quando a ideia inicialmente parece louca. Lembre-se de vagar. Deixe a curiosidade ser a sua bússola. Continua sendo o Dia 1".

Nada disso é simples: enquanto organizações crescem graças a seus sucessos e inovações, o conflito entre agilidade e escala ainda é intenso. Passei pelos dois mundos — startups e empresas tradicionais — em minha experiência profissional, e o que mais vejo em meu trabalho de palestrante são empresas de mentalidade do "Dia 2". O foco está no produto e não no cliente, a organização é hierárquica e se gerencia muito por procuração; mesmo tendo acesso a dados e tendências, não há uma reação clara a eles — e, para completar, o número gigantesco de reuniões e burocracias freiam o processo de tomada de decisão.

Mas, afinal, qual é o problema do Dia 2? Segundo Jeff Bezos, "O dia 2 é estaticidade, seguido por irrelevância, seguido por um declínio doloroso, seguido pela morte". A mentalidade do Dia 2 é a maior trava à execução que existe. Para entender melhor como isso funciona, é só perguntar aos executivos da Kodak.

Você sabia que a Kodak foi quem inventou a câmera digital, e registrou as primeiras patentes desse produto? A empresa estava inovando, mas não se esforçou o suficiente para trazer essa inovação ao mercado e capitalizar sobre ela. Por quê? A posição em que a Kodak estava, de liderança no mercado de câmeras e dos filmes fotográficos, era bem confortável. O grande mercado para a Kodak não era o das câmeras, mas sim dos filmes — já que após o cliente tirar um certo número de fotos, era preciso trocar o filme em um *loop* constante que levava a empresa a fazer muito dinheiro com isso (mais do que com as câmeras em si).

As novas gerações que não viveram essa fase podem argumentar que esse modelo de fotografia era uma maluquice — quando, na verdade, era a norma.

O problema com a inovação da câmera digital seria o seguinte: se a Kodak tivesse sucesso com as câmeras digitais, estaria canibalizando para sempre o seu negócio lucrativo de filmes fotográficos. Eis um grande dilema para os líderes da Kodak, que não conseguiam imaginar um mundo em que fosse mais lucrativo vender câmeras digitais (ou *hardware* para produtores de Smartphone), em vez de vendas recorrentes de rolos de filme.

Hoje sabemos como essa história acabou, e não foi um final feliz para a Kodak.

Esse conflito interno inerente a todo processo de inovação é chamado de "Dilema do Inovador", e o Clayton Christensen, professor de gestão da Harvard Business School, nos explica como esse impasse afeta as empresas com a mentalidade do Dia 2 no próximo trecho.

8.1 "Dilema do inovador" com Clayton Christensen

> A pergunta que a liderança tinha que responder era: 'Gente, vamos nos sentar por um momento aqui. Eu me pergunto se deveríamos criar produtos melhores que possamos vender para nossos melhores clientes, obtendo um lucro melhor. Ou se talvez devemos criar produtos piores que nenhum de nossos clientes compraria, arruinando nossas margens. O que deveríamos fazer?' E é um problema muito, muito difícil, chamamos isso do Dilema do Inovador, porque fazer o certo é errado, e fazer o errado é o certo. Você consegue pensar onde mais você viu isso acontecer, onde alguma companhia chega no mercado com um produto simples atrás de clientes que historicamente não podiam ter acesso a ele, e ela simplesmente cresce tanto ao ponto de matar os líderes? BlackBerry? Exato, eles fizeram com que você parasse de ter que se sentar em frente a um laptop, e depois a Apple disruptou o BlackBerry. (Ep. 22 — Clayton Christensen. Min. 3.21 — 4.22)

Vou contar algo que pode soar estranho, mas que é pura verdade: mesmo sendo CEO há mais de 20 anos da Italmatch Chemicals, empresa multinacional que ele próprio fundou, meu pai praticamente nunca usou um *laptop*. Ele tem sim um computador de mesa no escritório, mas está sempre desligado. Para mim, que já comecei minha carreira sentando todo dia em uma mesa com computador na frente, o trabalho é inconcebível sem um *laptop*. Por que meu pai não usa computador? É porque ele foi, provavelmente, o usuário mais fanático de Blackberry do mundo, e hoje ele faz tudo, absolutamente tudo, no iPhone. Por isso escolhi o caso do meu pai como o perfeito exemplo do ciclo de Dilemas de Inovador que a indústria de aparelhos móveis viveu nos últimos anos.

Não lembro qual modelo de telefone meu pai tinha antes do Blackberry, mas suponhamos fosse um Nokia, Motorola ou Ericsson. Já na época ele odiava tanto o computador que, para os e-mails importantes, ligava para sua assistente Laura, ditando o conteúdo do e-mail para que ela transcrevesse — o que não era o mais eficiente. A chegada do Blackberry mudou a vida profissional do meu pai (ao mesmo tempo que trouxe mais paz para a vida da Laura): ele não precisava mais de um computador para ler e escrever e-mails, pois estava tudo ali, no Blackberry. Eu o observava teclando freneticamente, adorando o produto e comprando cada nova versão que saísse no mercado, mas eis surgiu um outro problema: era tão difícil ler as planilhas de Excel no Blackberry que ele ainda pedia à Laura para mandar balanços e outros documentos financeiros via fax; ele os imprimia, rabiscava em cima deles e mandava de volta um fax com suas observações para os times envolvidos. Mais um processo ineficiente — e veja bem, o computador continuava não sendo uma opção. Após o iPhone ser lançado em 2007, meu pai ainda foi fiel ao Blackberry por alguns anos. Mas, após o lançamento do iPad em 2010, a evidente superioridade do iPhone em relação ao Blackberry — e a tela maior do iPad para, finalmente, ler as planilhas diretamente no aparelho — foi o suficiente para convertê-lo. Desde então, ele vive uma linda história de amor com os dispositivos móveis da Apple.

Essa história reflete os ciclos de inovação na indústria de aparelhos celulares que Clayton Christensen usa como referência para explicar o "Dilema do Inovador". Onde erraram a Nokia e, em seguida, o Blackberry? Afinal, no papel, fizeram o certo — mesmo que no Dilema do Inovador, "fazer o certo esteja errado e fazer o errado esteja certo".

A Nokia fez tudo certo, ou seja, continuava a criar versões cada vez melhores do seu aparelho de sucesso, até o Blackberry chegar com inovações disruptivas, como o teclado QWERTY e o BBM, que mudaram a forma com que as pessoas usam o *smartphone*. Foi aí que o Blackberry continuou a criar versões cada vez melhores do seu próprio aparelho, o que fazia sentido diante do crescimento que vivenciavam — até o iPhone chegar com inovações disruptiva que mudariam, de novo, a forma com que as pessoas usavam o *smartphone*. O que virá depois do iPhone? Ainda não sabemos, mas várias empresas já estão trabalhando nisso.

Nem Nokia nem Blackberry fracassaram porque desviaram de suas estratégias bem-sucedidas, ou porque abandonaram as tecnologias que as ajudaram a ser líderes de mercado, mas exatamente porque elas as mantiveram! As empresas continuavam a melhorar suas versões sem notar mudanças no mercado e nas expectativas e comportamentos do consumidor, e o sucesso do passado virou o motivo do próprio fracasso.

Os números contam a mesma história: em 1999, os lucros da Nokia foram de US$4 bilhões, e em 2003 a Nokia lançou o 1100, o modelo que mais vendeu na história. Com ele, detiveram em torno de 40% do mercado de celulares no mundo. Porém, em 2013, a Microsoft comprou a Nokia por US$7,6 bilhões após ela ter perdido a onda dos sistemas operacionais no smartphone, e três anos depois a empresa foi vendida novamente para a Foxconn, por US$350 milhões — no que deve ter sido um dos piores acordos da história da Microsoft.

No caso do Blackberry, até o lançamento do iPhone, ele era líder disparado de aparelhos móveis, detendo 40% do mercado dos Estados Unidos e 20% do mercado mundial. O interessante foi que, de 2007 (ano de lançamento do iPhone) a 2012, o número de usuários do Blackberry continuou crescendo de quase 10x (de 8 milhões de aparelhos para 77 milhões). O grande problema era que, enquanto isso, o *market share* da empresa caiu para menos de 10%; ou seja, ao olhar apenas para as métricas internas e proteger o próprio *core business*, a liderança da empresa não percebia que o mercado cresceu muito mais rapidamente do que eles, particularmente desde a aceleração do iPhone. A Blackberry deixou de fabricar smartphones em 2016.

Esse *case* serve de introdução perfeita ao "Dilema do Inovador", teoria introduzida pelo professor de Harvard Clayton Christensen em seu livro "Dilema da Inovação" de 1997, e que foi elaborada para explicar os fenômenos psicológicos e econômicos relacionados às inovações disruptivas. A inovação disruptiva é aquela que cria um novo mercado e desestabiliza os concorrentes que antes o dominavam, e que torna os antigos produtos e serviços obsoletos.

O Dilema do Inovador nasce do fato que a inovação disruptiva, em um primeiro momento, é inferior e menos lucrativa que os produtos e serviços já existentes — e, por isso, menos atrativa para receber investimentos e finalmente ser implementada. Os motivos são múltiplos: a melhoria de um produto leva tempo, consome recursos e exige um elevado número de iterações (e erros, na maioria dos casos), e inicialmente irá atender a uma base pequena de clientes, os chamados *early-adopters* (pois normalmente há resistência por parte da maior parte da base). Por conta disso, o que mais perseguimos são inovações incrementais, ou seja, as que apenas melhoram as já existentes.

O problema não reside nas ideias, mas em sua execução. Uma pesquisa recente da Harvard Business Review, com 164 executivos de empresas com receita superior a US$1 bilhão, demonstrou que 26% dos entrevistados acreditam que a transição das ideias desde as áreas de Pesquisa & Desenvolvimento ou polos de inovação para as unidades de negócios "precisa de uma séria melhora". Outros 16% descreveram essa transição como "terrível" e disseram que viram vários projetos sumir do mapa após a transferência para uma unidade de negócios.

Esse dilema é o motivo pelo qual líderes de mercado e empresas bem--sucedidas e consolidadas tendem a não investir em tecnologias disruptivas em estágios iniciais, já que, além de possuírem um mercado limitado e margens de lucro pequenas, apresentam grande risco: é muito mais confiável investir em soluções que já deram certo. Uma vez que a inovação disruptiva se torna popular, as empresas que antes rejeitavam as mudanças tentam incorporar esse novo produto ou serviço, só que quase sempre é tarde demais.

É importante inovar o quanto antes, quando o negócio ainda está indo bem — afinal, seu *core business* não colapsa de um dia para outro, assim como uma nova tecnologia não substitui a antiga de forma instantânea. Ao contrário, ele permanece forte, mesmo que a disrupção do mercado já esteja acontecendo. Pense nos anos entre 2007 e 2012, com o Blackberry ainda dominante, mesmo que o iPhone estivesse transformando o mercado. Os líderes de hoje não são treinados para gerenciar organizações em tempos difíceis, mas sim quando os negócios estão indo bem.

Ben Horowitz nos explica no próximo trecho da diferença entre os "CEOs de guerra" e "CEOs de paz", e o porquê os primeiros são mais focados na execução e conseguem melhor superar o Dilema do Inovador.

8.2 "CEOs de guerra" com Ben Horowitz

> Se você ler livros sobre gestão, eles são quase que inteiramente escritos para CEOs em tempos de paz. Assim que tudo que você aprende sobre tomada de decisão, delegação, microgestão e todas essas coisas, é ótimo em tempos de paz, no sentido de que, em tempos de paz, você está muito mais focado no desenvolvimento dos times, no desenvolvimento da organização a longo prazo, na capacidade da organização de tomar decisões de melhor qualidade e, também, ser criativa fora da sua missão principal. Isso é possível quando você tem um produto como Google e você está dominando o mercado de buscas. Nessa situação, você pode focar nessas iniciativas de tempos de paz.
>
> Por outro lado, se você está ficando sem dinheiro ou se você é como a Apple quando Steve Jobs assumiu a empresa e tinha três semanas de dinheiro em caixa apenas e assim por diante, você não pode se permitir demorar no processo de tomada de decisão. Você tem que chegar a um processo de decisão muito eficaz de forma extremamente rápida, e é aí que você entende que é nesse momento que as técnicas de guerra entram em jogo. Às vezes, em tempo de guerra, você acaba tomando iniciativas que realmente prejudicam o desenvolvimento da organização porque há mais responsabilidade no CEO para que tome um número maior de decisões, já que assertividade é mais importante, e em virtude da sua posição, o CEO tem mais conhecimento para tomar essas decisões e mais autoridade para torná-las definitivas, rápidas e de alta qualidade. (Ep. 9 — Ben Horowitz. Min. 13.03 — 14.47).

Durante o isolamento social de 2020, entre leitura e meditação, resgatei também o hábito de assistir filmes e séries que fizeram história.

Uma delas é com Bruce Lee interpretando Li Tsung, um traficante de antiguidades que aparece em quatro episódios da série americana Longstreet, trama investigativa que passou no canal ABC, entre 1971 e 1972. Nela, Mike Longstreet fica cego e perde sua esposa após uma explosão. Decidido a investigar o que aconteceu, ele passa a aprender técnicas de artes marciais com Li Tsung. Nessa parte aparece o famoso trecho do Bruce Lee, que diz: "Não faça um plano da luta, esse é um ótimo jeito de você perder seus dentes. Se você tentar lembrar, você vai perder! Esvazie a sua mente. Seja sem forma, como água. Se você colocar água em um copo, ela se torna o copo. Se você colocar água em uma chaleira, ela se torna a chaleira. Água pode fluir, água pode destruir. Seja água, meu amigo. (...) Como todo mundo, você procura aprender como vencer, mas nunca como perder, como aceitar a derrota. Aprender a morrer é se libertar da morte. Então, quando amanhã chegar, você precisa se livrar da sua mente ambiciosa e aprender a arte da morte".

20 anos depois do meu primeiro encontro com Bruce Lee, quando comecei a treinar Jeet Kune Do na Itália, interpretei a frase sob a lente dos negócios e percebi que essa frase fala tudo o que é preciso sobre liderança em momentos desafiadores, é apropriada e mais urgente que nunca, no mundo da Covid-19.

Os pontos principais dessa frase do Bruce Lee são:

- **Não faça planos:** você precisa não ter planos para reagir rapidamente ao adversário;
- **Não tente lembrar:** apenas armazenar informações, ou ter experiência, não vai te salvar e pode te frear;
- **Esvazie sua mente:** suas crenças te limitam;
- **Aceite a derrota:** se mostrando vulnerável vai se libertar da derrota;
- **Não seja ambicioso:** visão, sozinha, não adianta em momentos de crise. Você precisa criar o presente com pequenos passos.

O mais interessante é a parte final da frase — que logo conectei com o Hagakure, livro escrito por Yamamoto Tsunetomo, samurai japonês do século XVII, que reúne o código de conduta dos samurais, e fala muito da morte: a frase mais famosa da obra é, certamente, "o caminho do guerreiro é achada na morte". Yamamoto chega até a dizer sobre "manter a morte em mente a toda hora". O livro chega a explicar a ideia atrás da necessidade dessa contemplação constante da morte — ou seja, se você se dá conta que, na vida, o que existe é o hoje, sem a certeza do amanhã, tem a sensação de que tudo acontece pela última vez. Neste caso, não pode deixar de ser extremamente atento ao que acontece ao seu redor. O mesmo conceito do Dia 1, só que ao outro extremo, não é?

Ben Horowitz traduz essa ideia para o mundo corporativo no livro "O lado difícil das situações difíceis": a maior ameaça para a liderança e para a cultura de uma empresa é um momento de crise, quando você está sendo esmagado pela competição, está próximo da falência ou enfrenta uma crise imprevisível como que estamos vivendo desde 2020. Nessas condições, como focar nas suas tarefas normais se pode "ser morto" a qualquer momento? A resposta de Ben Horowitz é: eles não podem te matar se você já estiver morto — ou seja, se você já aceitou o pior dos cenários não tem nada a perder — e isso muda dramaticamente seu estilo de gestão e liderança. O paradoxo é que, se o seu custo de oportunidade está próximo ao zero, então aí está a luz da esperança e, em muitos casos, a luz da inovação. É nesse momento que você tem que se tornar um CEO de guerra e não ser mais o líder da paz: enquanto o último foca no que está indo bem (e consequentemente, pelo Dilema do Inovador, corre o risco de deixar de inovar), o líder de guerra enfrenta de cara as "situações difíceis" e toma decisões duras, mas importantes o tempo todo, sobre o rumo da inovação.

Parece simples, assim, mas situações difíceis nos trazem medo, e frente a ele temos três possibilidades: congelamos, fugimos ou reagimos. Enquanto os líderes de paz frequentemente congelam (mantêm o *status quo*) ou fogem (negam as evidências da necessidade de inovar), os líderes de guerra reagem às condições difíceis do mercado, tomando decisões difíceis rapidamente — constantemente executando e pivotando, e vivendo todo dia como se fosse o último (ou o primeiro, seguindo a mentalidade do Dia 1 de Jeff Bezos).

Nos negócios, estar "em paz" significa ter uma enorme vantagem diante da competição, enquanto o mercado está crescendo também. Por isso, em tempos de paz, a companhia pode focar em expandir o mercado e reforçar seu *core business*. No caso de "estar em guerra" nos negócios, a empresa está se defendendo de ameaças que podem prejudicar sua existência, incluindo competição, mudanças macroeconômicas, mudanças no mercado ou ao longo da cadeia de suprimentos, e assim por diante.

Um exemplo de cenário de guerra foi o mercado de semicondutores nos anos 1980, onde a Intel de Andy Grove, autor do livro "Só os paranoicos sobrevivem", teve a missão de "combater" os produtores japoneses. A ameaça competitiva era tão grande que, caso tivesse perdido a guerra, a Intel provavelmente teria saído do próprio *core business* de semicondutores, que empregava em torno de 80% de seus times. O risco era gigantesco, mas eles conseguiram: a Intel se estabeleceu como líder de mercado por muitos anos, vivendo uma fase de "paz", até voltar a viver um cenário extremamente desafiador hoje em dia, em um mercado de semicondutores concentrado e onde a briga é enorme com *players* como TSMC, Samsung e Nvidia.

Qual é a razão desses ciclos? O que faz com que nossos sucessos do passado virem os freios da nossa inovação do futuro?

A verdade é que muito disso está relacionado com o que fazemos para proteger as inovações que nos fizeram grandes: entre várias coisas, implementamos processos e burocracias que, ao mesmo tempo que nos ajudam a obter grande eficiência, nos "prendem" na hora de inovar.

Existe um conflito inerente entre processos (que são ótimos para eficiência) e atitude de execução constante da inovação (que eu chamo de *atitude maker*), e Reed Hastings nos conta seus aprendizados a respeito no próximo trecho.

8.3 "Processos vs. autonomia" com Reed Hastings

> A grande vantagem de ser capaz de lançar duas empresas na minha vida é de não ter cometido os mesmos erros. Quando a minha primeira empresa cresceu e abriu o capital, nós criamos muitos processos, porque tínhamos a ideia de que se nós pudéssemos simplesmente eliminar os erros, pense em como podíamos ser bons! Assim, toda vez que algo dava errado, criamos um novo processo, e ficamos muito orgulhosos de termos consertado os erros do sistema que não percebemos que, se você criar processo para tudo, apenas burros querem trabalhar lá. Depois o mercado mudou, e todo o tipo de pensador maluco e inovador se foi, e todo mundo que ainda estava lá era realmente bom em seguir as regras, mas o mercado havia mudado. Esta era a época da ascensão do Java e da Internet, e nós, como empresa, não fomos capazes de nos adaptar. Foi então que eu entendi: a otimização de curto prazo para obter eficiências é a morte do sucesso e da inovação no longo prazo, e devíamos construir uma empresa como a Netflix, que tolere algum caos de curto prazo, e administramos bem à beira do caos. O valor disso é manter

> e estimular pensadores incríveis, assim que, quando o mercado muda, como DVD para streaming, ou licenciamento para conteúdo original, temos dentro da Netflix todos os tipos de pensadores originais. Essa é otimização de longo prazo. (Ep. 31 — Reed Hastings. Min. 17.34 — 18.59)

Em uma entrevista recente à CNBC para promover o seu livro "A regra é não ter regras", Reed Hastings disse que a Netflix está fundamentalmente dedicada à liberdade do trabalhador, porque isso faz a empresa mais flexível. Ela teve que se adaptar tantas vezes, desde a época dos DVDs por correio, até liderar o *streaming* hoje e, se não tivesse dado a liberdade necessária a seus colaboradores, provavelmente não teria pivotado com tanto sucesso em resposta às mudanças do mercado.

Reed gosta de dizer que a Netflix é gerenciada à beira do caos — não podemos esquecer que a inovação frequentemente nasce desse tipo de cenário — e o que permite isso é a liberdade que seus colaboradores têm. Afinal, confiar neles para que tomem as melhores decisões para si mesmos e para a empresa é uma parte fundamental do processo de construção de uma grande equipe, e isso significa que você deve dar o espaço necessário para que todos sejam criativos e trabalhem em seus próprios termos. Mas, para tanto, é preciso garantir que todos tenham um compromisso embutido com o sucesso da empresa, acima de tudo.

Um excelente exemplo dessa dicotomia é a política de férias da Netflix — ou, melhor, a falta dela. O fato de a Netflix permitir que os funcionários decidam quando e quantas férias tirar já teve muita repercussão na imprensa, e agora é prática cada vez mais comum no Vale do Silício. Mas, quando isso foi sugerido por Patty McCord, uma das primeiras colaboradoras de RH da empresa e uma das principais criadoras da cultura da Netflix, era extremamente inovador. Quando questionada se os funcionários se aproveitam da ausência da política, McCord normalmente balança a cabeça: "Se você quer tirar seis meses de folga, então realmente quer parar de trabalhar".

O mesmo vale para a inexistente política de viagens da Netflix: não há documentação descrevendo hotéis parceiros, tarifas corporativas ou diárias apropriadas. Simplesmente confia-se que os colaboradores usem o bom senso ao viajar, pois sabem bem como suas despesas de viagem afetam o negócio e, no fim das contas, esse dinheiro é o dinheiro deles.

Para quem não conhece a fundo a cultura da empresa da Netflix ainda, recomendo abrir a página: jobs.netflix.com/culture e ler mais a respeito. É incrível. A primeira versão do documento de cultura da Netflix foi formalizada em 2009, quando foram publicados no Slideshare 125 *slides* despretensiosos, chamados "Netflix Culture Deck". Essa apresentação, que está no Slideshare até hoje, descreve a filosofia agora conhecida como "Cultura Netflix: Liberdade e Responsabilidade". Sheryl Sandberg chegou a chamá-lo de "O documento mais importante já publicado no Vale do Silício".

A Netflix ainda é uma exceção. Quase nenhuma empresa dá tamanha liberdade aos colaboradores, por medo do caos que pode surgir, e por isso fazem o oposto: criam processos — e atenção, processos não são necessariamente ruins. Pelo contrário: empresas que combinam processos claros e cultura forte podem ser extremamente bem-sucedidas, como a Ambev, cujo foco é em eficiência operacional (ainda que conhecida por ser bastante processual).

Execução sim, mas inovação? Aqui existe um conflito inerente entre processos e liberdade. O risco é que, com muitos processos, os colaboradores mais criativos, os inovadores, os disruptores se desengajem da empresa, pois não há espaço para suas contribuições — como o Reed Hastings contou no extrato acima.

Ao mesmo tempo, a falta de processos não é sinônimo de liberdade e empoderamento: em muitos casos, esse "vazio" pode trazer consigo grandes obstáculos na hora de executar ideias e estratégias — pois a execução não é coordenada, e perde-se em algum momento por falta de clareza. Isso acontece ainda mais no *middle management*, ou seja, no nível de coordenadores e gerentes que se encontram no meio de instituições hierárquicas — e que muitas vezes foram promovidos há pouco tempo, sem preparação ou treinamento para estar nessa posição.

Vivi isso no Groupon, onde existia uma prática de promover para gerentes comerciais os melhores vendedores. O raciocínio era: "Ela já é uma ótima vendedora, por isso vai ser uma gerente ainda melhor". O resultado mais frequente, porém, era que perdíamos um ótimo vendedor e ganhávamos um gerente medíocre, que não estava preparado para o cargo, não tinha paciência para liderar pessoas e que se desmotivava logo, por acabar às vezes até ganhando menos que um vendedor (por abrir mão da comissão de vendas). Um desastre.

É melhor estruturarmos processos claros para facilitar a vida dos coordenadores e gerentes, ou deixarmos a liberdade da organização beirar o caos, se autorregulando através de uma forte cultura? Ou existe um equilíbrio nisso tudo? O mundo dos *hackathons* pode nos ensinar que sim, o equilíbrio é possível.

Um artigo de dezembro de 2018 com o título "*The Art of Balancing Autonomy and Control*" (em tradução livre, "A arte de equilibrar autonomia e controle"), publicado na MIT Sloan Management Review, apresenta um estudo realizado por um time da NYU Stern School of Business ao longo de três anos. Nele, são analisados *hackathons* ao redor dos Estados Unidos e abordado esse conflito: o desafio para os líderes passa a ser descobrir como equilibrar autonomia e controle para atingir os objetivos organizacionais sem comprometer a inovação.

Por que foi escolhido o mundo dos *hackathons*, eventos que reúnem times multidisciplinares com o intuito de, em um período curto de tempo, criarem soluções inovadoras para algum problema específico? Porque um *hackathon* funciona apenas no equilíbrio entre alta velocidade, autonomia criativa e controle administrativo — e ao mesmo tempo em que a criatividade é fomentada, é esperado um protótipo como resultado (ou seja, ideias não são suficientes).

O *insight* mais importante da pesquisa é que existe uma diferença enorme na maneira como os organizadores de *hackathons* abordam gestão, se comparados a líderes em empresas: em vez de tentar gerenciar e controlar o processo de inovação enquanto ele está acontecendo, se concentram em preparar o cenário de forma inteligente e, em seguida, dão um passo atrás e concedem autonomia aos times.

Essa distinção é semelhante a dirigir atores no cinema e no teatro: no primeiro caso, é esperado que os diretores controlem e intervenham durante o processo para aperfeiçoar o filme — enquanto no segundo os diretores focam na preparação prévia e abraçam a incerteza e a improvisação que fazem parte da apresentação ao vivo.

Quando a gente prepara o terreno e cria os pressupostos para a inovação acontecer, conseguimos resultados extraordinários porque não abrimos mão do controle de forma total e conseguimos deixar a autonomia necessária enquanto o processo de inovação está acontecendo. Obviamente em paralelo precisamos gerenciar o aprendizado ao longo do processo. Mas o processo de aprendizado é desafiador, ainda mais à medida que especialização é vista como o caminho educacional certo.

Particularmente no que se refere a isso, a imprevisibilidade dos cenários que enfrentamos faz com que a repetição em si não seja o suficiente para aprendermos da melhor maneira possível: o que precisamos é treinar sob cenários cujas condições mudam de forma constante. Laszlo Bock, cofundador e CEO da Humu e ex-VP de Recursos Humanos do Google, nos conta como isso funciona no seguinte trecho.

8.4 "Treinar sob condições diferentes" com Laszlo Bock

Alguém compartilhou comigo a história que eu vou contar agora. Certa vez, um estudante da Universidade de Stanford estava indo para uma festa de fraternidade, e era uma daquelas noites horríveis, porque ele pegou uma das poucas noites aqui da Califórnia em que o tempo estava ruim, ou seja, tinha muita chuva, trovão, tempestade e escuridão às onze horas da noite, exatamente no horário em que ele se dirigia para a festa. Ao dirigir pelo campo de golfe, ele passou pelo driving range em Stanford, e viu um cara lá fora, apenas batendo bolas de golfe uma após a outra às onze horas da noite no campo de golfe. Não tinha ideia de quem era, e seguiu para a festa. Quando estava voltando dela, por volta das 3:00 da manhã, ele encontrou o mesmo cara batendo bolas na chuva, no meio da noite e no meio da tempestade. Foi então que ele o reconheceu e resolveu se dirigir até a pessoa e disse: "Tiger, isso é loucura. Por que você está fazendo isso?" A resposta de Tiger Woods (NDA: um dos maiores campeões de golfe da história) foi: "Já que não chove com frequência no norte da Califórnia, essa é a única chance que eu tenho para praticar". Sabe qual a lição embutida nessa história? É que, de fato, há algo em nossa noção de prática deliberada e concentrada, sobre qualquer coisa que fazemos. A visão convencional sobre treinamento, aprendizado e desenvolvimento, é a que "Vou fazer um curso de microeconomia e ser especialista em microeconomia", ou "Eu vou

> trabalhar para ser um líder melhor., e tudo que eu preciso fazer são essas 10 coisas diferentes e pronto, vou melhorar no que faço. Eu serei um ótimo CEO se fizer estas 12 coisas".
> A grande realidade é que aprendemos melhor quando nos concentramos nas menores coisas possíveis. Quando praticamos deliberadamente em torno de uma pequena habilidade que é um componente constituinte de uma competência muito mais ampla. (Ep. 14 — Laszlo Bock. Min. 3.32 — 4.58).

A menos que você tenha lido meu primeiro livro, talvez não vá acreditar que meu primeiro emprego foi de salva-vidas. Durante as férias escolares de verão, na adolescência, eu costumava trabalhar de junho a setembro sob o sol, como salva-vidas em Celle Ligure, balneário a 30km de Gênova, cidade onde nasci. Os únicos momentos em que podia aproveitar um pouco de sombra era quando revezava com meu colega o turno no balcão do bar.

Comecei aos 14 anos, e até os 16 anos eu limpava a praia de manhã e à noite, e durante o dia, ficava servindo cafés e cappuccinos no bar do balneário. Ou seja, até os 16 anos eu não era salva-vidas de verdade e não podia ficar vigiando os turistas. Para se tornar salva-vidas na Itália você precisa ter no mínimo 16 anos, fazer um curso de 6 meses e passar em uma prova final.

No mês do meu aniversário de 16 anos, em outubro, fui me registrar para o curso e a pergunta que ecoava em minha cabeça era: "Por que um curso tão longo? 6 meses para que?" Foi entre uma aula e outra que entendi o porquê.

A razão é que o mar nunca é o mesmo.

O mesmo critério se encaixa para um rio: Eráclito de Efeso, filósofo que viveu no período de 540-475 a.C, dizia que nunca vamos pisar na mesma porção de água duas vezes, pois o rio mudou, já que sempre é outra água que corre pelo seu leito. Ele usava a expressão grega *panta rei* para nos lembrar que "tudo passa". Essa expressão surge da noção de que tudo é móvel, transitório, passageiro, e parte do princípio de que tudo é movimento e nada permanece estático.

A verdade é que essa visão se aplica a tudo.

Através dessa referência filosófica, quero voltar para o ponto de que o mar nunca é o mesmo. Assim, do que adianta fazer várias aulas treinando e repetindo os movimentos de resgate em uma piscina e estar preparado para resgatar pessoas em um mar calmo quando o mar pode ser agitado, com ondas enormes, e você pode nunca ter treinado sob uma condição como essa? O mar pode ter correntezas fortíssimas, pode ser extremamente frio ou, no meio de uma tempestade, ter relâmpagos que colocam em risco a sua vida, já que a água é condutora de eletricidade. Como lidar? Se você treinar apenas em uma piscina, mesmo que repita o movimento de resgate 10.000 vezes, não estará preparado para a imprevisibilidade do mundo real.

Dito assim parece quase óbvio, mas a verdade é que, na prática, fazemos o oposto: a forma com que abordamos educação, treinamento e desenvolvimento pessoal e profissional hoje é através da repetição "na piscina".

Alguns anos atrás li o livro "Fora de Série" de Malcolm Gladwell, autor que adoro. Nesse livro de 2008, ele examina quais são os fatores que levaram ao sucesso indivíduos e empresas totalmente fora da curva, como Bill Gates e os Beatles, entre outros, e parte desse sucesso é atribuído ao que ele chama de "a regra das 10.000 horas". A premissa diz que a chave para alcançar um nível de domínio completo de qualquer habilidade e se tornar um entre os melhores do mundo nessa área é praticá-la por 10.000 horas, ou seja, cerca de 20 horas por semana, por 10 anos.

Fazendo uma conta rápida, isso significa 40 horas por semana por 5 anos, ou 100 horas por semanas por 2 anos. Sendo que uma semana tem 168 horas, temos que ser realistas e entender que é humanamente impossível dedicar esse número de horas a uma atividade só. Então, se quiser ser excelente em determinada área, você precisa de 5 a 10 anos de prática — se for uma pessoa normal que dorme, come, tem uma vida social e assim por diante...se você for humano, digamos.

Não vou questionar que essa teoria seja válida e até funcione, mas quero colocar o foco no fato de que essa teoria não faz muito sentido, por duas razões principais: a primeira é que, quando você dedica tanto tempo à repetição de uma tarefa ou hábito, abre mão das enormes oportunidades de desenvolver múltiplas competências, habilidades ou conhecimentos — que é mais importante nos dias de hoje, em um mundo que requer "generalistas especializados", como vimos anteriormente. No passado, ao se especializar, você estava se preparando para carreiras lineares, estáveis e previsíveis do mundo analógico, mas isso já não funciona mais: você precisa ter múltiplas *expertises*, que reflitam a complexidade do mundo e preparem as pessoas para carreiras não-lineares.

O segundo motivo é que, sozinha, essa afirmação está incorreta. O certo seria dizer que, para dominar verdadeiramente uma área do saber ou uma habilidade, você precisa repeti-la constantemente, mas mudando os contextos, condições e variáveis. Do que adianta a repetição se ela ocorre sempre sob o mesmo cenário? Ela não estaria preparando ninguém para a infinita combinação de situações e circunstâncias, pela maior parte imprevisíveis, do mundo digital!

Laszlo Bock disse que performamos melhor quando praticamos deliberadamente uma pequena habilidade, componente constituinte de um leque muito mais amplo de competências profissionais. Por exemplo, de nada adianta o Tiger Woods treinar de forma mecânica e repetitiva no golfe, e se autoconvencer: "Eu sou o melhor do mundo". Essa seria uma habilidade macro. Ao treinar sob as mais variadas condições, está desenvolvendo a micro habilidade de ser eficiente embaixo de chuva, no sol, com relâmpagos, no calor... é a somatória disso que o faz verdadeiramente o melhor do mundo no golfe.

O mesmo vale para qualquer outro esporte ou situação de vida e carreira. Eu pratico jiu-jitsu há 12 anos, e existe uma prática de treino chamada *drill* em que repetimos uma posição para que ela possa ser aplicada de forma quase automática. Isso é ótimo, por um lado, mas o grande problema é que se você não treinar a mesma posição em situações reais de luta, de nada adianta fazer isso em um contexto em que o adversário não está resistindo, ou contra-atacando, como na vida real. Treinar *drills* ajuda? Certamente ajuda, mas sozinho esse treino não vai te permitir dizer "Eu vou ser o melhor do mundo", porque as situações de luta são infinitas e você precisa estar pronto para todas elas.

Traduzindo esse conceito para o mundo dos negócios, vou trazer um exemplo da indústria farmacêutica: existe um grande desafio na área de testes clínicos de novos medicamentos. O gargalo é que eles são feitos em pessoas que, durante a fase de testes, precisam ser acompanhadas em ambientes hospitalares e, portanto, abrir mão das próprias rotinas por um tempo. Sendo que os futuros pacientes continuam o seu dia a dia normal, nas condições reais, os resultados dos testes clínicos podem não cobrir todas as situações. Agora a telemedicina e a Internet das Coisas, com seus sensores e outras inovações digitais, permitem minimizar essa questão — mas a distinção entre condições padrão e condições reais permanece um ponto importantíssimo a ser considerado em uma estratégia de execução de testes clínicos.

Essa reflexão sobre treinar a adaptação nos mostra que precisamos aprender a executar de forma rápida e eficiente, em resposta às mudanças no ambiente externo. Nada disso é simples, ainda mais porque a execução tem custo e demora a ser colocada na prática, já que temos tendência a pensar sempre na macro execução, acreditando que ações pequenas não causam impacto — o que é um pensamento totalmente errado. No mundo digital, a melhor forma de executar é através de micro ações que nos ajudam a minimizar o custo da execução e conseguir *feedback* rápido — podendo elas ser escaladas se comprovadamente eficazes.

O Jim Collins, pesquisador e consultor de liderança, nos explica no seguinte trecho como acelerar a execução através do conceito de "Marchas de 20 Milhas".

8.5 "Marchas de 20 Milhas" com Jim Collins

> Você pode estar abatido por uma questão de saúde ou tenha perdido um emprego...ou esteja tentando construir sua pequena empresa ou tentando formar uma equipe esportiva e esteja pensando: o que vou fazer para acordar de manhã? Como seguir em frente?
>
> Nos deparamos com esse conceito chamado Marcha de 20 milhas. A ideia é que, se você quiser caminhar de San Diego ao Maine, você pode tentar ter dias ótimos de 60 milhas com tempo bom, e ficar parado em dias de tempo ruim. Ou você pode, todos os dias, fazer 20 milhas em um dia, 20 milhas por dia, e 20 milhas nos dias seguintes.
>
> Ontem conversei com uma pessoa que adotou essa ideia porque todas as nossas empresas tinham Marchas de 20 milhas. (...) Tinha uma mulher que estava tentando fazer a transição de emprego, por ter perdido o seu, e estava em busca de uma nova oportunidade (..) e ela me disse, "Eu li o seu artigo na revista Fortune, e eu fiz uma Marcha de 20 Milhas". Acordava todas as manhãs e dizia: vou fazer três novos contatos por dia, todos os dias como um relógio, não sete em um dia e zero nos outros, mas todos os dias uma marcha de 20 milhas. (Ep. 8 — Jim Collins. Min. 23.37 — 24.37).

No começo do século passado, dois exploradores competiram para ver qual seria a primeira expedição a chegar ao Polo Sul na história. De um lado estava o norueguês Roald Amundsen e mais quatro pessoas, que chegaram primeiro, em 14 de dezembro de 1911, cinco semanas antes do grupo liderado pelo inglês Robert Falcon Scott, da Expedição Terra Nova. Amundsen e sua equipe voltaram sãos e salvos à sua base, sendo informados, mais tarde, que Scott e mais quatro companheiros tinham morrido na viagem de volta. Mesmo sendo competidores, esse foi um grande baque para o norueguês.

Os dois times eram mais ou menos equivalentes em termos de equipamentos, conhecimentos e experiência. Qual foi, então, o ponto crítico que fez Amundsen ganhar e Scott fracassar?

Amundsen tinha, literalmente, um objetivo de percorrer 15 milhas todos os dias, regularmente, sem desculpas. Construiu toda uma prática em torno disso: nos dias bons, enquanto a expedição de Scott dava seu máximo, ele nunca superava essa distância pré-definida, mesmo que fosse possível. Nos dias ruins, ele ia em frente, mesmo em condições adversas, e ainda que fizesse um pouco menos, como 6 ou 7 milhas, nunca deixava de avançar, enquanto a equipe de Scott se protegia da tormenta.

Essa disciplina fanática foi o que fez Amundsen ganhar e, segundo Jim Collins, essa é uma das duas principais características do líder nível 5, ou seja, o líder das "empresas excepcionais" — ao lado da humildade. Disciplina é o que move alguém a todo dia se colocar um pequeno objetivo concreto e persegui-lo fanaticamente; essencialmente, é ter uma consistência de ação. Isso funciona da seguinte forma: primeiro, você cria seu cronograma de progressão. Segundo, coloca um limite mínimo que você tem que alcançar, seja em momentos bons ou ruins. Também coloca um limite máximo, onde é preciso ter disciplina para não o superar muito e apenas maximizar porque pode (pois isso pode te expor às possíveis tormentas que podem chegar mais tarde). Por último, você tem que alcançá-lo. Isso é importante: não estamos falando apenas de boas intenções — elas não contam nesse caso -, mas sobre concretamente atingir o objetivo.

Como traduzimos isso para o mundo corporativo? A Stryker, empresa de tecnologias médicas fundada em 1941, demonstra que, mesmo que que não necessariamente no curto prazo, uma estratégia de "Marchas de 20 Milhas" paga, e muito, no longo prazo. John Brown assumiu como CEO da Stryker no fim dos anos 1970, quando a empresa ainda era pequena e de gestão familiar, e se colocou o objetivo de crescer os lucros de 20% todo ano — não importava se em condições boas ou ruins de mercado. O foco da empresa estava em alcançar isso nos anos ruins, mas também em não superar muito essa meta nos anos muito bons. Resultado? Na última década, a companhia valorizou suas ações na Bolsa de Valores de NY de mais de 300%, pulando de US$60 por ação para US$252.

Acredite, faz sentido estabelecer disciplinas de Marchas de 20 Milhas: mesmo que fases boas e ruins façam parte dos ciclos dos negócios, empresas costumam ter uma variabilidade muito grande de resultados devido à inconsistência das ações que tomam. Em momentos muito bons de mercado, empresas de bens de consumo, por exemplo, podem querer estocar clientes para bater metas, mas depois sofrem, quando não conseguem subir os preços — já que os clientes não renovam o pedido por terem estoque alto. Empresas de serviços tentam superar qualquer previsão e meta de curto prazo para ganhar bônus, sem nem se perguntar se e como isso afeta a experiência do cliente — e assim por diante.

Algo muito semelhante acontece com as resoluções de ano novo, não é? A forma com que as fazemos é falha: sempre pensamos em macro objetivos, metas ambiciosas, mas nem sempre focamos na parte mais importante, que é o que vamos fazer hoje para concretizar essa visão e alcançá-la no longo prazo.

Ao longo dos últimos seis anos, uma das minhas resoluções de ano novo foi pegar a faixa preta de jiu-jitsu. Fui promovido à faixa marrom em 2014, mas até hoje não peguei a faixa preta. Evidentemente tinha algum problema, se por seis anos seguidos eu não conseguia realizar o objetivo — e percebi recentemente que eu apenas fazia o esforço mínimo de criar essa meta (após o primeiro ano, copiei e colei essa resolução dos anos anteriores), sem deixar claras as micro ações necessárias para alcançá-la. Os horários de trabalho sempre me atrapalharam na manutenção de frequência de treinos, assim como as viagens, e diante disso comecei a focar nas microações — tão simples quanto buscar academias nas cidades onde fosse, levar meu kimono, planejar a agenda da semana com os espaços claros no calendário para os treinos e até qual preparação física seguir para, pelo menos, ficar em forma, mesmo em constante movimento. Até estudei tutoriais de como melhor lavar o kimono em viagens, que era o meu maior gargalo (ninguém merece um kimono fedorento em quarto de hotel). Ou seja, por muitos anos meu objetivo foi o mesmo — mas desde que comecei a clarificar as microações, notei melhoras radicais. A pandemia de 2020 veio postergar (de novo) o atingimento dessa meta; mas, mesmo assim, sei que agora, passo a passo, com disciplina, chego cada dia mais perto da sonhada faixa preta.

Mas um problema inerente às Marchas de 20 Milhas é que, com elas, iremos falhar muito mais. Mais ações, mais erros: é óbvio. Se continuarmos considerando o erro como o grande vilão nas empresas, nunca iremos desenvolver a *atitude maker* que precisamos para inovar, e nunca mudaremos nossa forma de interpretar os fracassos. É indispensável repensar o papel do erro, e é disto que falaremos no próximo Capítulo.

CAPÍTULO 9
Antifragilidade por meio dos Erros Inteligentes

'As crises tendem a levar em duas direções: em uma, elas fazem a criatividade diminuir, e em outra, fazem ela aumentar, e muito disso acho que depende de como a crise é interpretada. Pois quando as crises chegam, normalmente as pessoas ficam nervosas e uma coisa que tentam fazer é se acalmar. Isso na verdade não funciona: se você der a instrução para pessoas se acalmarem quando estão sob uma pressão e estresse forte, isso não terá nenhum efeito no estado emocional delas e, às vezes, fará com que fiquem ainda mais estressadas e ansiosas, pois tentam se acalmar e não conseguem. Então se tornam ansiosas por se sentir ansiosas: se tornam 'meta-ansiosas', e isso que leva a um estado que as pesquisas chamam de *threat rigidity*, onde elas restringem seu campo de visão e pensam 'Como eu protejo meu trabalho?', 'Como eu faço para sobreviver a essa crise?'. A forma com que você começa a lidar com a situação em crises é começar não fazendo as pessoas pensarem que tem que se acalmar, mas em como podem se sentir animadas. A coisa boa da animação é que funciona igual a ansiedade, é uma emoção de alta intensidade, e assim como ansiedade, também envolve incerteza. Você sente ansiedade quando não tem certeza do que irá acontecer, mas também se sente animado quando não sabe o que vai acontecer. Então algo que você

> pode fazer é pensar 'Sim, estou em uma crise e tem razões para se sentir com medo. Mas também tem razões para se sentir animado, e esperançoso em um resultado melhor', e você começa a gerar razões pelas quais essa pode ser uma oportunidade animadora. É assim que as pessoas têm muita mais chance de repensar a crise como uma oportunidade de pensar de forma criativa. (Ep. 46 — Adam Grant. Min. 26.08 — 27.34)

Parece um paradoxo, mas, para acalmar alguém que está nervoso ou estressado, uma das coisas menos eficazes (e talvez mais irritantes) é dizer: "Relaxa".

Já experimentou?

A frase tem exatamente o efeito oposto na maioria das pessoas: quem instrui um colega, subordinado ou parceiro a relaxar pode até ter boas intenções, mas geralmente é melhor tentar uma estratégia diferente para fazer com que as pessoas mudem seu estado emocional. Ao receber uma ordem para relaxar, estão gerando forças opostas que podem fazer com que o estresse aumente ainda mais.

Já gerenciei equipes com colaboradores com altos níveis de energia, mas que se estressavam facilmente se colocados sob pressão. Na maioria dos casos o que acontecia era que, ao colocar pressão e senso de urgência (ainda mais de forma errada, sendo eu um gestor inexperiente) para dar o máximo em determinadas épocas do ano, eu os levava ao limite: após explodirem em ataques de pânico e estresse, normalmente a minha reação era apenas dizer "Fique tranquilo. Vai dar tudo certo". Que erro!

Obviamente, meus times ficavam mais frustrados ainda.

Só hoje entendo o filme que passava na cabeça deles: "Mas como assim, Andrea? Você me pressionou até o limite, e agora está me pedindo para me acalmar? Isso é tão contraditório; a culpa é toda sua!". Na época, eu não enxergava nada disso.

A verdade é que cometemos esse erro demais. Crises vão vir e nem sempre podemos controlá-las — mas o que podemos controlar é a forma com que reagimos, em particular emocionalmente, a elas. É isso que faz a diferença.

Mesmo assim, é normal termos uma primeira reação a crises com emoções negativas, ainda que, por exemplo, ansiedade e animação sejam duas faces da mesma moeda: a animação muitas vezes se disfarça de ansiedade, e a ansiedade é uma emoção perfeitamente natural.

O coração acelerado, o estômago embrulhado e as palmas das mãos suadas que sentimos quando a ansiedade nos atinge são sintomas físicos de ativação do sistema nervoso, também conhecida como "reação de fuga".

A ciência explica essa reação da seguinte forma: quando nosso cérebro detecta uma ameaça, nosso sistema nervoso dispara sintomas físicos para nos manter seguros. Nossos corações disparam para que possamos fugir do perigo, nossos estômagos ficam enjoados (porque o corpo está tornando a digestão mais lenta), e nossas palmas suam na tentativa de nos manter frios.

Por outro lado, a calma é exatamente o oposto. Quando estamos relaxados, o sistema nervoso parassimpático desacelera nossos batimentos cardíacos, retorna nossa digestão ao normal e regula nossa temperatura.

Geralmente retornamos ao modo de "calmaria" quando nossos corpos percebem que não estão mais em perigo — o que pode ser difícil de fazer quando você enfrenta algo assustador, como uma fala em público ou uma apresentação importante na frente da Diretoria.

Concordamos então que passar de repente de ansiedade para a calma possa parecer um grande pulo, então, que tal transformar a ansiedade em animação, em vez do que em calma — considerando que são experiências emocionais muito mais semelhantes?

Mas o grande desafio é: como tornamos essa ansiedade em animação?

Sal Raichbach, psicólogo do Ambrosia Treatment Center, diz que essas duas emoções são separadas pelas associações que fazemos com elas. Quando você sente ansiedade, a primeira coisa que acontece é que seus sentidos observam com atenção o ambiente, e você sente aquela onda de cortisol (o hormônio do estresse) em seu cérebro, quando a reação de fuga começa a se instalar. Esse é um instinto que os humanos desenvolveram ao longo da evolução para sentir o perigo e responder rapidamente. É justamente por isso que tudo acontece em questão de segundos.

Mas o outro lado dessa resposta emocional é a sua capacidade de lembrar da experiência anterior, e é aí que a ansiedade ou o entusiasmo vão começar a se diferenciar: se você já esteve ansioso no passado enquanto falava em público, é provável que fique ansioso quando subir ao palco novamente, mas pode transformar isso em animação se lembrar o quão bem falou da sua última vez — e isso pode se tornar um círculo virtuoso.

E se pudéssemos treinar, de forma geral, nossa habilidade de transformar emoções negativas em positivas?

Essa é a tese principal do livro "Plano B", que Adam co-escreveu com Sheryl Sandberg, COO do Facebook, após ela perder de forma trágica o marido, Dave Goldberg, por um problema de saúde repentino. O acontecimento gerou uma crise enorme na vida da Sheryl, mas acreditar que nossa habilidade de reação é como um "músculo" e pode ser treinada a fez repensar tudo o que sabia, até então, sobre crises e dificuldades. Sheryl Sandberg, COO do Facebook, explica melhor como isto funciona no seguinte trecho.

9.1 "Resiliência" com Sheryl Sandberg

> Depois que o Dave morreu, fiz algo que já fiz em outros momentos difíceis da minha vida: me entreguei para os livros. Com meu amigo Adam Grant, psicólogo que estuda como encontramos significado em nossas vidas, mergulhei na pesquisa sobre resiliência e recuperação. A coisa mais importante que aprendi é que não nascemos com uma certa quantidade de resiliência. É um músculo, e isso significa que podemos construí-lo.
> Construímos resiliência em nós mesmos. Construímos resiliência nas pessoas que amamos, e nós a construímos juntos, como uma comunidade. Isso é chamado de 'resiliência coletiva': é uma força incrivelmente poderosa, da qual nosso país e nosso mundo precisam muito mais agora. É em nosso relacionamento um com o outro que encontramos nossa vontade de viver, nossa capacidade de amar e nossa capacidade de trazer mudanças para este mundo. (Ep. 4 — Sheryl Sandberg. 23.14 — 24.24)

A palavra "resiliência" apareceu só recentemente na língua portuguesa — mas já no ano de 1807, o inglês Thomas Young foi um dos primeiros a fazer uso do termo em língua inglesa para definir a capacidade de "retorno ao estado original", a partir do significado do termo original latino *resilire*. Após sua descoberta em aplicações práticas na área da física dos elementos, outras áreas tomaram o termo emprestado devido à possibilidade de estender seu significado para além de materiais físicos — podendo dizer a respeito até à capacidade da mente humana.

O que aconteceu com Sheryl Sandberg? Após ficar viúva de forma repentina — perdeu o marido aos 47 anos durante férias no México — ela teve de lidar com uma dor nunca sentida antes. Nos dias seguintes à terrível perda, ligou para Adam Grant, pois não enxergava fim à essa dor, e perdeu totalmente a esperança de sentir felicidade novamente na vida, ou que as suas crianças seriam felizes algum dia. Adam voou para a Califórnia para visitá-la e lhe explicar pessoalmente que não ia ser assim: a dor tem que ser vivida, mas a vida normal depois voltaria.

Inicialmente, Sheryl acreditava que resiliência fosse uma capacidade fixa de aguentar a dor, e perguntou a Grant se tinha alguma maneira de entender quanta resiliência ela tinha em estoque. Ele explicou que ninguém tem uma quantia fixa de resiliência, o que levou à pergunta: como alguém pode se tornar mais resiliente? Ele disse que a resiliência é como um músculo, e pode ser desenvolvida e fortalecida.

Em um trecho incrível do livro, Sheryl escreve que "A vida nunca é perfeita e nem sempre segue os planos que traçamos para a gente (...) Todos vivemos alguma forma de Plano B".

A partir dessa conversa, a forma como Sheryl lidou a crise foi incrível, deixando bastante espaço para suas emoções, sem medo de expressá-las: ela se tornou mais vulnerável que antes. Quando voltou a trabalhar, todo mundo estava tentando descobrir qual a melhor forma de apoiá-la, pois ela sempre foi amiga íntima de vários colegas de trabalho e misturava muito a esfera pessoal e profissional. Muitas vezes ela começava a chorar em uma reunião, e por isso a vulnerabilidade surgiu naturalmente, e os colegas puderam ver mais de sua humanidade em ação. Ficaram ainda mais próximos. À medida que as pessoas se abrem de forma mais transparente sobre o que está acontecendo em suas vidas e sobre as crises que as atormentam, seus times e colaboradores sentirão que têm um vínculo mais forte com elas.

Toda vez que reflito sobre a definição de "voltar ao estado normal", lembro da minha experiência com o desenvolvimento de resiliência — quando mudei tudo que podia na minha vida e, após um ano, literalmente voltei ao estado normal.

Estudei e vivi até meus 18 anos na província italiana, perto de Gênova, e quando fui aceito na faculdade de economia Bocconi, em Milão, a mudança foi um choque. Aluguei um quarto em uma república na zona sul da cidade e todo dia ia a pé para as aulas. Passava o dia estudando na biblioteca da faculdade, sem conhecer ninguém. Minhas aulas eram em inglês e tinha dificuldade em entender todos os termos que eram mencionados.

Não estava feliz, e você pode imaginar que não durei muito tempo nessa situação: depois de apenas dois meses, voltei para a cidade dos meus pais para um final de semana longo, comuniquei que iria abandonar a faculdade e partir para uma viagem longa da qual, de fato, não sabia quando iria voltar. Imagine a reação dos meus pais.

Essa viagem me levou à França, Espanha, Marrocos, Turquia, Grécia, Senegal e Mali, entre outros países, e posso dizer que aconteceu muita coisa nesse período. Após quase um ano na estrada, meus pais resolveram pegar um avião até Mali, na África, onde eu estava, para conversar comigo. Me convenceram a voltar — e sabe o que é mais engraçado? Que voltei para a mesma faculdade, para mesma cidade, e até fui morar na mesma república. Voltei para a mesma situação que tinha abandonado um ano antes, mas o que estava extremamente diferente era...eu. A situação externa era a mesma, mas a interior tinha mudado muito. Antes de viajar, eu tinha zero resiliência — até porque tive a sorte de ter tudo da vida. Óbvio que o caso de luto da Sheryl Sandberg é muito extremo, e não quer dizer que para desenvolver resiliência você tenha que passar por lutos, ou crises graves.

Nessa minha experiência pude concluir que resiliência é algo a se desenvolver, sim. Dá para aprender a ter o controle de eventos internos, de emoções, a partir das nossas reações às circunstâncias externas, e voltar ao "estado normal". Eu sou prova viva disto.

Inconscientemente, resolvi partir para o ano de viagens porque no fundo sabia que não estava preparado para enfrentar o mundo: precisava treinar mais esse músculo da resiliência em situações, contextos e desafios diferentes.

Mas é aqui que quero trazer uma reflexão para você: será que apenas "voltar ao estado normal" é o suficiente? Temos o desejo de evoluir constantemente e, para isso, será que resiliência é o suficiente ou precisamos de algo mais — algo que nos ensine a nos reforçar através das crises, para "voltar acima do estado normal"?

No próximo trecho, o economista, matemático e filósofo Nassim Nicholas Taleb diz que não, resiliência não é suficiente, e que sim, precisamos de um novo conceito.

9.2 "Antifragilidade" com Nassim Nicholas Taleb

> Os mercados são informação. O problema em finanças é que as pessoas querem ter medo da volatilidade, então eles fazem como o Greenspan (NDA: ex-presidente do Banco Central americano). A Greenspanização é uma forma de artificialmente estabilizar tudo. É como em uma floresta onde você tenta reprimir todo fogo pequeno para minimizar o fogo, mas o material inflamável e o risco acumulado geram um fogo enorme todo de uma vez. Isso é o que acontece no sistema econômico: você tem que aprender a amar a volatilidade, pelo bem do sistema, porque volatilidade, se você a abraçar, te dá informação que te permite se adaptar muito rapidamente, e naturalmente te protege destes macroeventos. Você pode aplicar esse conceito a muitas coisas: assim como na vida, você pode não ter variabilidade na sua vida gastando por exemplo 6 anos na cama, lendo as 600 páginas de matemática que tem em todas minhas obras, ou pode assistir todos os episódios dos Sopranos, mas enfim, nesses 6 anos você tem zero volatilidade. Mas o que acontece com você quando sair da cama, porque alguém te convida (para sua casa)? Você quebra seus ossos muito facilmente, e você pode não sobreviver a uma corrida de metrô, especialmente em Nova York. Então essa é uma ilusão, porque na realidade se você abraçar a volatilidade, você consegue extrair muita coisa boa dela. (Ep. 32 — Nassim Taleb. Min. 14.39 — 16.01)

Alguns anos atrás, decidi tirar férias de mochilão na Ásia. Fui sozinho primeiro para a Tailândia, depois para o Laos, Vietnã e Camboja, uma das viagens mais incríveis que fiz — me apaixonei particularmente pelo Vietnã, um país que recomendo conhecer assim que possível.

Uma das primeiras coisas que fiz ao chegar em Bangkok, o primeiro destino, foi tentar espantar o *jet lag* enorme (12 horas de diferença com o Brasil) com um treino de jiu-jitsu.

Achei uma academia pela internet perto do meu hotel que, além de jiu-jitsu, obviamente tinha aulas de Muai Thai, o boxe thailandês. Fiquei observando de longe os lutadores locais se preparando para o treino, e notei algo curioso: eles estavam passando garrafas de vidro na canela para cima e para baixo, igual rolos, por vários minutos. Inicialmente não entendia do que se tratava, e fui perguntar. O treinador me explicou que isso gera micro lesões no osso e mata os nervos da canela: o resultado era um osso mais reforçado, e uma maior tolerância à dor.

Inicialmente pensei: "Como assim? Eu sei do oposto: que quando você quebra algo, ele se torna mais fraco, e não mais forte. Como funciona isso?".

Na sua obra de 1888, "O Crepúsculo dos Ídolos", o filósofo Friedrich Nietzsche escreveu a famosa frase: "O que não me mata, me fortalece", que encontramos hoje em todo lugar, até em postagens motivacionais nas redes sociais, como sinônimo de resiliência. A verdade é que essa habilidade de se fortalecer através das crises vai além da resiliência, pois estamos falando sobre melhorar através da volatilidade, de se aprimorar através do caos, de se reforçar através dos fracassos.

É algo maior do que resiliência. Mas existe palavra para definir isso?

Até pouco tempo não. Mas Nassim Taleb, em 2012, criou o termo **antifragilidade** para suprir esta necessidade taxonômica.

Pense em um copo: um copo de vidro é frágil, ou seja, se cair ele quebra e não tem mais nada a ser feito — inclusive um copo quebrado pode até ser perigoso. Para evitar riscos, particularmente com crianças, nós damos a elas copos de plástico. O plástico sim é resiliente: se o plástico cair, ele não quebra. Mas a pergunta é: ele melhora, ou se reforça? Não.

Mas um copo que cai e se reforça após a queda, em vez de quebrar, é antifrágil. Os itens anti frágeis que buscamos são os que quanto menos cuidado recebem ao ser manuseado, mais fortes se tornam. Itens que se beneficiam do caos.

No mundo dos negócios, a antifragilidade define alguém que, quanto mais se expõe a condições de stress, mais se fortalece. É como se, cada vez que ela se depara com um erro, ela aumenta sua motivação e melhora sua capacidade. Um exemplo mitológico é a Hidra de Lerna: um monstro com corpo de dragão e várias cabeças de serpentes que, cada vez que tinha uma de suas cabeças cortadas, fazia duas novas crescerem no lugar. Portanto, a Hidra se fortalecia a cada ferida em batalha.

Antifragilidade é uma evolução da resiliência porque enquanto na resiliência você volta ao estado normal apesar dos erros, com a antifragilidade você se reforça graças aos erros, com os erros tendo um papel até quase positivo nesse processo.

Vamos voltar ao exemplo do boxe tailandês: ossos são antifrágeis! Quando você quebra um osso, ele fica mais resistente ao se calcificar. A construção de músculos funciona da mesma forma: ao fazer malhação você cria microlesões nos músculos que acabam aumentando o tecido muscular. Mas, se você tentar forçar demais, o músculo se danifica. Existe um risco em tudo, e o profissional antifrágil se preocupa em reagir e ajustar os pequenos erros na hora, para que eles não se tornem grandes demais no futuro. Afinal, evitar pequenos erros torna os grandes mais graves — assim, quanto mais tempo se passa sem crises, pior a comoção quando chega uma.

Percebeu agora que nosso corpo é antifrágil? Se nosso corpo é, por que a nossa mente não poderia ser também?

Zaha Hadid, uma das arquitetas mais importantes da história recente, nascida no Iraque e criada em Londres, teve o que eu considero o exemplo de uma vida antifrágil. No começo da carreira, enfrentou discriminação de gênero: o preconceito sexista que existia nos anos 60 e 70 na Inglaterra contra uma arquiteta mulher era muito acentuado, e ela usou isso para se tornar mais forte. Ao mesmo tempo, a ascendência medioriental a fez ter que enfrentar o racismo, e vários outros obstáculos e desafios na vida sempre a levavam a pensar: "Eu vou fazer da adversidade minha fonte de crescimento".

Empreendedorismo, afinal, é isso: é impossível ser um bom empreendedor sem ser antifrágil.

A escolha está com você. Imagine a chama de uma vela sendo soprada forte pelo vento: ela vai apagar. Assim, ela é frágil. Agora, imagine o fogo em um bosque, e o vento começa a soprar novamente: ele se reforça e se espalha. Assim, ele é antifrágil, e o Taleb até chega a usar a metáfora de que: "Você tem que ser esse fogo, e torcer pelo vento".

Pode parecer paradoxal ter que torcer pelo "vento", pela incerteza e pela imprevisibilidade — mas um *mindset* antifrágil justamente se auto reforça com mais imprevisibilidade ainda.

Aliás, a crise atual representa o momento da história recente onde, como líderes, empreendedores, e pessoas, mais precisamos ser antifrágeis, e, assim como a resiliência, ela pode ser treinada e desenvolvida. A partir da forma em que interpretamos os desafios — e sobre isso, quero já quebrar uma crença que molda a forma com que encaramos os desafios, ou seja, que desafios sejam desvantagens. À luz da teoria de Taleb, percebemos que é exatamente o oposto: eles representam o combustível para mudança, e Michelle Obama, advogada, escritora *best-seller* e 46ª *first-lady* dos Estados Unidos nos explica melhor como isso funciona no seguinte trecho.

9.3 "Códigos mentais" com Michelle Obama

> Você nunca deve ver seus desafios como uma desvantagem. Em vez disso, é importante que você entenda que sua experiência ao enfrentar e superar adversidades é realmente uma das suas maiores vantagens. E eu sei disso porque eu já vi isso, não apenas como uma estudante, mas anos depois, quando antes de vir para a Casa Branca, trabalhei como reitora em uma faculdade. Nesse papel, encontrei estudantes que tinham todas as vantagens do mundo: seus pais pagavam suas mensalidades, eles moravam em belos dormitórios do campus. Eles tinham tudo que um garoto de faculdade podia querer: carros, computadores, gastar dinheiro. Mas quando alguns deles tiveram a primeira nota ruim, desmoronaram. Eles se sentiram perdidos porque estavam mal equipados para lidar com seu primeiro encontro com o desapontamento, com o fracasso. A vida colocará muitos obstáculos no seu caminho, muito piores do que uma nota ruim. Você terá perdas terríveis, e clientes difíceis. Você experimentará doenças e perdas, crises e contratempos que irão surgir do nada e te irão derrubar. Mas, diferentemente de tantos outros jovens, você já desenvolveu a resiliência e a maturidade que precisa para se levantar, tirar o pó e continuar andando com a dor. Siga em frente. (Ep. 7 — Michelle Obama. Min. 14.33 — 16.04)

Ninguém acorda de manhã dizendo "Nossa, como queria sofrer muito hoje!".

Sempre queremos fugir do sofrimento, dos obstáculos, dos desafios, mas quanto mais a gente tenta fugir deles, mais eles aparecem, quase como um imã.

Eis a pergunta de um milhão de dólares: por que sofremos? O ser humano se faz essa pergunta existencial desde sempre, e não é fácil achar a resposta.

Certo dia li um livro de título provocativo, "A Sutil Arte de Ligar o Foda-se" do Mark Manson, e achei o caminho para essa resposta. O livro diz: "O sofrimento é o agente incentivador de mudança preferido pela natureza". Pense bem: sofremos porque é biologicamente útil para nossa evolução como espécie; aqueles que sofrem, que se sentem insatisfeitos ou incompletos, mais estão equipados a buscar soluções, inovar e, consequentemente, sobreviver. Ou seja, é uma estratégia da evolução e da seleção natural.

Em um mundo perfeito, simplesmente não existiria inovação porque não teríamos nenhum problema para resolver.

Seria uma utopia — palavra que deriva do grego "ou", "não", ou prefixo de negação, e "topos", "lugar", e que tem, como significado, um lugar ideal que não é no agora, mas que pode ser construído no futuro -, e sabemos que ele não existe.

Quem vive em uma utopia, ou numa bolha — como Michelle Obama descreve os estudantes na época em que ela foi reitora da faculdade -, não sente a necessidade de tomar nenhuma ação para sair dela, pois está confortável onde está. Mas já vimos que não dá para controlar toda circunstância externa: se, por acaso, acontecer algo pelo qual a engrenagem para de funcionar, mesmo que seja algo superficial como uma nota ruim, tudo desmorona.

Ao não estarmos acostumados a lidar com a frustração do fracasso, o associamos com a crença de quem está fracassado é a gente. Não pensamos "Eu fracassei", mas "Sou um fracassado" — e acredite, existe uma enorme diferença.

Logo fiz a associação com a teoria do Código Mental que a Carol Dweck, pesquisadora de Stanford, popularizou no livro "Mindset", em que teoriza que não é nosso conhecimento formal, mas nosso código mental que determina se acreditamos que podemos aprender, mudar e crescer, ou não. Ou seja, a chave está em modelos de pensamento distintos — e ela lista dois principais e opostos. De um lado, o código mental fixo, que envolve a crença de que nascemos com uma "cota" de inteligência e talentos que não irá mudar ao longo da vida. A consequência disso? Por precisar constantemente provar a si mesma o próprio valor, errar é algo insuportável, e pessoas com código mental fixo evitam enfrentar as dificuldades por medo de falhar.

Do outro lado está o código mental construtivo, que envolve a crença de que as nossas habilidades podem ser desenvolvidas ao longo da vida e, devido a isso, pessoas com código mental construtivo buscam constantemente novos desafios e oportunidades de desenvolvimento. Não precisam da aprovação dos outros e não têm medo de parecer mais vulneráveis ou menos inteligentes: costumam encarar experiências novas sem medo de errar, pois entendem o papel dos desafios como motor da transformação.

Só que tem um grande problema: sair da zona de conforto — que é o que as pessoas de código mental construtivo valorizam — te leva para o seu oposto, para uma "zona de desconforto". Admitamos, ninguém gosta de desconforto, e é por isso que temos que aprender a achar conforto nele: o Joe Rogan nos conta como conseguir isso no seguinte trecho.

9.4 "Zona de desconforto" com Joe Rogan

> É uma caça, é uma busca constante, acontece o tempo todo, mas quando você está no meio dela, em movimento, é aí que você se sente ao seu melhor. Mas o desconforto desse movimento faz as pessoas se sentirem tão pouco à vontade, que elas pensam 'Tá, vou passar por essa zona de desconforto e vou chegar nesse lugar de inércia, de tranquilidade. Tudo vai fazer sentido. Finalmente, consegui'. Estou aqui para te dizer: aquele lugar não existe. Não existe, não é um lugar de verdade, é um lugar para o qual as pessoas olham como um objetivo inspiracional, como um destino. Essa será a coisa pela qual você trabalhará duro, você irá dar tudo até chegar nesse lugar e tudo vai valer a pena. Esse lugar não é real. Se você tiver 1 milhão de dólares você irá querer 1 bilhão, se você tiver uma casa grande você irá querer uma casa maior. Descubra o que te faz feliz de verdade, e não são bens materiais: é melhora, melhora na forma com que gerencia a sua mente, melhora na forma em que gerencia suas emoções, é entender que você fez erros e pode melhorar baseado neles, e também entender o que você fez de certo e construir em cima disso. (Ep. 47 — Joe Rogan. Min. 4.07 — 5.15)

Anos atrás, quando estava à frente do Tinder e ativo como investidor anjo em *startups* como Zen e Filmr, recebia muitas mensagens via LinkedIn de empreendedores querendo me apresentar o *pitch* das suas *startups*. Achava isso extraordinário, e inicialmente dizia sim para todo mundo. Após um tempo, ao perceber que isso dava muito trabalho por pouco retorno, comecei a pensar em formas educadas de selecionar melhor as empresas que receberia em reunião. Resolvi fazer algo muito básico: a cada mensagem *inbox* que eu recebia, pedia aos empreendedores de me enviarem separadamente o *pitch deck* por e-mail. Simples assim. Não respondia nem sim, nem não, apenas pedia para mudar o canal de comunicação.

Na sua opinião, quantos chegavam a mandar o e-mail? 100% dos empreendedores? 80%? 50%? Menos: eu diria que estava mais na casa do 30%, ao máximo.

Ou seja, a maioria não dava seguimento ao próprio pedido. Alguns até retornavam, semanas depois, justificando estarem muito atarefados para enviar o e-mail.

A verdade é que não criei esse sisteminha apenas para filtrar o número de convites, mas por outro grande motivo: checar a organização e o compromisso do empreendedor em lidar com atrito, obstáculos e, se bem mínima nesse caso, rejeição. Reflita comigo: se eles vão demorar tanto em te retornar na hora que tiverem interesse em seu dinheiro, imagine como vai ser quando eles já tiverem o seu dinheiro de investidor em caixa. Mais importante ainda: se nem fizeram *follow-up* com algo tão simples como um e-mail, o que vão deixar de lado na execução porque é chato ou complexo demais?

Nesse caso, não se tratava de nada de mais: era questão de copiar e colar um texto, sugerir umas opções de data e horário para conversa, subir um anexo ao e-mail e clicar "enviar", mas muitos paravam aqui. A maioria não ia para frente porque não aceitava esse mini desafio no meio — imagine então quando tiver que enfrentar obstáculos maiores, ou mandar e-mails bem mais difíceis.

Esse pequeno experimento me dizia algo muito grande sobre com quem eu estava conversando e sua habilidade de lidar com obstáculos, complexidade e, afinal, lidar com o desconforto. Todos somos incríveis quando tudo segue nossos planos e estamos firmes em nossas zonas de conforto, mas a maioria de nós entra em pânico ao pisar fora dela.

Ao mesmo tempo que isso é ruim, tenho uma notícia boa: já que a maioria não persegue as coisas que mais trazem retorno porque, pela maior parte, elas são desconfortáveis, quem souber mergulhar no desconforto tem uma enorme oportunidade de se destacar e ter esse retorno. Você vai ser essa pessoa?

O engraçado é que, em postagens motivacionais nas redes sociais, todo mundo adora falar sobre "sair da zona de conforto" e como isso é fundamental, mas poucos entendem o que existe depois da zona de conforto: seguindo a lógica, é o que podemos definir como "zona de desconforto". É justamente aqui que a inovação floresce, onde os negócios escalam, onde as pessoas se transformam, mas é também onde mais temos medo de ir.

Enquanto nós fugimos dela, os filósofos do Estoicismo proativamente procuravam mergulhar na "zona de desconforto" já milhares de anos atrás. Nascida na Grécia no século 3 antes de Cristo, a filosofia estoica também é sinônimo de austeridade e firmeza, e seu coração filosófico gira em torno do conceito de percepção. Ele diz que existem situações objetivas e, ao mesmo tempo, nossa percepção delas. Como escreveu Marco Aurélio, famoso imperador romano: "Escolha não ser ferido e você não se sentirá ferido. Não se sinta ferido e não terá sido ferido". O mesmo se aplica à nossa percepção de conforto e desconforto. Está ao nosso alcance a escolha de como ver as circunstâncias externas, e aprender isso nos faz desenvolver força mental e resiliência de tudo que acontece em nossas vidas. Por isso, os filósofos estoicos, na Roma antiga, foram os primeiros a introduzir o conceito de desconforto voluntário: eles se expunham deliberadamente à adversidade, a fim de se preparar para mais adversidades futuras. O filósofo estoico Musonius Rufus resume perfeitamente em uma frase: "Treinaremos a alma e o corpo quando nos acostumarmos ao frio, calor, sede, fome, escassez de comida, dureza da cama, abstenção de prazeres e dores duradouras".

O risco de sempre ficar na zona de conforto é grande.

Você já teve aquela sensação de entrar no piloto automático ao fazer o caminho de sempre do trabalho para casa, ou da casa para o trabalho, sem perceber os detalhes do que que estava ao seu redor? Esse é o efeito das rotinas: se você não sair da zona de conforto, pode acabar se desligando de grande parte dos detalhes que fazem parte do seu dia a dia.

Mas quando sai de seus hábitos e rotinas para experimentar situações novas, ou quando permite que fatos inesperados aconteçam com você, seu cérebro cria novos caminhos neurais que aumentam sua memória e alimentam a criatividade.

Pense em uma ocasião em que algo que você fez trouxe à tona sentimentos semelhantes ao desconforto. Como isso foi para você? Pense nas situações em que sentimentos e ações semelhantes levaram ao que você pode considerar um fracasso, e reflita sobre elas.

Como o Dr. Martin Seligman, fundador da Psicologia Positiva, disse certa vez: "Não são nossas falhas em si que determinam nosso sucesso futuro, mas como explicamos elas a nós mesmos".

Ao mesmo tempo, aproveite a oportunidade de comemorar as pequenas vitórias que teve, e se lembrar do crescimento que veio de uma situação anteriormente desconfortável — mas sem exagerar, porque muitas vezes os sucessos do passado podem virar nossos maiores obstáculos para sair da zona de conforto e para enfrentar o erro que pode nascer disso. Em específico, Lady Gaga nos explica no próximo trecho porque suas conquistas do passado devem ser deixadas de lado quando você cria e inova.

9.5 "Dependência da trajetória" com Lady Gaga

> Você tem que apagar todo o seu sucesso de certa forma. É como eu sempre digo: quando você começa um álbum, você tem que tirar todos aqueles álbuns de Platina das paredes, sabe, colocá-los no fundo, abrir espaço para mais. Sabe, você não pode criar álbuns baseados nos louros de seu sucesso anterior, ou se importar com isso. Quer dizer, no final do dia, não é para isso que estou aqui. Sempre fui obcecada por música e gosto de transformação. A transformação através da música é um dos presentes mais bonitos: você aprende sobre você quando escreve música. (Ep. 26 — Lady Gaga. Min. 16.10 — 16.47)

Se você fosse um artista no auge do sucesso e estivesse gravando um novo álbum em um estúdio cheio de seus discos de platina pendurados na parede, que efeito isso teria sobre sua obra?

Se fosse um atleta de *Crossfit* treinando durante a quarentena na sua garagem, cheia dos troféus que você já conquistou? O que aconteceria?

A resposta que a maioria vai dar é que isso motiva — mas no fundo o efeito pode ser exatamente o oposto.

Por um lado, entra em jogo um certo medo ou ansiedade de ter que estar à altura de tudo que você conquistou no passado, que às vezes pode atrapalhar no processo de criação ou no seu trabalho. Admitimos que esse nervosismo às vezes pode ser incentivador, então não é para se achar ruim.

Em segundo lugar, porém, eles influenciam escolhas, criativas ou atléticas, ou de negócio, que sejam, e podem te fazer um "refém" das glórias passadas.

Os leitores mais atentos já reconheceram o fenômeno da dependência da trajetória, do qual falamos ao longo do livro, que explica que tomamos decisões sobre o presente baseadas em nossos sucessos do passado. É justamente para evitar essa influência do sucesso passado que Lady Gaga tira todos seus álbuns de platina do quarto: para não ser influenciada no processo criativo da "Lady Gaga do passado", mesmo que tenha sido bem-sucedida até então, pois isso não garante que esteja bem sucedida sob as novas condições do mundo atual. Ao mesmo tempo, tirar os "álbuns de platina" da parede também serve para — metaforicamente — deixar o espaço para novos chegarem. Essa libertação é um presente.

A transformação é um presente.

Até recentemente, eu colecionava os crachás dos maiores eventos presenciais onde palestrei, e os deixava pendurados em um móvel no meu escritório. Durante minha última mudança, tomei a decisão de jogar todos eles fora. Não apenas por minimalismo, mas também para deixar de ser influenciado por eles. Além disso, desde o começo da pandemia, eles me incomodavam: me lembravam de um momento ótimo de carreira, dos eventos presenciais, e ao mesmo tempo me faziam questionar se minha carreira de palestrante não estava destinada inevitavelmente ao declínio, já que não estava mais acumulando crachás novos.

As circunstâncias mudaram, mas eu ainda me comparava com as lembranças do passado.

Por que os sucessos do passado nos assustam? Porque cada um deles sobe a barra e nos faz cobrar ainda mais a nós mesmos — aí você começa a se perguntar, constantemente, o que pode dar errado.

Quem nunca teve aquela sensação de felicidade por ter sido promovido no trabalho, mas, depois de alguns meses, estar de novo insatisfeito e querer outra promoção? Nós cobramos constantemente — e quanto mais nos cobramos, mais ficamos com medo de errar.

Até que isso é lógico: no começo da minha carreira de palestrante, se eu tivesse falado uma besteira em cima do palco de um evento pequeno, provavelmente nada teria acontecido. Mas se, hoje, eu cometer um erro durante um evento grande ou a convenção de uma grande empresa, isso pode repercutir muito e impactar negativamente minha carreira.

Recapitulando: quanto mais sucesso, mais cobrança e, com isso, mais medo de errar. Só que mais medo de errar leva a medo de experimentar, pois em experimentos não existe garantia de sucesso. Aliás, pela maior parte, experimentos levam a fracassos — mas é no meio deles que achamos o rumo da inovação. Jeff Bezos nos explica como isso funciona no próximo trecho.

9.6 "A nova interpretação do erro" com Jeff Bezos

> Para ser inovador, você precisa experimentar. Se quer ter mais invenções, precisa fazer mais experimentos por semana, mês, ano e década. É simples: você não pode inventar sem antes experimentar, e um outro ponto sobre experimentos, é que muitos deles falham. Se você inventar algo que sabe que irá funcionar com antecedência, não é um experimento. O que acontece em grandes organizações como a Amazon, assim como na força aérea, é que começamos a confundir experimentação com excelência operacional. (Ep. 3 — Jeff Bezos. Min. 17.08 — 17.52)

Sabe quem pronunciou a frase: "Eu não falhei. Eu apenas achei 10.000 maneiras disso não funcionar"?

Não foi Jeff Bezos, mesmo que faça sentido ter sido ele. Mas foi o Thomas Edison, um dos inventores mais prolíficos da história, que com mais de 1000 brevetos no fim do século XIX nos proporcionou várias invenções que usamos até hoje — como o bulbo elétrico, baterias, fonógrafo e outras. Mas Edison falhou muito mais do que acertou, e essa equação é fundamental levar em consideração.

Você sabe, por exemplo, por que a Tesla Motors foi batizada assim por Elon Musk?

A empresa leva o nome do sérvio Nikola Tesla, nascido no fim do século XIX e um dos principais inventores da história (e, provavelmente, um dos menos aclamados), que foi aprendiz de ninguém menos que Edison. Tesla inventou a corrente elétrica alternada, que até hoje é o padrão para transmissão elétrica no mundo todo, entre outras coisas, e ele serve de exemplo perfeito para demonstrar que, para ser um inventor de sucesso, você precisa errar muito.

Em 1899, Tesla foi ao Colorado construir uma torre de 142 pés (ou seja, de 43 metros!) para testar a hipótese que a terra era um ótimo condutor de eletricidade — algo que ele não conseguiu fazer. Mais tarde, voltou para Nova Iorque e alugou um terreno em Wardenclyffe para montar outra torre e fazer o experimento, mas seu antigo empregador, Westinghouse, confiscou o terreno porque ainda precisava ser pago por empréstimos feitos por Tesla.

Uma frase famosa atribuída ao Tesla demonstra o entendimento claro do sérvio que o fracasso faz parte do processo de inovação: "Nossas virtudes e nossos fracassos são inseparáveis, como a força e a matéria. Quando eles se separam, o homem não é mais um". Só experimentando constantemente e levando em conta os fracassos no meio do caminho, conseguimos definirnos inovadores.

"É fácil ter ideias. É difícil tornar essas ideias produtos de sucesso", Jeff Bezos fala.

De fato, existe uma crença de que inovação é associada a ideias, mas a verdade é que não: ela é principalmente associada à capacidade de execução — até porque, ainda mais em um mundo de informação infinita acessível graças ao digital, ideias viraram *commodity*. O verdadeiro valor agregado está na capacidade de execução. E, ao sair do mundo das ideias e ir para o mundo da execução, só existe uma certeza: você vai errar. Seguindo à risca seus processos e rotinas e mantendo seu negócio como ele está — mesmo que fazendo *brainstormings* frequentes e criativos -, você vai ser eficiente e livre de erros, mas deixa de "correr o risco" de ser inovador.

Algumas inovações que fizeram história nasceram do processo de experimentação, e não de ideias. Veja o exemplo da Jacuzzi: essa banheira inovadora foi criada pelos irmãos Jacuzzi nos anos 1950 para tratar pessoas com artrite. Mesmo que funcionando, as vendas foram um fracasso pois a maioria das pessoas com artrite não podiam pagar por uma banheira cara e sofisticada. Após um tempo decidiram relançar com um posicionamento diferente, como banheira de luxo. Foi um sucesso estrondoso.

O champagne, que tanto gostamos de incluir em comemorações, foi descoberto por erro por um monge, Dom Pérignon, quando uma garrafa de vinho que ele botou para fermentar teve uma fermentação secundária inesperada.

Até o Viagra foi resultado de um processo de iteração e erro: cientistas na Pfizer estavam experimentando um novo medicamento para pressão alta que inicialmente foi considerado um fracasso, pois não resolvia os problemas de pressão alta. Mas os homens no grupo de triagem reportaram um efeito colateral peculiar...não vamos entrar em detalhe, mas podemos constatar que o Viagra se tornou um dos fracassos mais bem sucedidos da história, hoje representando vendas de quase US$2 bilhões por ano para a Pfizer.

Muitas vezes a melhor forma de testar uma ideia não é analisá-la, mas experimentá-la! As empresas que forem experimentar ao máximo terão mais fracassos — mas também terão mais *feedbacks* por parte do cliente e do mercado e, consequentemente, maiores chances de pivotar e se ajustar na direção do sucesso. Tom Kelley, fundador da consultoria de design IDEO, costuma dizer: "Fracasse bastante, para ter sucesso mais cedo". A Penn University até tem um curso para seus alunos do primeiro ano de engenharia chamado *"Design for Failure"*: os estudantes têm que tomar riscos e fazer experimentos, e quanto mais fracassos, mais alta a nota.

O título deste curso, porém, nos faz refletir: é possível desenhar erros em diferentes formatos? Ampliando a pergunta: todos os erros são iguais uns aos outros?

De acordo com Amy Edmondson, professora de liderança na Harvard Business School, a resposta é não: nem todos os erros são iguais. Em particular, ela separa os erros em três categorias principais:

1. **Erros evitáveis em cenários previsíveis**: são os erros de fato ruins, pois representam falhas em processos já bem conhecidos e rotineiros. Geralmente ocorrem por desvio, distração ou falta de qualificação. Costuma ser fácil detectar suas causas e encontrar soluções para esses tipos de erros, como, por exemplo, através de *checklists*;

2. **Erros evitáveis em cenários complexos**: muitos erros estão relacionados à imprevisibilidade de algumas situações, na vida e nos negócios. Em cenários incertos, o melhor caminho pode ser especialmente difícil de identificar, e por isso falhamos;
3. **Erros inteligentes em cenários mistos entre o conhecido e a inovação**: esses erros podem ser considerados benéficos, uma vez que indicam a tentativa de fazer algo inovador e geralmente proporcionam aprendizados essenciais para o crescimento da empresa como um todo. Criar um produto inovador e testar as reações dos consumidores em mercados novos são exemplos de contextos que envolvem erros inteligentes. São experimentos que devem ser realizados em pequena escala para verificar os resultados e *feedback*s obtidos, ajustando se forem fracassados ou escalando se forem bem-sucedidos.

Quais as características dos erros inteligentes, e como podemos desenhá-los da melhor forma?

Recentemente estive em uma live com Pedro Englert, CEO da StartSe, e comentei de forma banal que "Os erros são fundamentais para evoluir". Ele justamente retrucou: "Só se você aprender com eles, não é?". É pura verdade: primeiramente, para que um erro seja inteligente, você precisa ter um resultado informativo a partir dele — seja porque ele foi desenhado para fornecer um *feedback*, seja porque você está disposto a refletir sobre o assunto. O que mais vemos são os mesmos erros repetidos, pois não os analisamos. Isso não nos faz diferentes de loucos, que, segundo a definição do Einstein, "é quem fez a mesma coisa e espera resultados diferentes".

Em segundo lugar, um erro inteligente tem que ter seu custo e escopo minimizado, e mantido relativamente baixo. O digital é fundamental nisso, pois nos permite desenhar simulações da realidade a custos mais baixos, além de tecnologias como Impressão 3D, que nos permitem criar protótipos a baixo custo. Como Jim Collins já mencionou, "O erro é preciso apenas se você sobreviver a ele". Simples assim: não podemos correr o risco de sair do mercado devido a nossos erros. Esses tipos de erros caros demais, certamente, não podem ser definidos como inteligentes.

Por fim, para que um erro seja visto como inteligente, é necessário que as oportunidades exploradas sejam significativas, que as hipóteses-chave tenham sido claramente articuladas, e que o piloto teste essas hipóteses.

Com esse novo ponto de vista sobre erros, conseguimos transformar a forma de olhar para o fracasso. Em um modelo tradicional, o fracasso simplesmente não é aceitável, e a crença diz que bons líderes, empreendedores e colaboradores não fracassam — com o papel do líder, em particular, sendo o de prevenir e minimizar os erros. A consequência? Levar as pessoas a evitar e esconder seus fracassos por medo e para se proteger.

O que precisamos é exatamente o oposto: um novo *framework* de interpretação dos erros, em que eles começam a ser aceitos como a consequência natural de um processo de experimentação e inovação, onde os bons líderes, empreendedores e colaboradores aprendem através dos erros inteligentes e compartilham as lições com os outros — e com o papel do líder, desta vez, de promover o aprendizado através dos erros. A consequência desse renovado modelo de interpretação dos erros e do fracasso é uma admissão da incerteza inerente no processo de experimentação — e, convenhamos, da incerteza inerente ao mundo da transformação digital.

Conclusão

> A notícia ruim é que apenas dar informações para as pessoas não é uma boa receita para mudar o comportamento. O que funciona, então? As ciências sociais fizeram muitos progressos, e o *insight* básico é que, se queremos mudar o comportamento, precisamos mudar o ambiente. O caminho certo não é mudar as pessoas, é mudar o meio ambiente, e quero apresentar um modelo muito simples de como pensar a respeito disso: pense na mudança comportamental da mesma maneira em que pensamos no lançamento de um foguete para o espaço. Nessa situação, queremos fazer duas coisas principais. A primeira é reduzir o atrito. Queremos que o foguete tenha o mínimo atrito possível, assim que seja o mais aerodinâmico possível. A segunda é que queremos carregar o máximo de combustível para dar uma maior quantidade de motivação e energia possível para realizar a tarefa. Mudança de comportamento funciona da mesma forma. (Ep. 23 — Dan Ariely. Min. 30.02 — 30.53).

Você pode ter logo pensado, ao ler a frase do Dan Ariely: "Como assim informações não mudam comportamento? Então os aprendizados deste livro foram inúteis e não servem para meu processo de transformação? Que perda de tempo...".

Calma, não é assim não.

O conteúdo deste livro é fundamental para sua mudança profissional, mas ele representa um meio — não um fim em si. Ele é a base, e não o teto.

A verdade é que muitos livros se propõem ser o fim: "Assim que você terminar a leitura, você estará preparado para enfrentar isso e aquilo", prometem muitos autores.

Eles buscam te dar respostas para todas as suas dúvidas, mas eu não concordo com essa abordagem. A minha abordagem é diferente: se você terminar essa leitura com mais perguntas do que respostas, eu terei cumprido (em parte) o meu propósito.

Para realmente cumpri-lo em pleno, quero que verdadeiramente esse livro gere o impulso necessário para começar um caminho de transformação cognitiva, comportamental e emocional — e uma jornada de desenvolvimento e de aprimoramento de competências humanas necessárias para ter mais sucesso profissional no mundo que está por vir.

Se você ainda não estiver convencido que instruções não são o suficiente para uma mudança concreta, tente responder essas perguntas sendo honesto com você mesmo: durante a pandemia, você sempre lavou as mãos da forma correta, como descrito em todas as melhores práticas de prevenção ao Covid?

Você praticou 100% o isolamento social, seguindo todas as regras e recomendações?

Ou deixa te perguntar também: você comeu mais do que você acha que deveria, nos últimos meses?

Você bebeu mais do que acha que deveria?

Você exercitou menos do que deveria?

E você já mandou mensagem enquanto estava dirigindo?

Seja honesto com você mesmo. Pois é: já notou que em muitas situações nós sabemos muito bem o que deveríamos fazer, mas não o fazemos.

Porque isso, e — ainda por cima, por que isso é importante?

É fundamental falarmos disso nesta altura da discussão, porque em um mundo Digital — combinado com a crise do Covid-19 — temos o grande desafio de também mudarmos nosso comportamento e aprimorarmos as competências humanas necessárias para acompanhar o "espírito do tempo", ou *zeitgeist,* do mundo digital.

Pense bem: a maioria destas habilidades não era fundamental no mundo analógico — onde altas barreiras à entrada em mercados, ciclos mais longos de inovação, e baixo empoderamento do cliente faziam com que, por exemplo, não fosse tão importante ter *atitude maker*, entre outras.

Ou reflita também: em um mundo analógico, um profissional especializado prosperava ao trilhar carreiras de décadas sem que a essência da própria profissão fosse desafiada por tecnologias exponenciais — coisa que hoje, por exemplo, faz o mercado de trabalho muito mais imprevisível, levando a ciclos mais curtos e a uma necessidade de reinvenção constante por parte de profissionais menos especialistas e mais adaptáveis.

E assim por diante.

Esses são apenas dois exemplos que valem por todas as competências humanas que abordamos neste livro.

Diante desta necessidade urgente de mudança, na vida e nos negócios, se não entendermos os mecanismos que levam a uma mudança comportamental em nossos times e colaboradores, ou até família e parceiros — e até em nós mesmos -, nos inevitavelmente ficaremos frustrados ao ver nossos esforços destinados ao fracasso.

Conto com você para criar as condições necessárias para a mudança. Como vai funcionar isso?

Resgate a metáfora do foguete do Dan Ariely, e pense no corpo humano. Desde que nascemos, nosso corpo sofre diversas transformações e adquire uma série de capacidades, em especial nos primeiros anos de vida. Qualquer um que tenha tido a experiência de acompanhar o desenvolvimento de um bebê se surpreende com certos aprendizados que parecem súbitos — como por exemplo engatinhar.

O interessante sobre "engatinhar" é que os bebês aprendem a fazê-lo sem que ninguém tenha que explicar teoricamente a técnica de ficar de quatro apoios e alternar movimentos de braço e perna para se locomover. Não há necessidade de ensinar a "habilidade" de engatinhar: é um processo natural, para o qual o corpo do bebê já está inerentemente preparado, mas certamente existem fatores importantes que estimulam a mudança.

Em particular, há sim dois fatores fundamentais para que pais e mães estimulem esse desenvolvimento na criança. São necessários:

1 — criar situações com menor atrito possível para que o bebê possa desenvolver a musculatura e a coordenação motora usadas no ato de engatinhar.

2 — criar o incentivo e o estímulo no bebê, para que tenha vontade (ou o "combustível" necessário) de se locomover.

O primeiro passo é sobre criar situações em que a criança se confronte com as suas dificuldades. Em geral, é recomendado colocar o bebê de barriga para baixo, uma posição que é menos confortável e faz com que a criança tente usar músculos das costas, do abdome e dos membros para se desvirar. Isso é chamado pelos pediatras de *tummy time*, ou "tempo de barriguinha". É literalmente um exercício diário em que o bebê precisa ficar de barriga no chão, para se forçar a desenvolver musculatura, equilíbrio e outras funções motoras.

É óbvio que isso vai tirar o bebê da zona de conforto, e é por isso que nós adultos precisamos do atrito mínimo para mudar o comportamento — porque odiamos mesmo sair da zona de conforto, e desistimos frente a qualquer mínimo sinal de obstáculo e fricção.

Ou não é verdade que a gente se mantém no mesmo padrão de comportamento diante de coisas que dão trabalho para serem mudadas?

Pense em todas as *newsletters* que você recebe todo dia em seu caixa de e-mail, e diga: qual porcentagem delas você costuma clicar, abrir e ler? Poucas, eu aposto. Eu recebo várias que nem lembro o que são, mas continuo recebendo — e tenho certeza de que o mesmo acontece com você. Por quê? Pois o processo de *Unsubscribe* tem atrito (mesmo que três ou quatro cliques, ao máximo), e por isso deixamos nossa caixa encher de e-mails que nos tiram o foco, em vez de tomar iniciativa nessa situação.

No exemplo do foguete, a fricção vem da força de gravidade: em nossas vidas, a força de gravidade são os hábitos, rotinas e processos que criamos para permitir nosso cérebro poupar energia e nossas empresas ganharem eficiência — mas que se tornam o maior inimigo da mudança, pois requerem esforços massivos para libertarmos deles.

O segundo ponto é sobre desenhar o ambiente para que a criança veja valor na ideia de se locomover. Propositalmente espalhar brinquedos que chamem a atenção do bebê e que estejam ligeiramente fora do seu alcance, de forma que a criança tenha vontade de sair de onde está. Estímulos positivos que reforcem o ímpeto do movimento, inerente à toda criança.

Voltando ao assunto em questão, nosso pensamento sobre como promover o desenvolvimento das competências humanas muda completamente se pensarmos nesse processo nos termos do engatinhar.

Conclusão

Os seres humanos são criaturas inerentemente sociais e relacionais. Essas foram as características que nos tornaram a espécie dominante do mundo: a capacidade de trabalho colaborativo, colaboração e coordenação, criação de soluções inovadoras, adaptabilidade ao ambiente, comunicação e empatia...essas não são habilidades externas que podem, ou menos, ser instaladas no nosso HD: elas já estão codificadas no nosso DNA desde tempos imemoriais. São o que nos tornam quem somos.

Tudo bem até aqui. Então vamos voltar a abordar a grande dúvida que abriu este livro: as habilidades humanas poderiam ser medidas e desenvolvidas exatamente da mesma maneira que nossas habilidades técnicas, ou precisamos de uma outra abordagem?

Para ratificar a importância das tais *skills*, milhares de autores e pensadores do mercado afirmam categoricamente que elas podem ser aprendidas da mesma maneira que as habilidades técnicas: o problema é que se isso fosse verdade, não haveria uma quantidade tão grande de líderes, times e empresas disfuncionais, transformando ambientes de trabalho em lugares tóxicos e desconfortáveis para uma enorme quantidade de pessoas.

Então as forças humanas não podem ser desenvolvidas? Claro que sim! Mas novamente: precisamos deixar para trás a dicotomia entre *soft skills* e *hard skills*, desapegarmos ao formato em que estas últimas são medidas e treinadas, e voltar nossos olhos a maneiras mais orgânicas de aprendizado.

É por isso que a metodologia proposta neste estudo se assemelha ao processo que leva uma criança a engatinhar. É sobre promover experiências e desenhar o ambiente para que o desenvolvimento natural das forças desejadas aconteça.

As competências humanas não podem ser "ensinadas", da mesma maneira que não se ensina um bebê a "ter músculos". Elas podem sim ser estimuladas e desenvolvidas através de uma estrutura de aprendizado que envolva autoconhecimento, vivências práticas, vínculos humanos e um ambiente propício para que os comportamentos desejados se multipliquem organicamente.

E o primeiro passo para isso é abandonar a ideia de que equipes de profissionais são como uma máquina formada por engrenagens, com funções específicas e capacidade limitada de atuação. Em outras palavras: aceitar a complexidade humana, e deixar de pensar em pessoas como peças em uma esteira de produção, e de trajetórias de aprendizado como percursos lineares desenhadas com o objetivo de criar engrenagens.

O Steve Jobs, cofundador da Apple, desafia essa crença no seguinte trecho — extrato do famoso *commencement speech* que ele deu aos alunos de Stanford em 2005.

> Muito do que eu descobri seguindo a minha curiosidade e intuição se mostrou de valor incalculável mais tarde. Vou dar um exemplo: O Reed College naquele tempo oferecia a melhor formação em caligrafia do País (...). Já que eu tinha largado a faculdade e não tinha mais que assistir as aulas normais, decidi tomar aulas de caligrafia (...) Nada disso tinha sequer um pingo de aplicação prática na minha vida, mas dez anos depois, quando estávamos projetando o primeiro Macintosh, tudo voltou para mim e nós aplicamos todo esse aprendizado no Mac. Foi o primeiro computador com uma tipografia bonita. Se eu nunca tivesse participado daquele curso na faculdade, o Mac nunca teria múltiplos tipos de letras ou fontes proporcionalmente espaçadas, e já que o Windows simplesmente copiou o Mac, é bem provável que nenhum computador as teria. Se eu nunca tivesse largado a faculdade, eu nunca teria participado daquele curso de caligrafia, e os computadores poderiam não ter a maravilhosa tipografia que têm. É claro que era impossível conectar os pontos olhando para frente quando eu estava na faculdade, mas tudo ficou muito mais claro 10 anos depois, olhando para trás. Mais uma vez: você não pode conectar os pontos olhando adiante, você só pode conectá-los olhando para trás. Então você tem que confiar que de alguma forma eles se ligarão no seu futuro. Você tem que confiar em alguma coisa: sua força de vontade, destino, vida, karma, o que for, porque acreditar que os pontos vão se ligar vai lhe dar a confiança para seguir o seu coração, mesmo quando ele te levar fora do caminho traçado. Isso vai fazer toda a diferença. (Ep. 2 — Steve Jobs. Min. 13.22 — 15.31)

Até recentemente, eu olhava para minha trajetória, pessoal e profissional, e ficava extremamente frustrado. "Quanto tempo e quanto dinheiro desperdicei ao fazer coisas que hoje não agregam em nada ao meu perfil profissional hoje", me repetia.

Conclusão

Realmente minha trajetória não faz muito sentido: durante o colégio (onde estudei latim, grego antigo, filosofia, entre outros), entre um ano e outro, trabalhava como salva vida em Celle Ligure, a cidadezinha de praia onde cresci, na Itália. Mais tarde, ao escolher para onde ir durante o intercâmbio da minha faculdade de Economia na Bocconi — enquanto todos meus colegas iam para Estados Unidos — eu escolhi ir para o Egito, estudar 6 meses de árabe e fazer aula de história da economia egípcia com o professor Galal Amin. Ao voltar, meu primeiro estágio foi na empresa química do meu pai, a Italmatch Chemicals (pelo "match" no nome, você já pode ver como eu estava destinado a trabalhar no Tinder algum dia), e após ter completado meu Mestrado em Relações Internacionais pela Johns Hopkins University, em Washington, DC, trabalhei como consultor do Departamento de Estado Americano por um ano, em um projeto de desenvolvimento de energia renovável no país de El Salvador, na América Central.

Faz 9 anos que estou no Brasil, onde trabalhei na área comercial (Groupon), em marketing (Tinder) e em transformação digital (L'Oréal) — e hoje, além de palestrante e professor, estou publicando este livro (que é meu segundo em um idioma que não é o meu).

É natural você olhar para uma trajetória dessa, e se perguntar: "Qual o fio condutor nisso tudo?". É difícil achar — e por isso eu ficava tão frustrado. Nem eu sabia responder a essa pergunta.

Mas na medida que eu aprendi mais sobre as características únicas do mundo Digital, essa frustração virou um entendimento que — sabe o que? — fio condutor aqui não tem mesmo, e que é um tipo de percurso como esse — um percurso não-linear, diversificado e pouco convencional — que te permite responder a um mundo mais complexo, mais exponencial, e certamente não-linear também, e treinar a sua adaptabilidade diante de contextos variados e imprevisíveis.

Ah, e que te permite desafiar crenças. Mas atenção: experiências, aprendizado formal, e até crenças, são fundamentais — só que não podemos deixar que elas nos definam, nem nos limitem. Não são fixas, mas sim são ponto de partida de uma reflexão constante se a nossa taxa de mudança interna está proporcional à taxa de mudança do mundo externo. Para isso, pergunte-se constantemente: estou mudando na rapidez que o mundo está mudando? Ou na rapidez que o meu cliente está mudando? Ou na rapidez que a tecnologia está mudando?

Porque se a resposta for não, é só fazer a matemática para ver que é inevitável ficarmos para trás.

Mas este percurso precisa refletir em ações. De nada adianta termos a noção clara que precisamos mudar, mas sucumbir à "força de gravidade" que nos prende.

Aqui é o momento em que quero resgatar o trecho no Capítulo 1 que dizia que a chave para identificar, medir, aplicar e transferir as competências humanas está nos comportamentos atrelados a eles. Nas ações concretas.

Afinal, são as ações concretas, do dia a dia, que definem a cultura de nossas empresas. Ou você vai me dizer que criar uma nova carta de Valores e Missão da empresa e pendurá-la em todas as salas de reunião vai mudar nossa cultura? Se essa carta não for acompanhada por uma mudança comportamental nos pequenos gestos, a sua cultura não está sendo transformada.

A melhor definição de cultura de empresa que já li é do Ben Horowitz, em seu último livro *"What you do is who you are"* ("O que você faz é quem você é", em tradução livre), ou seja que "cultura é o que seus times fazem enquanto você não está olhando". É isso: mesmo que você feche a convenção da empresa garantindo para todos os colaboradores que inovação faz agora parte da sua cultura — mas na reunião seguinte você não aprova um projeto transformador com base no fato que corre o risco de canibalizar uma pequena parte de seu canal tradicional de venda -, você não tem verdadeiramente uma cultura de inovação.

É a mesma coisa para nós como indivíduos. As ações são as que definem quem nós somos, afinal. A somatória das nossas reações aos acontecimentos da vida (sobre uma apenas pequena parte dos quais temos controle, lembra?) é o que nos define como indivíduos. Como pode constatar, tenho uma visão bastante pragmática, e pouco transcendental — e afirmo que sim, tudo isso está em nossas mãos.

Então ao folhear a última página desse livro — cheio de questionamentos na cabeça, como eu gostaria que você estivesse agora — não fuja da responsabilidade como o capitão Schettino fez, alegando não ter controle deste mundo tão imprevisível e complexo.

Porque, garanto, tem sim como controlar a forma em que você reage às mudanças repentinas e (isso sim) incontroláveis do mundo digital — um mundo em que até a tecnologia pede, gritando a plenos pulmões, de sermos mais humanos ainda para conviver de forma sinérgica e positiva com ela.

A questão aqui não é mais tentar prever o futuro, mas sim construí-lo. Animado para esta jornada de humanização do mundo digital?

Buon viaggio.

Referências

ALIGHIERI, Dante. *A Divina Comédia*, trad. Eugênio Vinci de Moraes. São Paulo: L&PM, 2016.
ADOBE, FORRESTER, "The Creativity Dividend: How Creativity Impacts Business Results", disponível em https://landing.adobe.com/dam/downloads/whitepapers/55563.en.creative-dividends.pdf
ADP RESEARCH INSTITUTE, "Global Study of Engagement", 2020
ACCENTURE, "Mastering FS change by beating fear, growing trust", 2019, disponível em https://www.accenture.com/us-en/insights/financial-services/trust-trumps-fear
ALIGHIERI, Dante. A Divina Comédia, trad. Eugênio Vinci de Moraes. São Paulo: L&PM, 2016.
BEZOS, Jeff, "Amazon 1997 Letter top Shareholders", disponivel em https://venturebeat.com/wp-content/uploads/2010/09/amzn_shareholder-letter-20072.pdf
BRAUN, Allen & LIU Siyuan, "Neural Correlates of Lyrical Improvision: an fMRI Study of Freestyle Rap"> Nature, artigo 834 de 2012.
BUSINESS SOLVER, "2020 State of Workplace Empathy ", https://www.businessolver.com/workplace-empathy-executive-summary
CAMUS, Albert, "O estrangeiro", Record; 50ª edição (1 junho 1979)
CARREYROU, John, "Bad blood: fraude bilionária no Vale do Silício", Alta Books; 1ª edição (4 janeiro 2019)

CARSON, Shelley, "Your Creative Brain", Jossey-Bass; Illustrated edição (19 setembro 2012)

CATMULL, Ed Catmull. Criatividade S.A.: superando as forças invisíveis que ficam no caminho da verdadeira inspiração. Rio de Janeiro: Editora Rocco, 2014.

CHAMBERS, Harry. "My way or the highway: the Micromanagement Survival Guide", Berrett-Koehler Publishers (November 14, 2004)

CHRISTENSEN, Clayton, "O dilema da Inovação", Harper Paperbacks (1 janeiro 2003)

COLLINS, Jim. "Empresas feitas para vencer". Alta Books; 1ª edição (1 novembro 2018)

DALIO, Ray, "Principios",. Intrínseca; 1ª edição (1 agosto 2018)

DOERR, John: "Why the secret to success is setting the right goals", TED Talk disponível https://www.ted.com/talks/john_doerr_why_the_secret_to_success_is_setting_the_right_goals

DWECK, Carol, "Mindset",

ECONOMIST INTELLIGENCE UNIT, "Driving the Skills Agenda: Preparing Students for the Future, disponivel em "https://eiuperspectives.economist.com/talent-education/driving-skills-agenda/blog/skills-agenda-preparing-students-future

EDELMAN. Trust Barometer 2020. Disponível em <https://www.edelman.com.br/estudos/edelman-trust-barometer-2020> Acessado em 10 de jun. de 2021.

EDMONDSON, Amy, "A organização sem medo", Alta Books; 1ª edição (30 dezembro 2020)

FRIES, Amy, "Daydreams at Work: Wake Up Your Creative Powers", Capital Books Inc (1 maio 2009)

GATES, Bill, "The Internet Tidal Wave", 1995, disponivel em https://www.sindark.com/genre/1995-The-Internet-Tidal-Wave.pdf

GATES, Bill, "Business at the Speed of Thought", Penguin; New Ed edição (25 maio 2000)

GLADWELL, Malcolm, "Falando com Estranhos", Sextante; 1ª edição (14 novembro 2019)

GLADWELL, Malcolm, "Fora de Série", Sextante; 1ª edição (14 janeiro 2013)

GOLEMAN, Daniel: "Inteligência Emocional", Objetiva; 1ª edição (2 maio 1996)

GRANT, Adam, "Dar e Receber", Editora Sextante; 1ª edição (27 março 2014)

GRANT, Adam, "Originais: como os inconformistas mudam o mundo",

GROVE, Andy, ""Só os paranoicos sobrevivem", Atlas (1 janeiro 1997)

HARARI, Noah Yuval, "Sapiens: uma breve história da humanidade", Companhia das Letras; 1ª edição (13 novembro 2020)

HARARI, Noah Yuval: "XXI Lições para o século 21", Companhia das Letras; 1ª edição (30 agosto 2018)

HARVARD BUSINESS REVIEW, What Self-Awareness Really Is (and How to Cultivate It). Disponível em https://hbr.org/2018/01/what-self-awareness-really-is-and-how-to-cultivate-it

HARVARD BUSINESS REVIEW, "The Implications of Working Without an Office", 2020, disponível em https://hbr.org/2020/07/the-implications-of-working-without-an-office

HASTINGS, Reed, "A regra é não ter regras", Intrínseca; 1ª edição (10 setembro 2020)

HBR Podcast, "Adapting Negotiations to a Remote World" com Leigh Thompson, disponível em https://hbr.org/podcast/2020/08/adapting-negotiations-to-a-remote-world

HOROWITZ, Ben, ""O lado difícil das situações difíceis", WMF Martins Fontes; 1ª edição (17 setembro 2015)

HOROWITZ, Ben, "What you do is who you are" , Harper Business (29 outubro 2019)

IORIO, Andrea, "6 Competências para Surfar na Transformação Digital". Editora Planeta, 2019

KAHNEMAN, Daniel. Rápido e devagar: duas formas de pensar. São Paulo: Objetiva, 2012.

KELLEY, Tom, "The Art of Innovation", Broadway Business (16 janeiro 2001)

LIFSHITZ-ASSAF, Hila; LEBOVITZ, Sarah; ZALMANSON, Lior. "The art of balancing autonomy and control" in: MIT Sloan Management Review. Massachusetts: MIT Press. 2019.

LOCKE, J. "An essay concerning human understanding, 1690" In W. Dennis (Ed.), Century psychology series. Readings in the history of psychology (p. 55–68). Appleton-Century-Crofts. 1948. Disponível em <https://doi.org/10.1037/11304-008> Acessado em 10 jun. 2021

LOSPENNATO, Leonardo, "The Da Vinci Curse", Createspace Independent Publishing Platform; 2ª edição (5 janeiro 2016)

LYSEGGEN, Jorn. Outside Insight: navigating a world drowning in data. Londres: Penguin UK, 2017.

MAGIDS, Scott; ZORFAS, Alan; LEEMON, Daniel. The new science of customer emotions. Harvard Business Review, v. 76, p. 66-74, 2015. Disponível em <https://hbr.org/2015/11/the-new-science-of-customer-emotions> Acessado em 10 de jun. 2021.

MANSON, Mark, "A Sutil Arte de Ligar o Foda-se", Intrínseca; 1ª edição (6 novembro 2017)

MATTHEWS, Gail, Dominican University "Goals Study". Resumo disponible em http://www.goalband.co.uk/uploads/1/0/6/5/10653372/gail_matthews_research_summary.pdf

MCKINSEY & COMPANY. Meet your new leaders: Supportive, creative, and employee-focused. 2020. Disponível em <https://www.mckinsey.com/featured-insights/coronavirus-leading-through-thecrisis/charting-the-path-to-the-next-normal/meet-your-new-leaders-supportive-creativeand-employee-focused>. Acessado em 10 de jun. 2021.

MCKINSEY & COMPANY, 'True Gen': Generation Z and its implications for companies. Disponível em: https://www.mckinsey.com/industries/consumer-packaged-goods/our-insights/true-gen-generation-z-and-its-implications-for-companies

MCKINSEY & COMPANY, "Soft Skills for a Hard World", disponível em https://www.mckinsey.com/featured-insights/future-of-work/five-fifty-soft-skills-for-a-hard-world

NIETZSCHE, Friedrich, "O Crepúsculo dos Ídolos", Hemus; 1ªª edição (1 janeiro 2001)

NOE R., HOLLENBECK, JR e GERHART, B. Human resource management. New York: McGraw-Hill, 2015

OXFORD ECONOMICS. Leaders 2020. Disponível em <https://www.oxfordeconomics.com/thought-leadership/leaders-2020> Acessado em 10 de jun. 2021.

ROUSSEAU, Denise M. et al. "Not so different after all: A cross-discipline view of trust"In: Academy of management review, v. 23, n. 3, p. 393-404, 1998. Disponível em <https://journals.aom.org/doi/abs/10.5465/AMR.1998.926617> Acessado em 10 de jun. de 2021.

ROUSSEAU, Denise "Not So Different After All: A Cross-discipline View of Trust" , disponível em https://www.researchgate.net/publication/50313187_Not_So_Different_After_All_A_Cross-discipline_View_of_Trust 1998

SANDBERG, Sheryl, "Plano B", Fontanar; 1ª edição (27 junho 2017)

SAP, OXFORD ECONOMICS, "Leaders 2020", disponivel em https://www.oxfordeconomics.com/recent-releases/leaders-2020

SCOTT, Kim, "Candor Radical: seja um chefe foda sem perder a humanidade", St. Martin's Press (14 março 2017)

SHRM,"Why trust matters at work", https://www.shrm.org/hr-today/news/hr-magazine/0618/pages/why-trust-matters-at-work.aspx

SINEK, Simon, "O jogo infinito", Editora Sextante; 1ª edição (6 março 2020)

SMITH, Daniel et al. "Cooperation and the evolution of hunter-gatherer storytelling" in:Nature communications, v. 8, n. 1, p. 1-9, 2017. Disponível em <https://www.nature.com/articles/s41467-017-02036-8> Acessado em 10 jun. 2021.

SMITH SCHOOL OF BUSINESS, "Intuition in the Age of Big Data", https://smith.queensu.ca/insight/content/intuition-in-the-age-of-big-data.php, 2016
SUROWIECKI, James, "A Sabedoria das Multidões". Record (25 janeiro 2006)
TECHNICAL UNIVERSITY OF DENMARK, "Accelerating dynamics of collective attention", disponível em: https://www.nature.com/articles/s41467-019-09311-w
TSUNETOMO, Yamamoto. Hagakure: the Book of the Samurai. Berkley: Shambhala Publications, 2012.
VANCE, Ashley, "Elon Musk: Como o CEO bilionário da SpaceX e da Tesla está moldando nosso futuro", Intrínseca; 1ª edição (26 setembro 2015)
WISEMAN, Theresa, "A concept analysis of empathy:", 1996, https://pubmed.ncbi.nlm.nih.gov/8796464/
ZAK, Paul J, "Oxytocin is associated with human trustworthiness", Claremont Graduate University, https://pubmed.ncbi.nlm.nih.gov/16109416/ 2005

Agradecimentos

Para começar, queria agradecer a todos os milhares de ouvintes do podcast Metanoia Lab, pois sem vocês, este livro simplesmente não teria existido. Os *feedbacks* positivos e as palavras de incentivo ao longo do projeto foram o meu maior "combustível" para seguir em frente. Obrigado, Metanoia Lovers!

Em paralelo, não posso deixar de agradecer aos protagonistas dos episódios, que, mesmo que indiretamente e sem saber, contribuíram a esse livro com suas reflexões e teorias incríveis: sem a profundidade de pensamento dos vários Simon Sinek, Brené Brown, Adam Grant e afins, eu não teria a "matéria prima" para os roteiros do podcast, e, em seguida, para os textos deste livro.

Também agradeço ao Rodrigo Lima, meu braço direito em tudo que tange o podcast, desde a criação, roteirização, edição e até a distribuição, sem o qual não teria o Metanoia Lab. À Laís Menini, que soube dar as melhores palavras às minhas ideias, com sua edição e revisão deste livro, e ao Padro Drable e Marcos Malagris, que me apoiaram na categorização das competências humanas. Também, meu agradecimento vai a todos os outros membros do meu time: Alexander Souza, Lucas Bittencourt, Virginia Freitas, e Pedro Couto.

Ao Diego Marcello Travez, que anos atrás apostou em minha carreira de palestrante (e torço que não tenha se arrependido), e a todo o maravilhoso time da DMT Palestras, que já considero uma segunda família.

Ao Marco Pace, que me deu a chance de publicar este livro, e todo o time super profissional da Editora Almedina.

À toda minha família na Itália, que mesmo distante na pandemia, sinto mais próxima que nunca. E, finalmente, à Érika, que por meio do Podcast Lab me abriu as portas do mundo dos podcasts, e que com muito amor compartilha comigo essa jornada que é chamada de vida.

A todos vocês, vai o meu grande obrigado. De coração.